Martha Schad
Die Frauen des Hauses Fugger

Zu diesem Buch

Die männlichen Akteure der Augsburger Handwerker- und Kaufmannsfamilie Fugger, die es im 16. Jahrhundert zu sagenhaftem Reichtum und machtvollem politischem Einfluß brachte, sind längst fester Bestandteil wissenschaftlicher wie populärer historischer Literatur. Weniger Beachtung fanden bisher die Frauen des Hauses Fugger von der Lilie, die mit sanfter Macht den Aufstieg der Familie förderten und maßgeblichen Einfluß auf die Reichspolitik ausübten. Die Historikerin Martha Schad, in der Fugger-Stadt Augsburg zu Hause, schreibt ebenso spannend wie historisch fundiert über die erfolgreiche Heiratspolitik der Fugger, von Freud und Leid der Familie, von Glaube und Aberglaube, von Gattenglück und Gattenmord und über den Aufstieg der Fuggerinnen von den Frauen der Weber zu angesehenen Persönlichkeiten der Hocharistokratie.

Martha Schad, geboren 1939 in München, studierte Geschichte und Kunstgeschichte an der Universität Augsburg, wo sie auch promovierte. Sie schrieb zahlreiche Bücher über Frauen in der Geschichte und Zeitgeschichte. Zuletzt veröffentlichte sie »Frauen gegen Hitler«, »Hitlers Spionin. Das Leben der Stephanie von Hohenlohe« und »Meine erste und einzige Liebe. Richard Wagner und Mathilde von Wesendonck«. Sie lebt als freiberufliche Historikerin und Autorin in Augsburg.

Martha Schad
Die Frauen des Hauses Fugger

Mit sanfter Macht zum Weltruhm

Mit einem farbigen Bildteil

Piper München Zürich

Von Martha Schad liegen in der Serie Piper vor:
Bayerns Königinnen (2569)
Kaiserin Elisabeth und ihre Töchter (2857)
Die Frauen des Hauses Fugger (3818)

Ungekürzte Taschenbuchausgabe
Piper Verlag GmbH, München
August 2003
© 1997 Sankt Ulrich Verlag GmbH, Augsburg
Umschlag / Bildredaktion: Büro Hamburg
Isabel Bünermann, Julia Martinez /
Charlotte Wippermann, Kathrin Hilse
Umschlagabbildung: aus Privatbesitz
Foto Umschlagrückseite: G. Tauber
Gesamtherstellung: Clausen & Bosse, Leck
Printed in Germany   ISBN 3-492-23818-1

www.piper.de

Meinen Kindern
Annette und Albert Nadler
gewidmet

Inhalt

Zwei Schwestern aus Fuggerschem Hause: Ursula von Ortenburg, Sibylle von Kuenring

Die Ordensfrauen aus dem Hause Fugger
im 16. und 17. Jahrhundert

Vorwort

»Nicht nur die Väter, auch die Mütter haben das Werden der Fugger gestaltet.« Als der bedeutende Fugger-Biograph Götz Freiherr von Pölnitz 1949 in seiner Biographie über Jakob Fugger den Reichen eine solche Formulierung wählte, machte er auf einen Sachverhalt aufmerksam, der bis heute nicht genügend in das Bewußtsein der Öffentlichkeit gehoben worden ist. Freilich haben nicht nur die Mütter und Frauen der Fugger die ihnen zustehende Beachtung bisher nicht gefunden: ganz allgemein ist die Rolle der Frau in der Gesellschaft vergangener Jahrhunderte noch nicht genügend gewürdigt worden.

Ein gutes Beispiel dafür findet sich in der zur 2000-Jahrfeier der Stadt Augsburg 1985 publizierten »Geschichte der Stadt Augsburg von der Römerzeit bis zur Gegenwart«. In dieser wissenschaftlichen Darstellung werden im Register 57 Frauennamen genannt. Zieht man von dieser Zahl diejenigen Frauen ab, die nicht aus Augsburg stammten bzw. nicht dort lebten, so bleiben nur 22 Frauen übrig, die es offenbar verdienten, erwähnt zu werden. Betrachtet man die Namen näher, so handelt es sich: um eine Einsiedlerin, eine Klausnerin, eine Stifterin, einige Nonnen, um drei Frauen, die aktiv am Kampf gegen das nationalsozialistische Regime teilnahmen, und um Frauen, die auch in der sonstigen Literatur als die Augsburgerinnen schlechthin erscheinen: die heilige Afra, Agnes Bernauer, Clara Hätzlerin, Nanette Stein (die sich nach Wien verheiratete), Anna Barbara Gignoux und Anna Barbara von Stetten. Schließlich ist auch noch Bert Brechts Geliebte Paula Banholzer genannt. Selbst Philippine Welser, die Gemahlin des Kaisersohnes Erzherzog Ferdinand II., hat keine Beachtung gefunden. Und der Name einer Fuggerin erscheint lediglich im Artikel von Franz Krautwurst »Musik der Blütezeit«; Regina Fugger wird hier jedoch nur deshalb erwähnt, weil ein Augsburger Stadtpfeifer zu ihrer Hochzeit in Weißenhorn aufspielte. Es ist offenkundig, daß diese Geringschätzung der Augsburger Frauen im allgemeinen und der Fuggerinnen im besonderen keineswegs deren wahrer historischer Bedeutung entspricht.

Ein anderes Beispiel: In den zwölf Bänden der »Lebensbilder aus dem Bayerischen Schwaben«, der Standardbiographie von Menschen aus diesem Raum, finden sich neben den über 200

Biographien, die Männern gewidmet sind, nur zehn über Frauen. Sieben davon sind zwar Augsburgerinnen, eine Fuggerin sucht man vergebens.

Ein drittes Beispiel: Von der Schwäbischen Forschungsgemeinschaft bei der Kommission für Bayerische Landesgeschichte bei der Bayerischen Akademie der Wissenschaften wurden bisher 24 Bände »Studien zur Fuggergeschichte« herausgegeben. Dank dieser Reihe verfügen wir über die Biographien zu Jakob und Anton Fugger, über Darstellungen der internationalen wirtschaftlichen Beziehungen des Hauses Fugger, ihrer Verbindungen zum Kaiserhaus und den Päpsten, erfahren alles Wissenswerte über die Fuggerei, über die Bibliotheken der Fugger sowie über die Fugger und die Kunst. Keine der Frauen des Hauses Fugger hat aber bisher ein so großes Interesse gefunden, daß sie in den Mittelpunkt einer Arbeit gestellt worden wäre. So war es spannend, sich auf Spurensuche zu begeben.

Von der Webersfrau zur Kaufmannsfrau

CLARA FUGGER-WIDOLF
✳ ... † 1378 ⚭ 1367
Kinder: 2
ELISABETH FUGGER-GFATTERMANN
✳ ... † 1436 ⚭ ca. 1382
Kinder: 5
Ehefrauen des HANS FUGGER, Weber
✳ ... † 1408 / 1409

Die Stammtafel des Hauses Fugger von der Lilie beginnt mit
Maria Fugger-Meissner aus Kirchheim, die mit ihrem Mann
Hans Fugger zu Graben an der Straße auf dem Lechfeld lebte.
Sie war die Mutter des Webers Hans Fugger, der 1367 nach
Augsburg zog, wohl wissend, daß in der Reichsstadt tüchtigen
Handwerkern guter Verdienst winkte.

Das Bürgerrecht und die Handwerksgerechtigkeit konnten damals auf zweierlei Art erworben werden: entweder durch Heirat mit einer Tochter oder Witwe eines Webmeisters oder durch
den Kauf des Bürgerrechts.

Der Weber Hans Fugger verheiratete sich 1367 mit Clara Widolf,
der Tochter des Zunftmeisters der Weber, Oswald Widolf. Die
erste Behausung der Fugger in Augsburg war bescheiden. Hans
und Clara wohnten bei den Schwiegereltern hinter dem Stift
Heiligkreuz in der Frauenvorstadt, einer Gegend, in der 70 bis
80 % der Weber in Häusern mit sechs und mehr Familien wohnten. Die hygienischen Verhältnisse waren schlecht, die Wohnverhältnisse bedrückend, aber immer noch besser als in der Ja-
kobervorstadt oder im Lechviertel. Es ist nicht bekannt, wie die
Weberhäuser innen aussahen bzw. wie viele Zimmer als Wohn-
und Arbeitsräume zur Verfügung standen. Anhand der Steuer-
listen der Stadt Augsburg konnte errechnet werden, daß die
Wohnverhältnisse der Weber weit ungünstiger waren als die der
nichtweberischen Bevölkerung.

Nach Clara Widolfs frühem Tod entschloß sich Hans Fugger
1382 zu einer Wiederverheiratung mit Elisabeth Gfattermann,
der Tochter eines reichen Ratsherrn und bedeutenden Mitglieds
der Weberzunft. Nach der Eheschließung zog das Paar in ein
beim »Gögginger Tor vor dem Brunnen« gelegenes Anwesen,
das der Schwiegermutter Gfattermann vom Chorherrenstift St.
Moritz lehenbar gemacht wurde. »Auf den Leib verliehen«

wurde die »Hofsach« für sie, ihren Tochtermann Hans Fugger, dessen Hausfrau und Söhne. Nach dem Tod der Schwiegermutter Gfattermann wurde dieses Anwesen für die Familie »die erste Fuggerische Behausung, die sie eigentümlich bewohnte«.

Wer als Weber ein eigenes Haus für seine Familie besaß, verfügte über einen ansehnlichen Besitz. Im Jahre 1397 schaffte Hans Fugger bereits den Sprung in die Oberstadt. Durch seine eigene Arbeit und die »Habe seiner Frauen« konnte er das prächtige »Haus am Rohr« (heute Maximilianstraße 21; eine Gedenktafel erinnert an Jakob Fugger) erwerben, direkt an der Reichsstraße gegenüber dem Zunfthaus der Weber und der St. Moritz-Stiftskirche: Ein bedeutender sozialer Schritt aus dem armen Weberviertel in die spätere Maximilianstraße, weitaus bedeutungsvoller als der folgende Erwerb der Häuser am Rindermarkt!

Die Nachbarn waren angesehene Familien, so z. B. Konrad Kräslein und Joseph Artzt. Aus der letztgenannten Familie stammte die spätere Ehefrau des im »Haus am Rohr« 1459 geborenen Jakob Fugger. Schräg gegenüber wohnte die Familie Lang, aus der zwei Nachkommen Geschichte und Geschichtchen machten: Matthäus Lang, der spätere Kardinal von Gurk und Erzbischof von Salzburg, Vertrauter und Reichskanzler Kaiser Maximilians I., und Appolonia Lang, die als Hofdame der zweiten Gemahlin des Kaisers, Bianca Sforza, die Favoritin Herzog Georgs von Bayern wurde. Die Mutter im Hause Lang, Margarete Sulzer, war die Schwester der späteren Schwiegermutter von Jakob Fugger.

Die Geschäfte gingen gut im Hause Fugger. Hans Fugger gehörte bereits 1396 zu den 74 Personen der Stadt, die ein Vermögen von mindestens 1200 ungarischen Gulden versteuerten.

Elisabeth Gfattermann-Fugger überlebte ihren Ehemann um 28 Jahre. Die Witwe erwies sich als äußerst geschäftstüchtig. Sie verhinderte eine Zersplitterung des Familienvermögens durch Erbteilung und erhielt ihren Nachkommen den städtischen Hausbesitz und die ländlichen Liegenschaften, darunter Güter zu Burtenbach, Scheppach und Hiltenfingen. Vom Jahre 1411 an hatte Elisabeth Fugger ihre Mutter bei sich wohnen, welche 3 Gulden Steuer an die Stadt bezahlte. Ihr Tod ließ die Steuer der Tochter von 24 Gulden auf 26 Gulden ansteigen. 1428 versteuerte Elisabeth ein Vermögen von 3960 Gulden, am Ende ihres Lebens sogar 5000 Gulden.

»Am 8. November 1414 bekannt die Witwe Elsbeth Fugger, vom Augsburger Dominikanerkloster St. Katharina einen Garten vor dem Gögginger Tor, den sie zu Lebzeiten besessen, als Zinslehen erhalten zu haben.«

In den Missivbüchern der Stadt Augsburg findet sich Elisabeth Fugger im Jahre 1423 erwähnt. Auf Ersuchen seiner Bürgerin, der Fuggerin, verwandte sich der Rat der Stadt für einen ihrer Hintersassen zu Burtenbach bei Ritter Hans von Knöringen.

In der Ausstellung »Fugger und Welser« in Augsburg 1950 wurde eine im Antiquariatshandel kurz vorher wiederaufgetauchte Urkunde gezeigt, die sich aus der Generation des Einwanderers Hans Fugger und seiner zweiten Frau erhalten hat. Die Urkunde gibt Einblick in das ausgedehnte ländliche Grundvermögen und besiegelt den Verkauf einer Hofstatt zu Hiltenfingen durch Elsbeth Gfattermann und ihre Söhne Andreas und Jakob Fugger.

Aus der ersten Ehe des Hans Fugger mit Clara Widolf stammten die Töchter Kunigunde, die ledig blieb, und Anna Fugger, die etwa 1384 mit Conrad Meuting, einem Weber, verheiratet wurde.

Hans und Elisabeth Fugger hatten fünf Kinder, lauter Söhne, von denen nur zwei das Kindesalter überlebten, nämlich Andreas, der »Reiche«, und Jakob. Ersterer ehelichte Barbara Stammler, die Tochter eines Kaufmanns. Dieses Ehepaar begründete die Linie der Fugger vom Reh. Jakob begründete mit seiner Ehefrau Barbara Bäsinger die Linie der Fugger von der Lilie, eine bis heute blühende Familie.

BARBARA FUGGER-BÄSINGER
* *4. 5. 1419* † *23. 7. 1497* ⚭ *13. 4. 1441*
Ehefrau des Jakob Fugger (1398 – 1469)
Kinder: 11

Jakob und Andreas, die Söhne der Elisabeth und des Hans Fugger, kamen auf Wunsch ihrer Mutter in eine Goldschmiedelehre. So ist es nicht verwunderlich, daß Jakob die Tochter eines Goldschmieds heiratete, die schon erwähnte Barbara Bäsinger. Sie war die älteste Tochter des einflußreichen Goldschmieds und Münzmeisters Franz Bäsinger, der als einer der reichsten Bürger in der Stadt galt. Er hatte sich bei seinen Unternehmungen allerdings finanziell übernommen, kam in Schuldhaft und wurde der Stadt verwiesen. Bäsinger ging mit seinem Sohn nach Schwaz und brachte es dort durch Silberhandel wieder zu Wohlstand. Möglicherweise kamen die Kaufleute Fugger durch diese Verwandtschaft in Kontakt mit den Schätzen Tirols und mit dem für sie später so gewinnbringenden Erzhandel. Unter Jakob Fugger, der als »rechter Bürger seines Jahrhunderts, fleißig, geschäftserfahren, etwas im zünftigen Denken verhaftet« galt, vollzog sich 1464 der Übertritt in die Kaufmannszunft; daran zeigt sich die zunehmende Bedeutung des Handels für die kommende Generation.

Nach 27jähriger Ehe verstarb Jakob Fugger der »Ältere«. Seine Witwe überlebte ihn um 28 Jahre, wie das auch bei seinen Eltern der Fall gewesen war. Bei seinem Tod hinterließ er ein Vermögen von 15 000 Gulden. Nun zeigte sich, daß die Witwe Barbara ganz die Tochter ihres geschäftstüchtigen Vaters war und ihrer Schwiegermutter an Wagemut nicht nachstand. Barbara hielt nicht nur das Vermögen zusammen, schützte es gegen Erbaufteilung, sondern mehrte die Habe auf 23 293 Gulden. Sie handelte weiterhin erfolgreich mit Wolle, Baumwolle, Seide und Südfrüchten.

Für den Zeitraum von 1475 bis 1500 konnte eine Vermögenssteigerung von 1037 Prozent festgestellt werden. Barbara bildete mit ihren Kindern eine Erbengemeinschaft »im Sinne des Augsburger Stadtrechts«. Ihr Gut wurde nach ihrem Ableben unter die sechs Kinder zu gleichen Teilen aufgeteilt. Barbara Fugger mehrte ihren Grundbesitz. Sie erhielt am 5. September 1469 vom Propst und Kapitel zu St. Moritz »für sich, ihre Erben und Nachkommen als recht frei Zinslehen auf Ewigkeit ein Anwesen am Gögginger Tor«.

Ein Stück sozialer Aufstieg spiegelt sich auch in dem Erwerb eines Kirchenstuhls durch die Witwe Fugger: »Ich Anna bergerin klosterfrau von sant Margareten han der erbern frauen Jacob Fuggerin mein stat zu sant Moritz an der Eisselerin zu köfen han geben zum 1 guldin zu der fasten, da man zahlt 77 jar.«

In der im 15. Jahrhundert gegründeten St. Ulrichsbruderschaft, deren Hauptzweck neben Andachtsübungen das Sammeln von Beiträgen und der Wunsch nach Stiftungen für den Neubau der St. Ulrichskirche war, sind als erste Mitglieder des Hauses Fugger »Barbara Fuggerin, Wittib« und ihre Kinder nachweisbar.

Elisabeth Fugger-Gfattermann und Barbara Fugger-Bäsinger sind zwei typische Beispiele für den sozialen Aufstieg einer Webersfrau zur Kaufmannsfrau bzw. selbständigen Geschäftsfrau in der Reichsstadt Augsburg. Ihr Leben spiegelt allgemein die veränderte Rolle der Frau in der mittelalterlichen Stadt. Noch der in Augsburg im 13. Jahrhundert erschienene Schwabenspiegel erklärte in einem Rechtssatz: »Der man des wibes vogt ist und ir meister«. Stadtluft machte aber bekanntlich frei, nicht nur die Männer, sondern auch die Frauen. Sie traten aus der Vormundschaft ihrer Männer oder männlichen Verwandten heraus und verdienten sich ihr Leben in der Stadt in vielen Berufen. Frauen wurden in Augsburg vor allem in der Weberzunft und Kaufmannszunft nachgewiesen, wenn es in Augsburg auch keine reinen Frauenzünfte gab, wie beispielsweise in Köln oder Paris. Im Augsburger Stadtrecht heißt es, ähnlich wie im Lübischen Recht, über die Kauffrau: »Sie hab denn sonderlich geschäft zu offenem kram oder zu offenem kehr, oder ob si sonst stetigliche kaufs pflegt ohne ihren wirt: was sie denn tut, das hat wohl kraft.«

Kauf- und Handelsfrauen konnten »finanzielle Verpflichtungen eingehen, gerichtliches Zeugnis geben«, Abschlüsse von Kauffrauen waren unbeschränkt verbindlich, somit waren sie auch verschuldens- und konkursfähig. Dies kann auch im Münchener Stadtrechtsbuch von 1347 nachgewiesen werden: Eine Frau, die auf dem Markt steht »oder im Kontor …, die hat alle Rechte die ihr Wirt hat in Bezug auf Erbschaft und Besitz.«

Die Tochter eines Webers konnte sicherlich weben und half im Haus des Vaters bzw. nach ihrer Heirat ihrem Mann beim Garneinkauf, beim Weben und Verkauf. Die Kinder wurden somit von klein auf mit dem Beruf des Vaters vertraut, und die Berufsvererbung lag nahe. In Augsburg sind zwar keine Mädchen als Lehrlinge in der Weberzunft nachweisbar, doch wurden beispielsweise 1377 in Frankfurt in die Erwerbung des Zunftrechts für die Wollweber die Kinder des Meisters mit eingeschlossen, ebenso 1403 in Ulm in der Leinenweberzunft, die eine Lehre auch für die Mädchen ermöglichte. In Straßburg konnten 1460 in die Tuchschererzunft »knaben und döhtern« aufgenommen werden.

Schon Hans Fuggers Witwe hätte ohne ihr Wissen um die Weberei kaum das Familienvermögen vergrößern oder überhaupt das Geschäft weiterführen können. Elisabeth Fugger schaffte es immerhin, 1417 mit 24 Gulden Steuer um 1 Gulden höher zu liegen als der mächtige Markus Welser.

Elisabeth Fugger war nicht die einzige Geschäftstüchtige: So verwaltete die Witwe des Sigmund Gossembrot ab 1418 zwanzig Jahre lang das Familienvermögen für ihre unmündigen Söhne mit größtem Erfolg. Auch die Witwe Barbara Fugger hatte eine geschäftstüchtige und zur ökonomischen Oberschicht zählende Nachbarin, die Schwiegermutter von Franz Paumgartner, die 1488 16 Gulden versteuerte. Diejenigen Frauen, die ihre Gewerbe selbständig ausübten, wurden somit auch direkt besteuert. Wenn Witwen nach dem Tod ihres Mannes dessen Arbeit fortsetzen wollten, so wurde dies von den Zünften genehmigt. Im Wirtschaftsleben der Stadt nahmen die Frauen einen wichtigen Platz ein, und hier wiederum vor allem die Witwen. Bei gutem Auskommen, und dies trifft nun bei den beiden Fuggerischen Wittfrauen besonders zu, waren Witwen »freier als jede andere Frau der mittelalterlichen Gesellschaft und hatten ihre volle Eigenverantwortlichkeit«. Einen speziellen Witwenstand, wie ihn die frühe Kirche kannte, mit der Maxime »Keuschheit als christlicher Lebensweg« nach den paulinischen Worten »Den ... Witwen sage ich: Es ist gut für sie, wenn sie bleiben wie ich«, gab es im 15. Jahrhundert nicht mehr. Zwei oder drei Eheschließungen kamen in allen Gesellschaftsschichten vor, Witwen schlossen sich Orden an, sei es als Nonnen oder als Laien. Es dürfte aber auch Witwen gegeben haben, die aus Freiheitsliebe den Witwenstand beibehielten, und es gab auch die Meinung, daß der »Lohn der Witwen höher ist als der der Ehefrauen, wo doch der Witwenstand soviel besser und bequemer erscheint als das Leben einer Verheirateten«.

Warum die beiden Witwen Elisabeth und Barbara Fugger, die ihre Männer um fast dreißig Jahre überlebt hatten, nicht mehr geheiratet haben, läßt sich nicht feststellen. Man ist natürlich versucht, dies damit zu begründen, daß es zwar nicht an neuen Lebenspartnern für die Frauen gefehlt haben kann, sie aber aus reinem Geschäftsinteresse eine weitere eheliche Bindung ablehnten. So konnten sie das ererbte und erwirtschaftete Vermögen für die Kinder erhalten und ihnen durch eine geschickte Heiratspolitik zu einem weiteren sozialen Aufstieg verhelfen.

Die geglückte
Heiratspolitik
der Fugger

Heiraten in die Kaufmannschaft, das Patriziat und den niederen Adel

Aus der Ehe der Barbara Bäsinger und des Jakob Fugger d. Ä. waren elf Kinder hervorgegangen. »Aus der weiblichen Umsicht einer altdeutschen Bürgerin fand Barbara neben den Aufregungen des Geschäftes Zeit, um mit sicherer Hand die Erziehung zu lenken«. Es sei ihr »altershalber« ein Büchsenmeister, der Barchentweber Georg Pecher, als Pfleger zur Seite gestellt worden. Die Söhne Ulrich, Andreas, Hans, Peter und Georg wurden zu Kaufleuten bestimmt, Marx und Jakob traten in den geistlichen Stand. Die Mutter hatte den Tod der Söhne Andreas, Hans, Marx und Peter zu betrauern, so daß ihr schließlich nur noch die Söhne Ulrich, Georg und der wieder aus dem Kloster Herrieden ausgetretene jüngste Sohn Jakob zur Seite standen.

»Die Töchter galt es zu tüchtigen Bürgersfrauen heranzuziehen«. Da Barbara Fugger sehr betagt starb, sah sie noch die Söhne aus der Enge der schwäbischen Maßstäbe herauswachsen durch »Ehrbarkeit, Redlichkeit und Vernunft«. Sie erlebte die Wappenverleihung an ihre Söhne durch Kaiser Friedrich III. und verfolgte nicht ohne Stolz deren Beziehungen zur Kurie und die erfolgreichen Transaktionen für das Kaiserhaus. Bis auf die Hochzeit ihres jüngsten Sohnes Jakob, der sich erst 39jährig ein Jahr nach ihrem Tod verheiratete, sah sie die Verehelichung all ihrer Kinder. Ihr Einfluß auf die Partnerwahl sollte nicht unterschätzt werden.

Ulrich führte 1479 mit Veronika Lauginger erstmals eine »Frau patrizischen Geblüts in das Haus am Rohr ein«. Die Lauginger waren mit den reichsten und vornehmsten Familien verschwägert und besaßen große Landgüter, so z. B. Schloß Wellenburg. Sie wurden wie die Fugger selbst erst 1538 in das Patriziat der Stadt Augsburg aufgenommen. Die Lauginger waren allerdings ursprünglich von patrizischer Herkunft, »hatten sich aber nach 1368 unter die Zünfte begeben«.

Am Martinstag 1486 hatte sich Georg Fugger »mit der edlen und tugendsamen Jungfrau Regina Imhof, Geschlechters und Bürgers in Augsburg ehelicher Tochter, in den heiligen Ehestand eingelassen«.

Die Familie Imhof gehörte zu dem in Augsburg eingewanderten Landadel; somit schenkte Regina Imhof »dem Geschlecht eine Stammutter, deren Sippe ursprünglich ritterbürtig war«. Dieser Heirat verdankte die Fugger-Familie den Anschluß an die »quasi-patrizische Gesellschaft der Mehrer der Geschlechter«, deren Mitglied die Imhof waren, durch die patrizische Ehe eines ihrer Angehörigen.

Regina Fugger-Imhof schenkte fünf Söhnen und einer Tochter das Leben. Zwei Söhne, Johannes und Peter, starben als Kinder; ihr zweitgeborener Sohn Marcus starb mit 23 Jahren in Rom. Er war der Nachfolger seines Onkels Marx, eines Bruders seines Vaters, in der Pfründenvermittlung in Rom. In der Hand dieses Sohnes der Regina Fugger entstand eine enorme Pfründenhäufung, die zwar keineswegs dem Bestreben der Kirche entsprach, doch in der Praxis sehr wohl geduldet wurde. Der Jüngling von knapp zwanzig Jahren brachte es immerhin zum Dompropst von Passau und Regensburg, zum Propst von St. German und Moritz zu Speyer, von Neumünster in Würzburg, von St. Stefan in Bamberg, von St. Peter am Perlach in Augsburg: außerdem wurde er Archidiakon von Heiliggrab zu Liegnitz, Lizentiat des Geistlichen Rechts und päpstlicher Protonotar und Apostolischer Scriptor. Diese Anhäufung war zum Teil auf Kosten derer erfolgt, die sich an Marcus Fugger gewandt hatten, um durch ihn Pfründen zu erlangen. Dabei handelte es sich nicht nur um Ehrenämter, sondern um solche mit einträglichen materiellen Gewinnen. Marcus wird zum »Inbild« dessen, was ein am Heiligen Stuhl einflußreicher Oheim um 1500 vermochte. Eine glänzende Laufbahn wäre ihm beschieden gewesen, wäre er nicht 23jährig in Rom verstorben, wo er im Jahre 1511 in der Nationalkirche der Deutschen, der St. Maria dell'Anima, neben seinem Onkel Marx zur Ruhe gebettet wurde. Ob seine Mutter Regina unter den Trauergästen in Rom war, ist unwahrscheinlich. Der frühe Tod ihres so erfolgreichen Sohnes hatte die seit 1506 verwitwete Mutter schwer getroffen. Sie verwirklichte in Augsburg eine Idee ihres Sohnes, in seiner Propstkirche St. Peter eine Corpus-Christi-Stiftung zu errichten, zu »seinem Trost und Hilfe«, also zu seinem Seelenheil. Sie glaubte »nach der heiligen christlichen Kirche Lehre und Unterweisung, daß allen lebendigen und toten christgläubigen Menschen die allermeiste, größte, nützlichste und vollkommenste Hilfe sei das Amt der Heiligen Messe, darin der zarte, würdige Fronleichnam unseres lieben Herrn Jesu Christi und sein rosenfarbenes Blut gehandelt und gewandelt, sein bitteres Leiden und Sterben erneuert, vor dem Angesicht seines himmlischen Vaters aufgeopfert, seine göttliche Gnade gebeten wird und andere gute Werke mit Zierlichkeit, Gottesdienst zu künftigen Zeiten und ewigen Tagen, uns armen Sündern und allen gläubigen Seelen Hilfe und Gnade und Barmherzigkeit mitzuteilen.«

Die Seelenämter auf Fronleichnam und am Todestag ihres Sohnes, die von der Pfarrkanzel verkündet wurden und bei welchen man die Armen des Sebastian-Siechenhauses mit »Gottesbrot« für die Teilnahme daran belohnte, waren prunkvoll. Regina Fugger überschüttete die St. Peterskirche mit erlesensten Geschenken: ein karmesinfarbener Samtrauchmantel, Meßkleider und Levitenröcke mit dem Doppelwappen Fugger-Imhof, ein seidener Umhang und Perlenkranz für die Monstranz, ein rotsamtenes Korporale, ein seidenes Altartuch, ein geschnitztes und gemaltes Sakramentshaus, eine Fahne, ein Weihrauchfaß und ein Ampelschrein aus Messing. Die große Zahl der guten Werke, von Papst und Bischof gebilligt »sollte die Seele des verstorbenen Kurialen nach dem Wunsche seiner bangenden Mutter aus dem Fegefeuer befreien und ihr zu ewiger Seligkeit verhelfen«.

Die von Regina Fugger am 14. Juni 1512 errichtete Corpus-Christi-Stiftung zum Seelenheil ihres Sohnes Marx d. J. und die ausführliche Begründung der religiösen Absichten dieser Urkunde stellt ein klares Bekenntnis zum Wesen der spätmittelalterlich geprägten katholischen Kirche dar. Die Formulierungen dürften kaum von ihr stammen, und sie weisen in allem zeitgenössische Klänge auf, doch zeigen sie sehr deutlich, wie stark sie von dem Wunsche zu solch programmatischem Bekenntnis erfüllt war. Wesentlich ist diese Stiftungsurkunde auf jeden Fall deshalb, weil sie das geistige Milieu kennzeichnet, aus dem die weiteren Söhne, Anton und Raymund, als Kinder der Regina Imhof-Fugger hervorgingen. Anton wurde der künftige Herr der Fuggergesellschaft und Begründer der Antonius-Linie, Raymund Begründer der Raymundus-Linie, wie sie in der Genealogie des Hauses Fugger genannt werden.

Anna Fugger wurde die Ehefrau des Kaufmanns und späteren Chronisten Hector Mülich; dieser war zweifellos ein wohlhabender Mann, der führende Repräsentant der Kramerzunft und damit u. a. Mitglied des Kleinen Rates der Stadt Augsburg. Verwandtschaftliche Beziehungen zu einem weiteren Chronisten und Kaufmann, nämlich Wilhelm Rem, ergaben sich durch dessen Heirat mit Walburga Fugger, der Schwester von Hector Mülichs Ehefrau.

Wurden diese beiden Schwäger Jakob Fuggers vom Geschäft ferngehalten, um ihnen jeglichen Einblick in den Geschäftsgang zu verwehren, so scheint dies bei dem Ehemann der Barbara

Fugger, Konrad Meuting (Heirat 1479), genau das Gegenteil gewesen zu sein. Unter den Geschlechtern, die im Jahre 1368 unter die Zünfte gingen, waren auch die Meuting, die patrizischen Ursprungs waren. Aus dieser ehelichen Verbindung seiner Schwester Barbara zog Jakob Fugger den größten wirtschaftlichen Nutzen. Zu Beginn des 15. Jahrhunderts war die Meuting-Gesellschaft die »größte Augsburger Handelscompagnie«. So brachte es diese Heirat mit sich, daß in hohem Maß die Erfahrungen der Meuting-Gesellschaft und deren geschäftliche Verbindungen, deren Wert nicht abzuschätzen ist, den Fugger-Brüdern zugute kamen. Konrad Meuting übernahm die Fuggerische Vertretung in Antwerpen. Auch die Leitung der Innsbrucker Faktorei und die der Faktorei in Hohenkirchen lag eine Zeitlang in seinen Händen. Die Übernahme der Faktoreien erfolgte zeitweise unter dem Namen Meuting, »was den Fugger-Brüdern in Augsburg um so angenehmer war, als sie mit ihrem eigenen Namen nicht die Aufmerksamkeit auf sich lenkten und ihre Interessen über längere Zeit im Verborgenen blieben«. Die große Wertschätzung der Familie seiner Schwester zeigte Jakob Fugger in den äußerst großzügigen Zuwendungen an diese in seinem Testament vom 22. Dezember 1525.

Haben die geschilderten sozialen Verflechtungen schon beeindruckend den ständigen Aufstieg der Familie angezeigt, so kommt es in der nächsten Generation nicht etwa zum Stillstand, sondern zu Verbindungen mit Töchtern und Söhnen aus alten Patriziergeschlechtern, zu Heiraten mit dem niederen Adel im In- und Ausland.

Von den Söhnen Ulrichs und Georgs, die allein Nachkommen hinterließen, gingen nur noch zwei eine Ehe mit Töchtern aus Augsburger Familien ein, nämlich Ulrich II. mit Veronika Gassner, 1525, deren Vater als Finanzbeamter Kaiser Maximilians zu Macht und Einfluß gekommen war, und Anton, Nachfolger des großen Oheims Jakob Fugger, mit Anna Rehlinger, 1527, die aus altem patrizischem Landadel stammte. Anna wurde zur Stammmutter der sogenannten Antonius-Linie des Hauses Fugger von der Lilie. Bei der Geburt des elften Kindes verstarb Anna erst 43jährig am 25. März 1548 in Schwaz. In Babenhausen wurde sie begraben. Anton blieb in seiner großen Trauer Augsburg fern, zumal dort die Vorbereitungen für den Reichstag liefern. Am 24. April 1548 sahen die Fuggerhäuser als »palatium Caesareae Majestatis« ein Ereignis der Habsburgischen Familiengeschichte: Vor Kaiser Karl V. und König Ferdinand wurde der

Ehevertrag zwischen Erzherzog Maximilian II. von Österreich und Karls Tochter Maria, Infantin von Spanien, geschlossen.

Antons jüngste Schwester, Regina, eine vielumworbene Fuggerin, wurde mit Zustimmung ihres Onkels, Jakob Fugger des Reichen, 1512 die Gattin des Augsburger Montanunternehmers Hans Paumgartner, eine glänzende Partie für ihn, die nicht nur ein ansehnliches Vermögen, sondern auch bedeutende geschäftliche Vorteile brachte. »Gefährlichste Rivalen und Konkurrenten« waren nun miteinander verflochten. Wie eine kleine Notiz besagt, soll Jakob Fugger den jungen Paumgartner »fast (= sehr) lieb gehabt haben«. Weiter war für Hans Paumgartner von großer Bedeutung, daß er durch seine Frau Regina der Schwager des zukünftigen Mannes an der Spitze der Fugger-Gesellschaft, Anton Fugger, geworden und somit dem angesehensten Handelshaus Europas verwandtschaftlich verknüpft war.

Die Ehe der Susanne Fugger mit Georg von Stetten, aus der 1426 aus Frankfurt am Main nach Augsburg eingewanderten Linie, löste in der Stadt Augsburg dieselbe große Verwunderung aus wie die schon erwähnte Ehe Ulrichs II. mit Veronika Gassner, da erstens beide Familien bislang verfeindet waren und zweitens die Hochzeiten mit unglaublichem Prunk gefeiert wurden. Zum vornehmen Ulmer Patriziat, nämlich zu Walter Ehinger, wurden verwandtschaftliche Beziehungen durch seine Vermählung mit Veronika Fugger angebahnt.

Verbindungen zu begüterten Rittergeschlechtern entstanden durch die Ehe Sibylla Fuggers mit Marcus Freiherr von Bubenhofen und die der Ursula Fugger mit Ritter Philipp vom Stain zu Jettingen. Diese verwandtschaftlichen Beziehungen boten den Fuggern die Möglichkeit, den auf die geldmächtigen Nichtpatrizier herabschauenden vornehmen Häusern der Reichsstadt den Beweis zu erbringen, daß die ersten reichsritterlichen Familien Schwabens durchaus gewillt waren, eine Tochter aus »neureichem« Hause heimzuführen. Der Vater des Bräutigams, Diepold vom Stain, war in der Markgrafschaft Burgau Lehrmeister Maximilians I. im Waidwerk gewesen, »seine Ehefrau, Anna von Rechberg, war mit dem Adel halb Oberschwabens verwandt«. Das Heiratsgut der Fuggerin betrug fast das Zehnfache dessen, was bei der landsässigen Ritterschaft als üblich galt. Bei der Vermählung im Jahre 1503 waren nicht nur die angesehenen Familien der Reichsstadt anwesend, sondern auch eine große Zahl von Familien des Landadels. König Maximilian selbst habe den Wunsch geäußert, daß die Hochzeit während seines Aufenthaltes in der Reichsstadt gefeiert werden möge. Graf Adolf von Nassau, der den römischen König vertrat, und Herr Niklas von Firmian geleiteten die Braut zum Altar.

Anna, die älteste Schwester der vorgenannten Frauen, wurde 1497 zu Augsburg dem Kammergrafen und Ratsmitglied der Stadt Krakau, Hans Georg Thurzo von Bethlemfalva, verheiratet, einem der bedeutendsten Handelsherren und Unternehmer des Ostraumes. Annas Onkel, Jakob Fugger, hatte diese Beziehung zu den Thurzo mit Bedacht begonnen, um die ungarischen Kupferbergwerke fest in den Griff zu bekommen. Die Familie Thurzo war ein altadeliges Bergherrengeschlecht, das über Leutschau in der Zips nach Krakau gekommen war und 1515 freiherrlich wurde.

Das verwandtschaftliche und geschäftliche Band wurde noch enger geknüpft durch die Vermählung seines Neffen Raymund 1513 in Krakau mit Katharina Thurzo von Bethlemfalva, der Stiefschwester des Georg Thurzo. Katharina war die Schwester des königlichen Statthalters in Ungarn und des Olmützer Bischofs. Sie wurde die Stammutter der Raymundus-Linie mit dreizehn Kindern.

Heiratsverflechtung mit dem höheren süddeutschen und österreichischen Adel

Alle diese Ehen bahnten den weiteren sozialen Aufstieg der Fugger an, der sich in einem ausschließlich altadeligen Konnubium verfestigte. Der Historiker Baron von Pölnitz faßte diese Entwicklungsphase der Geschichte des Hauses Fugger wie folgt zusammen:

»Die Fuggerbrüder der Jakobszeit waren Bürgersöhne von bürgerlichen Eltern, bürgerliche Männer von hochgeachteten Bürgermädchen gewesen. Über das knappe Intervall patrizischer Heiraten war im Gefolge einer Erhebung in adelige Ränge des Reiches die Verwandlung der Gattenwahl erfolgt. Schwiegersöhne und Stammütter des Fuggerschen Geschlechts wurden fortan nahezu ausnahmslos aus Familien des süddeutschen und österreichischen mittleren und hohen Adels erkoren.«

Der Genealoge Friedrich W. Euler nannte diesen Aufstieg »ständegeschichtlich« herausragend. Eine solche Entwicklung bleibt als außerordentliche Erscheinung auf das Haus Fugger beschränkt.

Von den Nachkommen des Ehepaares Anna Rehlinger-Anton Fugger tendierten ein Sohn und eine Tochter völlig zum hohen Reichsadel. Graf Marx Fugger verehelichte sich mit Reichsgräfin Sibylla von Eberstein, und Katharina Fugger wurde mit Jakob Graf von Montfort »zu Pregniecz (= Bregenz) genannt« verheiratet, also von der Linie, die nach Steiermark übersiedelt war, der Beckacher Linie.

Der jüngste Sohn Jakob ging die Ehe mit einer Dame des ältesten Augsburger Patriziergeschlechts, nämlich mit Anna Ilsung von Tratzberg, ein. Mit dieser Heirat endete das »Connubium des Hauses Fugger von der Lilie mit dem Augsburger Patriziat«. Der Sohn der Katharina Thurzo und des Raymund Fugger, Johann Fugger, nahm Ursula Harrach zur Frau, deren Familie dem böhmischen Adel angehörte, allerdings erst 1527 in den Freiherrenstand aufgestiegen war; seine Geschwister gingen Ehen ein mit den freiherrlichen Geschlechtern Mörsberg, Kuenring, Puchheim, Spaur-Welschmetz, Lichtenstein-Karneid, Völs und den zum Reichsadel zählenden Grafen zu Ortenburg.

Die sozialen Verflechtungen mit dem Adel Tirols überwiegen bei weitem. Im Jahr 1613 wurden die Fugger in die Tiroler Adelsmatrikel aufgenommen.

 *Sibylla Fugger-Artzt*
✳ ca. 1480 † 1546
1. Ehegemahl: Jakob Fugger der Reiche
(1459–1525) ⚭ 1498
2. Ehegemahl: Konrad Rehlinger der Ältere
(1470–1556) ⚭ 1526

Unter Jakob dem Älteren und Barbara Fugger unternahm die Familie den Schritt in die Zunft der Kaufleute. Verbindungen zu den Habsburgern sowie zur Kurie in Rom wurden geknüpft. Die Fugger stiegen in das Montangeschäft ein, wurden Großbankiers und Welthandelsherren. Jakob Fugger der Reiche (1459–1525) gelang es, der einflußreichste Bankier von Kaiser Maximilian I. zu werden. Sein Kapital war es, das die Wahl Karls V. zum Deutschen König und Römischen Kaiser entschied.

Das Hochzeitsbildnis des Ehepaares Artzt-Fugger

Wie bereits nachgewiesen, läßt sich bei den Geschwistern von Jakob Fugger eine sehr gezielte Heiratspolitik erkennen. Die »Verschwägerungen mit den Amtsfamilien Artzt, Baumgartner, Ilsung und Rehlinger sind für die Fugger-Familie als Zentrum reichsstädtischer Führungsgruppen im 16. Jahrhundert von Bedeutung«. Jakob Fugger ging 1498 die Ehe mit Sibylla Artzt ein, der Tochter von Wilhelm Artzt und Sibylla Sulzer. Die Braut war die Nichte des Zunftmeisters, späteren Bürgermeisters und Hauptmanns des Schwäbischen Bundes, Ulrich Artzt. Die Familien Fugger und Artzt waren direkte Nachbarn im »Haus am Rohr«. Das von Jakob Fugger 1511 seiner Schwiegermutter abgekaufte Wohnhaus am Weinmarkt wurde großzügig umgebaut, und es entstand eine Wohnanlage im Stil der Renaissance, die heutigen Fuggerhäuser an der Maximilianstraße, mit großartig angelegten Innenhöfen. Die einstige Pracht läßt sich am besten im kleinsten der Innenhöfe, dem »Damenhof«, erahnen.

Jakob Fugger war bei seiner Verheiratung 39 Jahre alt. Das Geburtsdatum der Braut Sibylla ist unbekannt. Sie dürfte ca. 1480 geboren sein. Als unterste Altersgrenze zur Verehelichung galt für Frauen das 17. Lebensjahr. Keiner der Augsburger Chronisten erwähnte das Ehebündnis; weder Heiratsabrede noch Heiratsvertrag sind vorhanden. Sibyllas Herkunft aus wohlhabendem Hause läßt sich aus der Höhe der Mitgift, nämlich 5000 Gulden, ersehen. Dieser Betrag ist in den späteren Testamenten des Jakob Fugger angegeben.

Gibt es auch archivarisch keine Ausführungen über das Brautpaar, so ist mit dem Hochzeitsbildnis ein einmaliges Zeugnis des Brautpaares erhalten. Thomas Burgkmair hat das Thema des Hochzeits-Doppelbildnisses »mit Geschmack und Noblesse behandelt«.

Das kostbar gekleidete Ehepaar ist etwas befangen wirkend in eine ideelle, reich mit goldenem, geflochtenem Stab- und zierlichem Rankenwerk geschmückte Nischenarchitektur gefügt. Der fein charakterisierte 39jährige Bräutigam greift mit der rechten Hand an seine pelzgefütterte Schaube, und er umfaßt mit seiner Linken, nicht besitzergreifend sondern eher schüchtern, den angewinkelten Arm seiner jungen Frau. Festlich wirkt Jakob Fuggers venezianische Goldbrokatkappe.

Die Braut, deren Gesicht fast puppenhaft wirkt, trägt auf dem Kopf eine rostfarbene Samthaube, die um die Stirn mit einem breiten, mit Perlen und Edelsteinen besetzten Band endet. Der diademartig wirkende Abschluß hat seitlich Schleifen, an denen kostbare Schmuckstücke befestigt sind. Die rotblonden, gewellten Haare sind seitlich weit in das Gesicht frisiert. Während Jungfrauen ihr Haar offen und unbedeckt trugen, »galt es als Symbol der Abhängigkeit der verheirateten Frauen vom Willen ihres Mannes, daß sie ihr Haar bedeckt zu tragen hatten«. Am Hochzeitstag wurden der Braut als Zeichen ihres neuen Standes die langen Haare der »Jungfräulichkeit, natürlich auch ihrer erotischen Besetzung wegen, zum Knoten gebunden und aufgesteckt mit einer Haube bedeckt«. So galt das »unter die Haube kommen« als Kennzeichen für die der Brautwerbung entzogene, nun verheiratete Frau.

Die Braut schmückt ein kostbares, mit Edelsteinen besetztes Halsband und eine goldene grobgliederige Kette. Das prunkende Festkleid hat einen großgemusterten Besatz aus Golddamast, die Ärmel sind enganliegend, am Ellenbogen geschlitzt und mit gefältelter Seide unterlegt; auf dem rechten Oberärmel ist ein üppig verschlungenes Monogramm aus gold- und perlengestickten Ranken und Blumen. Der Gürtel ist mit einem Kannenmuster verziert. Das Brautkleid entspricht mit seinem eleganten Schnitt und unübersehbar kostbaren Stoff ganz der burgundischen Mode. Als Zeichen der gegenseitigen Bindung tragen Jakob und Sibylla Ringe, Symbol der Liebe und Pfand der Treue. Die Braut hält in ihrer zierlichen rechten Hand ein gerolltes Notenblatt. Dies scheint darauf hinzuweisen, daß die »Hochzeiterin der Frau Musica besonders zugetan gewesen ist«.

Die Majuskel-Inschrift in der unteren Schräge des Hochzeitsbildes lautet:

»AM NEINTEN TAG INVARI IM 1498 IAR IN DER GESTALT KAME WIR ZU SAME VIRWAR«

Das Gemälde befindet sich in Privatbesitz in England, wohin es aus Stift Herzogenburg über den Berliner Kunsthandel gelangt ist. Wie das Bild in das niederösterreichische Chorherrenstift kam, darüber können nur Vermutungen angestellt werden. Möglicherweise blieb das Hochzeitsbild im Besitz der Witwe Fugger und kam durch ihren zweiten Gatten Konrad Rehlinger in den Besitz der Familie Rehlinger, die es dann veräußert haben könnte. Das Bild bekam im 17. Jahrhundert die Inschrift: »G. Höfft und G. L.« Aus Jakob Fugger wurde Graf Höfft, der Stifter der Herzogenburg. Bei der Identifizierung und biographischen Bestätigung erwies sich das auf der Rückseite üblicherweise aufge-

33

malte Allianzwappen der Dargestellten als Indiz. Das Hochzeitsbild ist das einzige authentische Bildnis der Sibylla Fugger-
Artzt und somit ein »Denkmal von besonderem lebensge-
schichtlichen Ausdruck« (siehe Bildteil).

Als Albrecht Dürer 1518 zum Augsburger Reichstag kam, hat er
Jakob Fugger, seine Frau und weitere Mitglieder des Hauses
porträtiert. Für eine Dürer-Zeichnung der Sibylla Fugger Artzt
gibt es einen Hinweis: In einem Sammelband von etwa 80 Hand-
zeichnungen Dürers im Besitz von Joachim von Sandrart befand
sich auch »Graf Jakob Fuggers Konterfät und Sibylla Artztin,
seiner Gemahlin, fast in Lebensgrösse«. In der Sammlung des
Hofrats Johann Georg Friedrich von Hagen in Nürnberg wird
als von Dürers Hand aufgeführt: »Ein Frauenzimmerkopf,
wahrscheinlich das Bildniß der Gemahlin Jakob Fugger, ist mit
schwarzer Kreide gefertigt«. Ein möglicherweise zeitgenössi-
sches Portrait der Sibylla Fugger-Artzt findet sich im sogenannten Geschlechtertanz-Bild von 1500 mit der Bezeichnung »Nach
Christy Gepurt 1500 Jar was dise Klaidung zu Augspurg das ist
war«. Dargestellt ist ein patrizisches Tanzfest im Saal des Tanz-
hauses am Weinmarkt auf der heutigen Maximilianstraße, süd-
östlich des Chores der Moritzkirche. An diesem Fest nahm auch
Sibylla Fugger teil, namentlich bezeichnet als »Jacob Fuggerin«.
Sie wird geführt von Matthäus Pfister, der seit 1498 mit Barbara
Herwarth verheiratet war. Bisher sah man im Fehlen Jakob Fuggers, des Ehemannes der Sibylla, die Tatsache, daß er als Nichtpatrizier an diesem Fest nicht teilnehmen durfte. Es zeigt sich
aber, daß von den mit Namen bezeichneten sechzehn Geschlechtern nur sieben den alten Geschlechtern angehörten, der Rest zu
den »Mehrern der Gesellschaft«, die erst 1538 in das Patriziat
aufrückten. Auch die Familien Pfister und Artzt gehörten zur
letzteren Gruppe (siehe Bildteil).

Sibylla Fugger trägt auf diesem Bild eine auffällige goldene
Haube, die eher einer kleinen Krone gleicht als den haubenartig
gebundenen Tüchern und Federhüten der anderen Damen. Ihre
blonden Haare sind geflochten und hochgesteckt. Sie wirkt sehr
elegant in ihrem schwarzen Kleid, das tiefdekolletiert ist und
einen gefältelten weißen Einsatz an der Brust hat. Sehr modisch
ist der tiefeingesetzte Ärmel, der den Eindruck des Abgleitens
des Kleides von der Schulter erweckt. Die Ärmel sind geschlitzt
und weiß unterfüttert. Wie alle anderen Damen im Tanzkreis
trägt Sibylla eine goldene Kette um den Hals.

Auf Schloß Babenhausen im Fugger-Museum ist eine sehr sel-

tene Art der Bildnismedaille zu betrachten, nämlich die Profil-
bildnisse des Ehepaares Jakob und Sibylla aus Solnhofer Steinen, aufgelegt auf eine runde Schieferplatte. Datiert werden die
Rundreliefs um 1515. Mörtelreste auf der Rückseite lassen den
Schluß zu, daß sie wohl eingemauert waren; im 19. Jahrhundert
wurde die Vergoldung der Haube und die Schrift erneuert. Sibylla Fugger-Artzt ist im Profil nach links, ihr Ehemann als Ge-
genstück im Profil nach rechts, mit Kopf und Schulteransatz gezeigt. Sie trägt ein mit stilisierten Blüten gemustertes Kleid, eine
gefältelte Haube über dem gewellten Haar.

Vergleich zweier Ehen – Fugger und Datini
Die traurige Kinderlosigkeit

Im Namen Gottes und des Geschäfts war das Motto des Kaufmanns Francesco di Marco Datini, eines Kaufmanns der Frühre-
naissance, über den Iris Origo eine Biographie verfaßte. Danach
war Datini ein harter Geschäftsmann und »holte sich seine
Goldgulden, wo er konnte«. Er handelte mit Waffen, Wolle, Erz
und Getreide; er stellte Tuch her und handelte mit Sklaven; er
gründete eine Bank, obwohl er sich damit den Vorwurf einhan-
delte, Wucher zu treiben. Aber gleichzeitig versäumte er nie,
seinen religiösen Pflichten nachzukommen. Er vergaß weder
Fastentage noch, einen bestimmten Teil seines Gewinnes für Almosen zu geben; er ließ Kapellen einrichten und trug zur Ausschmückung von Kirchen bei. Wenn es um das Geschäft ging,
konnte er ein geradezu mönchisches Leben voll harter Arbeit
führen. Weil Datini an seinem Lebensende sein ganzes, großes
Vermögen für wohltätige Zwecke stiftete, kommen bis heute
verarmte Menschen seiner Vaterstadt Prato in den Genuß dessen, was von seinem Vermögen immer noch vorhanden ist. Liest
man diese kurze Zusammenfassung über einen Kaufmann des
14. Jahrhunderts, der in vielem schon der Renaissance angehörte, so ergeben sich unwahrscheinlich viele Parallelen zu dem
ehrgeizigen Mann, der hundert Jahre später in Augsburg »ein
Herrscher ohne Krone« wurde, dies durch sein Organisationsta-
lent und seine Fähigkeit, sich ständig wandelnden Gegebenhei-
ten einer Gesellschaft im Umbruch anzupassen, nämlich Jakob
Fugger. Diese verblüffende Ähnlichkeit im Lebensweg bezieht
sich aber nicht nur auf die geschäftliche Tätigkeit der beiden
Kaufleute, sondern auch auf deren Privatleben. Francesco di

Marco Datini heiratete, als er schon über 40 Jahre alt war, eine fast 25 Jahre jüngere Frau, Margherita. Jakob Fugger heiratete als 39jähriger Kaufmann die mindestens 20 Jahre jüngere Sibylla Artzt. Beide Frauen, als junge Mädchen an Männer verheiratet, »die das Leben bereits ausgelaugt und aller Illusionen beraubt hatte«, konnten ihren Ehemännern nicht geben, was am meisten von ihnen erwartet wurde: ein Haus voller Kinder oder wenigstens einen männlichen Erben. Beide Ehen waren von Anfang an schwierig. Datini verbrachte die meiste Zeit seines Leben getrennt von seiner Frau in den Städten, wo er Filialen gründete, seine Frau lebte meistens in Prato, abgesehen von ein paar nachweisbaren gemeinsamen Reisen. Auch in Augsburg war es ähnlich. Jakob Fugger, der ruhelose Kaufmann und Bankier, verbrachte mehr Zeit im Kantor und auf Reisen als mit seiner Frau. Gemeinsame Reisen dieses Ehepaares sind auch nicht bekannt, da keinerlei Privatkorrespondenz zwischen den Ehepartnern erhalten ist. Ahnungsweise läßt sich sagen, daß die fortwährenden Trennungen des Augsburger wie des toskanischen Ehepaares und die Kinderlosigkeit damals eine starke Belastung für eine Ehe waren. Eine kinderlose Frau war zudem oft gesellschaftlichen Sanktionen ausgesetzt, so war sie »wie schon bei den Völkern des Altertums, der Verachtung preisgegeben«.

Beide Frauen lebten in einer Umgebung, in der andere Frauen ständig schwanger waren. Die Schwestern und Schwägerinnen der Sibylla Fugger hatten durchschnittlich zehn Kinder. Sicherlich war Sibylla oft verzweifelt in dem Bewußtsein, ihrem Mann als Frau nicht zu genügen, und es dürfte ihr nicht anders als Margherita ergangen sein, die von Verwandten und Freunden des Hauses gutgemeinte Ratschläge bekam, wie sich doch noch Kindersegen einstellen könnte. Margheritas Schwester schrieb aus Florenz von einem Pflaster, das nur im Winter auf dem Bauch zu tragen sei, das zwar wenig koste, aber dermaßen übel rieche, daß es viele Ehemänner gäbe, die es einfach weggeworfen hätten. Als weiteres Wundermittel gegen Kinderlosigkeit galt ein Gürtel, den sich die junge Ehefrau von einem unberührten Knaben umlegen lassen sollte. Zuvor mußte sie drei Vaterunser und drei Ave Maria zu Ehren Gottes, der Heiligen Dreieinigkeit und der heiligen Katharina beten. Der Übersender des Gürtels war allerdings der Meinung, daß es Margherita mehr Nutzen bringen würde, wenn sie an drei Feiertagen drei Arme speise und nicht auf das Geschwätz von Weibern höre. Fruchtbarkeitsfördernd galten heiße Bäder in einem Wildbad. Wasserbad und Wasserbesprengungen gehören zu den ältesten und auf der ganzen Welt verbreiteten Fruchtbarkeitsriten. Zur Erfüllung des Kinderwunsches unternahmen die Frauen auch Wallfahrten in Gnadenorte und »abergläubische Tendeleyen«.

Die Ursache der Kinderlosigkeit bei dem Ehepaar Fugger ist unbekannt. Der Fugger-Biograph Pölnitz vertritt die Meinung, daß sie an Sibylla Artzt gelegen habe, da aus ihrer »zweiten Ehe mit Konrad Rehlinger gleichfalls Kinder nicht bekannt sind«. Bei dieser vagen Feststellung bleibt allerdings außer acht, daß Sibylla, als sie heiratete, etwa achtzehn oder zwanzig Jahre alt war. Somit war sie bei ihrer zweiten Eheschließung schon knapp 50 Jahre alt! 1507 wurde nach den Fuggerschen Handelsverträgen wohl noch mit Kindern gerechnet, während in den Bestimmungen von 1512 schon ein Nachrücken der Familie Ulrichs und Georgs im Vordergrund stand, unter weitgehender Berücksichtigung der Sibylla, falls sie ihren Mann überlebe. Um die Kinderlosigkeit dieser Ehe rankten sich zu allen Zeiten Gerüchte und Erzählungen. So habe angeblich Jakob Fugger einen kleinen Knaben, der ihn um 1512 in Breslau anbettelte, adoptieren wollen. Der Bub hieß Thomas Platter, der später ein berühmter Baseler Gelehrter wurde. Angenommen, daß Platters Erinnerungsvermögen nicht trog, so erscheint es ziemlich unwahrscheinlich, daß es gerade der »kaltblütige« Jakob Fugger gewesen sein soll, der die Zukunft seines Lebenswerkes einer solchen Zufallsbekanntschaft habe anvertrauen wollen.

In das schöne, heute noch erhaltene Datini-Haus in Prato zog aber doch noch Kindersegen ein, denn Margherita erklärte sich bereit, eines der zahlreichen unehelichen Kinder ihres Mannes an Kindesstatt aufzunehmen und dazu noch die Tochter ihrer Schwester. Kinder gab es im Fugger-Stadtpalast in Augsburg in großer Zahl, doch es ist nicht bekannt, ob sich die kinderlose Sibylla um eine ihrer Nichten oder Neffen besonders angenommen hat. In noch unveröffentlichten Forschungsergebnissen führt Prof. Hans-Martin Decker-Hauff, Tübingen, den Beweis, daß Jakob Fugger durchaus im Besitz seiner Manneskraft war, denn es können ihm mehrere natürliche Kinder nachgewiesen werden. Außerdem bezeichnete der württembergische Kanzler Gregor Lamparter in seinem an die Tübinger Theologische Fakultät gerichteten Schreiben vom 18. April 1514 Jakob Fugger als »meinen Schwiegervater«. Somit war Lamparters Schwiegermutter, Mechthild Belz, die spätere Gattin des herzoglichen Leibarztes und Tübinger Medizinprofessors Johannes Widmann, zuvor die »Mätresse Jakobs«, und von den zahlreichen Kindern, die im Hause Widmann aufwuchsen, war Mechthild, die spätere Frau des herzoglichen Kanzlers, die illegitime Tochter des Jakob Fugger. Der jähe Aufstieg der Lamparter-Familie läßt Rückschlüsse darauf zu, daß Jakob Fugger vorzüglich für seine Tochter gesorgt hat. Auch fallen die besonders hohen finanziellen Zuwendungen an Gregor Lamparter auf.

Stiftungen des Ehepaares Jakob und Sibylla Fugger

Über die 27 Jahre währende Ehe von Sibylla und Jakob Fugger ist nur wenig urkundlich belegbar. Jakob Fugger ließ sich und seine Frau am 28. November 1510 in die Bruderschaft der Mönche bei St. Ulrich aufnehmen. So wurde das Ehepaar nach den Regeln des Benediktinerordens teilhaftig des »Gebetes, Singens, Lesens, Fastens, und aller Guttat, so durch uns in Dienst und Lob des allmächtigen Gottes und alles himmlischen Heeres vollbracht«.

In dieser Zeit zwischen Himmelssehnsucht und handfestem irdischen Gewinnstreben konnten Stiftungen zur eigenen Sicherheit in der Ewigkeit angekauft werden, die man anderen Toten nachträglich kaufweise entzog. So hatte 1466 Hans Ulman aus Konstanz für sich und seine verstorbene Schwester Dorothea Braun einen Jahrtag mit gesungener Vigil, neun Lektionen samt Placebo, vier brennenden Kerzen und eigener Opferkerze gestiftet. Nach der Feier sollten der älteste Mann und vier Frauen Geldgeschenke erhalten. Ferner ward für jeden Samstag auf dem Apostelaltar der Dominikanerkirche ein Liebfrauenamt und zu Abend ein Salve Regina bestellt. Diese Abmachung kaufte Jakob Fugger für sich und seine Frau Sibylla.

Mit dem Augsburger Dominikanerprior wurde ein Vertrag geschlossen über Gottesdienst, Grablege und Kirchenbänke der Schwiegereltern Jakobs in der Predigerkirche. 1504 kaufte er in der gleichen Kirche Hartmann Langenmantel seine beiden Stühle ab, nachdem er schon 1501 in der Barfüßerkirche für sich und seine Brüder zwei Männer- und Frauenstühle erworben hatte. 1509 erwarb Jakob für sich und seine Frau einen Jahrtag mit Vigil und Seelenamt auf den Martinstag im Kloster Holzen bei Augsburg, wobei die Nonnen gelobten, sie wollten für Jakob und Sibylla »Gott dem Allmächtigen an dem erschrecklichen Gerichte seines Zornes, an welchem ein jeder Mensch nach seinem Verdienen geurteilt und belohnt wird, Verantwortung tun«. Alles zusammen läßt mittelbar die menschliche Anteilnahme und das nicht nur geschäftliche Interesse Jakob Fuggers am Ablaß durchscheinen, auch wenn er ihn nicht in seiner Problematik als eine jener Zeitfragen erkannte, an der sich die Geister scheiden sollten.

Testamentarische Verfügungen des Jakob Fugger für seine Frau Sibylla

Jakob Fugger hat zwei Testamente errichtet: das erste 1521, das zweite am 22. Dezember 1525, also sieben Tage vor seinem Ableben. Die Errichtung eines zweiten Testaments war deshalb notwendig geworden, weil wenige Monate vor Jakob einer der vier Erben, nämlich Ulrich Fugger, kinderlos verstorben war. Weitgehend hielt sich Jakob Fugger an sein erstes Testament. Seine Fürsorge für das Wohlergehen seiner Frau ist in beiden Testamenten zu spüren, und er erweist sich darin als sehr großzügig: Aus familienpolitischen Grundsätzen konnte Sibylla auf keinen Fall ein lebenslängliches Nutznießungsrecht am Gesamtvermögen ihres Mannes erhalten, wie dies beispielsweise bei Hans Paumgartner dem Älteren und seiner Ehefrau Felizitas Rehlinger nachweisbar ist. Jakob vermachte seiner Ehefrau die von ihr eingebrachten 5000 Gulden Heiratsgut, Widerlegung und Morgengabe gemäß dem nicht mehr erhaltenen Heiratsvertrag vom 21. Oktober 1497, ferner ihre Gewänder, ihren Schmuck und das Bandwerk, auch die Betten und Bettstatt mit allem Zubehör, »darin wir bei- und miteinander gelegen sind«. Die eheliche Bettstatt sollte immer im Besitze des überlebenden Ehepartners verbleiben. Hier soll nun nicht der ganze, Sibylla betreffende Abschnitt des Testaments vorgestellt werden, sondern die Veränderungen, die sich zwischen den beiden Testamenten ihres Mannes von 1521 und 1525 ergaben. Im ersten Testament trat Sibylla in Jakobs Gerechtigkeiten in den Kirchen und Kirchenstühlen ein, »auch der grebnus und cappell zu den predigern in allermassen ir lebenlang und nach ihrem tod gebrauchen, als ob ich noch bei leben were«. Es handelt sich hier um die von Jakob Fugger 1512 erworbene Grablege bei den Predigermönchen, also dem Dominikanerkloster St. Magdalena. Von Jakobs Kleidern sollte sie den besten Rock behalten dürfen. Als Witwensitz sollte Sibylla die gemeinsame Wohnung behalten, dazu das Haus mit

Garten und Zwinger vor dem Barfüßertor und das von Thomas Ehinger gekaufte Gebäude mit allem Hausrat, den Tapeten und dem Hausschmuck zu lebenslänglichem Nießbrauch, »darzu auch die cappell im haus mitsambt den messgewanden taffeln kelch messbuechern Weichkesseln und anders, so zu derselben cappell und altar gehört nichts ausgeschlossen«. Die Unterhaltskosten für die Gebäude hatte Sibylla zu tragen, die Steuerlasten ihre Neffen. Mit Gartenarbeiten sollte die Witwe aber nicht belästigt sein; diese waren von Knechten und Neffen zu verrichten. Nach dem Tode der Witwe sollte das gesamte Grundvermögen an die Neffen fallen. Falls Sibylla eine zweite Ehe eingige, verlöre sie die 800 Gulden Leibgeding und die Nießbrauchsrechte an den Wohnungen und Häusern. Jakob Fugger schloß auch nicht aus, daß seine Witwe möglicherweise in ein Kloster eintreten könnte, womit klar zum Ausdruck kommt, daß Jakob an einen späteren Glaubenswechsel seiner Frau nicht im entferntesten dachte, was ja auch durch die Überlassung der Kapelle zum Ausdruck kommt.

Aus den erwähnten 800 Gulden Leibgeding war im zweiten Testament ein Legat von 20000 Gulden geworden, deren sie bei einer Wiederverheiratung verlustig gehen sollte. Aber all die kleinen, vorher aufgezeigten Liebenswürdigkeiten und sehr persönlichen Vermächtnisse fehlen. So auch der Hinweis, daß neben dem gesamten Silbergeschirr der Witwe »ain grosser diemandt und ain grosse rubintafel, so ich ir neulich geschenkt hab« gehöre. Nachdenklich stimmt die Tatsache, daß Jakob Fugger in seinem ersten Testament seine »hausfrauen« dazu bestimmt, »mir fürbittung gegen auch got almusen geben meiner seel zu trost ingedenck sein und dermassen thun, wie ich mich solchs an das zu ir versehe«, diese Bitte aber im zweiten Testament wegläßt. Jakob Fugger war wohl auch zu der Überzeugung gekommen, daß seine Witwe eher wieder heiraten als in ein Kloster eintreten würde. Möglicherweise hatte Jakob Fugger die Zuneigung seiner Ehefrau zu seinem Freund Konrad Rehlinger erkannt.

Der Schlußabsatz des zweiten Testaments ist ungewöhnlich. Jakob Fugger betonte als »lester will und fürnemen«, falls seine Hausfrau Sibilla Arzetin und seine Schwester Barbara Meittingin (nur sie werden namentlich erwähnt) und alle anderen Bedachten das Gefühl hätten, sie seien in dem Testament nicht entsprechend berücksichtigt worden, dann sollten sie bei den »drey vettern als mein gesetzt erben« Einspruch und Widerspruch erheben. Jakob Fugger gesteht kurz vor seinem Ableben seiner angeblich so ungeliebten Frau zu, daß das Testament nach ihren Wünschen geändert werden könnte. Da der Chronist Sender bei seiner Niederschrift über den Tod des großen Kaufmanns kein Wort über Sibylla Fugger erwähnte, fiel Sibylla bei Pölnitz in Ungnade; sie sei Jakob »wohl Frau, doch nicht Gefährtin gewesen«. Daß Konrad Rehlinger nicht am Sterbebett sein konnte, begründet Pölnitz mit der Feststellung, daß jener es kaum »wagen durfte, in das brechende Auge zu schauen«. Für Konrad Rehlinger, den überzeugten Protestanten und späteren Gemahl der Witwe Jakob Fuggers, testierte Fugger, »eine Verehrung« auszubezahlen.

Alle Bemühungen um eine gerechte Würdigung der Sibylla Fugger beruhen auf der Chronik des Clemens Sender und der Langenmantel-Chronik. Während letztere als »reformationsfreundliche« bezeichnet wird, ist bei dem Benediktinermönch Sender von St. Ulrich selbst bei der Beurteilung der Sibylla Fugger-Artzt eine starke Parteinahme für Jakob Fugger und eine heftige Gegnerschaft allem Lutherischen gegenüber deutlich zu spüren. Sender schrieb ausführlich über Jakob Fuggers Leben und Sterben. Seine tendenziöse Aussage über Sibylla lautet wie folgt: »Jakob Fugger hat zu der ee gehapt Sibillam Artzatin. Die hat er also schen, eerlich und lieb gehalten, als ob sie ain fürstin were, und hat kain kind gehept. Er hat ir in seinem testament ain gros gut an gold, silber und klainettern vermacht, auch ir leben lang die behausung und gärten, wann sie in dem witwestand beleib, damit sie nach ihrem tod ihre fraind, die Artzat, mit der Fugger gut auch reich mach. sie hat klainetter von gold und edlem gestain gehapt, darmit sie ain fürstin hat übertroffen.« Hier übertreibt Sender maßlos. Er vermutete, daß Sibylla Teile des sagenhaften Burgunderschatzes, aus dem Jakob Fugger 1504 vier Stücke angekauft hatte, von ihrem Mann verehrt bekommen hätte. Jakob verkaufte aber bereits 1515 das sog. »Federlein« an Kaiser Maximilian, Anton Fugger 1542 die »Drei Brüder« an König Heinrich VIII. von England, die »Rose« und das »Gürtelein« konnten nicht veräußert werden, blieben aber im Besitz der Fugger und wurden nicht Sibylla vermacht.

Die Wiederverheiratung der Witwe Sibylla Fugger mit Konrad Rehlinger d. Ä.

Clemens Sender berichtet in seiner Chronik, daß die Witwe die Liebe und Treue, die ihr verstorbener Mann ihr entgegenbrachte, schnell vergessen und vor Ablauf der Trauerzeit, die damals dreißig Tage betrug, sich wiederverheiratet habe. Tatsächlich war am 18. Februar 1526, »am Sumptag invocavit«, sieben Wochen nach Jakobs Tod, die Hochzeit der Witwe mit Konrad Rehlinger »auf die lutherische Art«. Auch behauptet Sender, die Witwe sei heimlich aus dem Fuggerschen Haus ausgezogen, nur eine Magd habe sie begleitet, und sei in das Haus des Konrad Rehlinger gezogen, der ein »alts mendlin ... mit 8 kinden« gewesen sei. Das alte verwitwete Männlein zeigt Bernhard Strigel in seinem 1517 gemalten Bild (Alte Pinakothek München) als stattlichen Patrizier. Clemens Sender nannte für das 14. Jahrhundert die Rehlinger an erster Stelle unter den ursprünglichen Geschlechtern der Stadt Augsburg. Konrad Rehlinger dagegen, dem Protestanten, wird keinerlei Würdigung zuteil, auch nicht als erfolgreichem Kaufmann in der seit 1503 bestehenden Handelsgesellschaft mit Endris Grander und Hans Hanold. Konrad Rehlinger hatte damals Schloß Igling am Lechfeld wieder aufgebaut und war vom Kaiser in den damit verbundenen Rechten bestätigt worden und somit wieder adeliger Grundherr. In Augsburg bekleidete er von 1521 bis 1522 das Amt des Sieglers, von 1526 bis 1538 das des Einnehmers der Stadt. 1548 wurde Rehlinger zu einem der fünf geheimen Räte des »neuen Regiments« ernannt.

Nach Senders Aussage hat Rehlinger noch zu Lebzeiten des Jakob Fugger um Sibylla gebuhlt, und nach »abgangs herr Jacob Fuggers« seien sie »bei ainander ergriffen worden«. 1529 steht in der Langenmantel-Chronik rückblickend auf das Geschehen von 1526 zu lesen: »Über das alles so wolt doch der Fugger (der Neffe Raymund) sin grossen gewalt alda erzaigen, wie er dann vor auf Conrad Rehlinger und seinem weib begangen, die er in der statt alhie zu Augsburg mit gewalt und gewaffneter handt durch seine diener genottrungt und bezwungen, daß sie ainander nemen muessen und durch dasselb nemen die frauin geschetzt (eingeschätzt), daß sie zwaintzigtausend gulden verloren (wegen der Wiederverheiratung); desgleichen so hatt sie ir lebenlang in dem schenen haus, so Jerg Kinigsperger gebaut sampt ettlichen gärten und silbergeschier, so ir vorriger man, Jacob Fugger ir verordnet hat (gewohnt), davon sie durch gewalt so er und die andern Fugger triben hetten und ungestrafft bliben ist …«. Über eine gewaltsame Vertreibung der Witwe schweigt Sender. Doch ist dies dem Neffen, der Sibylla wohl am meisten haßte, nämlich Raymund, seit 1514 mit Katharina Thurzo verheiratet, durchaus zuzutrauen. Raymund muß ein unruhiger und unsteter Geist gewesen sein, den Sender in seiner Chronik immer wieder zu verteidigen sucht. Der Chronist Wilhelm Rem, ein Onkel Raymunds, der keinerlei Aufzeichnungen zu dem Ehepaar Jakob Fugger und Sibylla Artzt bringt, zeigt einen derben Raymund Fugger: »Anno dni 1523 die 28. setember da sagt Remundus Fugger: öffentlich vor den leutten, er schis in das ewangelium. es geschachen wol vil red darzu, aber er belib von ainem ratt ungestraft; es hett ain junger burger gegen dem Fugger gesagt, er solt darneben scheussen. der Fugger wolt es hernach verkliegen und sagt, er het es gemaint, wie es ettlich leutt auslegten.« Die sehr polemisch antievanglische Gesinnung Raymunds war Gegenstand großer Empörungen in der Stadt. Der Rat sah jedoch von einer Bestrafung ab.

Die Abwicklung des Testaments war nicht ohne Schwierigkeiten zu bewerkstelligen. Es kam zu einer gerichtlichen Auseinandersetzung. Die Schiedsrichter hielten sich genau an das von Jakob Fugger errichtete zweite Testament und bestätigten Sibylla Rehlinger 20 000 Gulden. Diese Summe setzt sich zusammen aus 5000 Gulden Heiratsgut, Widerlegung und Morgengabe, für 5000 Gulden Silbergeschirr und 10 000 Gulden in bar. Aufzugeben hatte Sibylla das Haus am Weinmarkt sowie Haus, Zwinger und Garten vor dem Augsburger Neidbad-Törlein. Ob es wohl Zufall war, daß der Streit am Tag des Apostels Jakobus, dem 25. Juli 1526, ausgetragen wurde? »Rein äußerlich« war der Erbschaftsstreit zwischen Sibylla und ihren Neffen Raymund, Anton und Hieronymus Fugger 1526 durch Ulrich Rehlinger d. Ä., den Bürgermeister und Hauptmann des Schwäbischen Bundes Ulrich Artzt und Dr. jur. Johann Rehlinger beigelegt. Am 12. November quittieren Sibylla und Konrad Rehlinger den Vollzug des Schiedsspruchs.

Die Neffen konnten sich nicht damit abfinden, daß Fuggersches Silbergeschirr in den Besitz der Tante gekommen war und kauften dieses am 30. April 1527 wieder zurück. Die 5000 Gulden Rückkaufpreis wollten sie nach der Frankfurter Fastenmesse (Frühjahrsmesse) entrichten. Im Rehlinger-Archiv in München befindet sich die Liste über alle die Haushaltsgeräte, die Sibylla

1526 den Fuggern zurückgegeben hat. Sicherlich um die Vergangenheit endgültig abzustreifen, gab Frau Rehlinger auch die Bettstatt, in der sie mit ihrem verstorbenen Mann gelegen, an die Fugger-Neffen zurück. Drei Diamantringe kauften die Fugger ebenfalls wieder von ihr zurück.

Es ist verständlich, daß sich Sibylla keinerlei Beziehungen mehr zu ihrer Fuggerischen Verwandtschaft wünschte. Dies drückt sich auch in ihrem Testament von 1540 aus. Weder ihr erster Ehemann noch dessen Familie werden erwähnt. Entgegen den Gepflogenheiten in der damaligen Testamentsabfassung fehlt auch, daß sie die Witwe Jakob Fuggers war, als sie Konrad Rehlinger heiratete. Das Testament war von keinem geringeren als Konrad Peutinger geschrieben und lautet: »Sibylla Arztin, weiland Wilhelm Arzts seligen eheliche verlassene Tochter und jetzo des Ehrbaren und Wohlgeachteten Chuonraten Rechlinger des Älteren, des Rats und Bürgers zu Augsburg, eheliche Hausfrau bestimmt: 1.) ein gebräuchliches Erdbegräbnis, wie bei ehrbaren Leuten meinesgleichen Sitte, Gewohnheit und der Gebrauch ist, dazu in der Gemein christlich andächtig Beten befohlen, damit mir ein fröhliche Urständ verliehen und mein seel zu ewiger Seligkeit gefördert werden möge. 2.) Für arme dürftige Menschen, damit die auch Gott den Herrn für mich anrufen und bitten sollen: rheinische 1000 Gulden; sollen von den 10 000 Gulden Nachlaß genommen werden. 3.) Meinem lieben Bruder Wilhelm Arzt dem Jüngeren bzw. seinen Kindern 3000 Gulden. 4.) Meiner lieben eheleiblichen Schwester Regina Arztin, weiland Jacob Krausen verlassener Wittib, 3000 Gulden. 5.) 3000 Gulden meines lieben Bruders Hans Arzts selig hinterlassenen Söhnen und Töchtern Hans Jacob, Wilhelm, Sibylla und Sabina; damit sollen Ansprüche von Brüdern, Schwestern, Neffen und Nichten abgegolten sein. 6.) Anerkennung der Bestimmungen von Heiratsabrede und Gütervertrag mit Konrad Rehlinger. 7.) Kleider, Kleinod, Hausrat; Silbergeschirr, Barschaft, Schulden, nichts ausgenommen: zugesprochen Konrad Rehlinger d. Ä.«

Konrad Rehlinger überlebte seine Frau um 10 Jahre. Die evangelischen Rehlinger haben ihre letzte Ruhestätte bei St. Anna in Augsburg gefunden. Kein Stein, keine Inschrift erinnert an Sibylla Artzt, die 27 Jahre lang mit Jakob Fugger, dem bedeutendsten Kaufmann und Bankier im oberdeutschen Raum, verheiratet war und 20 Jahre lang mit dem Patrizier Konrad Rehlinger.

Die Frauen des
Hauses Fugger als
Gönnerinnen der Jesuiten

URSULA GRÄFIN FUGGER-LICHTENSTEIN
* ... † 1573 ⚭ 1542 in Trient
Ehefrau des Georg Fugger (1518–1569)
Kinder: 14

Im Alter von 24 Jahren verheiratete sich Georg Fugger nach mehreren »Kavalierstouren« (= Bildungsreisen) im Ausland mit »der edlen schönen und tugentsamen junkfrauen Ursula von Liechtenstein und war die hochzeit sambt dem beyschlaf anno 1542 auf 28. november in der statt Trient mit allen freuden und köstlichkeiten gehalten«. Der Onkel der Braut war kein geringerer als Christoph III. von Madruzzo, seit 1539 / 42 Fürstbischof von Trient und Brixen. Mit ihm stand Anton Fugger, der Onkel des Bräutigams, in reger geschäftlicher Verbindung, die nun durch verwandtschaftliche Bande gestärkt werden sollte. Als der Fürstbischof dem Georg Fugger eine Wahl zwischen seinen Nichten freistellte, entschied sich Georg für Ursula von Lichtenstein, die, was sicher erstaunt, evangelisch war.

Die Lichtenstein waren ursprünglich Ministerialen der Bischöfe von Trient und der Grafen von Tirol. Sie erschienen bereits 1472 in den Tiroler Adelsmatrikeln. Von den drei Linien interessiert hier nur der Zweig des Landeshauptmanns Wilhelm, des Vaters der Ursula, und dessen Gemahlin, einer geborenen von Stötten, auf Schloß Karneid. Herr des Schlosses Karneid war Ursulas Bruder Bartholomäus von Lichtenstein, ein gefürchteter Tyrann, den weder Ausweisungsandrohungen des Erzherzogs Ferdinand II. noch Gefängnisaufenthalte zur Raison bringen konnten.

Die beiden Schwestern der Ursula hatten in die Familien von Taxis und Spaur eingeheiratet. Die Spaur waren die eifrigsten Anhänger des Protestantismus in Tirol. Als besonders »eifrige und widerstandsmutige Prostestantinnen« galten in Tirol die verwitweten Gräfinnen Margaretha von Lichtenstein-Helfenstein und Johanna Gräfin Lichtenstein-Oettingen, die Witwen der Brüder der Ursula Fugger-Lichtenstein. Johanna schloß sich mit zahlreichen evangelisch gesinnten adeligen Damen zusammen und veranstaltete Disputationen. Als zwei landesfürstliche Visitatoren die Bibliothek der Margaretha nach ketzerischen Büchern durchsehen wollten, bekamen diese von der resoluten Dame kein einziges ihrer Bücher zu sehen und zogen unverrichteter Dinge wieder ab. Sowohl ihr als auch ihrer Schwägerin wurde angedroht, das Land verlassen zu müssen. Margaretha Lichtenstein blieb in Tirol, Johanna zog 1569 zu ihren Verwandten nach Schwaben. Die genannten Damen waren in ihrer Glaubenshaltung keine Einzelerscheinung in Tirol. Selbst Erzherzog Ferdinand II. schrieb über sie an seinen jüngeren Bruder: »... die weibspersonen, die also verführt und zu einer andern religion gebracht werden, sind viel vergiffter und teuflhaftiger, als die, so in der sekterei geboren sind«. Aus dieser so stark vom Protestantismus geprägten Umgebung kam Ursula von Lichtenstein 1542 in das katholische Haus Fugger in der Stadt Augsburg, in der am 17. Januar 1537 vom Großen Rat die Einführung der Reformation beschlossen worden war. Bis zum Beginn des Schmalkaldischen Krieges wohnten Georg und Ursula in Augsburg in der Kleesattlergasse. Da Augsburg nicht Partei für den Kaiser nahm, die Fugger aber zu den größten Geldgebern des Kaisers gehörten, stellte sich für Anton Fugger und seine Neffen Georg und Hans Jakob die schwierige Aufgabe, einen Konflikt mit der Reichsstadt zu vermeiden. Sie entschieden sich, Augsburg zu verlassen, nicht nur, um sich dem direkten Einfluß der Stadt zu entziehen, sondern auch, um ihren Familien das Leben in einer von Kriegsunruhen erfüllten Stadt zu ersparen, wo sie den Ausschreitungen des Pöbels und allen Beschwerden durch Belagerung, Plünderung und dergleichen ausgesetzt gewesen wären.

Nicht nur die Fugger verließen damals die Stadt, sondern eine große Zahl wohlhabender Bürger. Dies veranlaßte den Rat der Stadt zu einem Verbot, während »dieser emporung auszulaufen« oder Proviant auszuführen. Da sich niemand an dieses Verbot hielt, kamen die »ausgewichenen« Bürger mit der städtischen Obrigkeit überein, gegen Bezahlung von Kontraktgeldern, also unverzinslichen Zwangsdarlehen, drei Jahre außerhalb der Stadt wohnen zu dürfen. Georg und Ursula verließen Augsburg am 4. August 1546. Die Familie hielt sich zeitweise in Passau, Regensburg und München auf.

Bezeichnend für die geistige Einstellung der Ursula Fugger erscheint der Trostbrief, welchen sie von dem überzeugt evangelischen Georg Hörmann, Fuggerfaktor und Freund, aus Schwaz am 30. Juli 1546 empfing: »Daß Ihr aber meldet, Ihr seiet dieser gefährlichen und sorglichen Läufe wegen etwas betrübt und melancholisch, das ist nicht Wunder. Ihr solltet aber in dem rechten Helfer, unseren getreuen barmherzigen Gott und Vater und seinem Einzigen Gelobten Sohn Jesum Christum, unserem Heiland Erlöser und Seligmacher in aller Trübsal Eure einzige Zuflucht haben ...« Die drohende Kriegslage scheint besonders bei der sensiblen Ursula Depressionen ausgelöst zu haben.

Die Jesuiten in Augsburg und die konfessionelle Situation im Hause Fugger

Der in Nimwegen 1521 geborene Petrus Canisius (eigentlich Pieter Kanijs), der erste deutsche Jesuit, fand in Augsburg folgende Glaubenssituation vor: 1550 dürften von den etwa 35000 Einwohnern höchstens noch 7000 zu den Anhängern der katholischen Konfession gehört haben. Von 1559 bis 1561, der Zeit des ersten Aufenthalts von Canisius in Augsburg, sollen sich 900 Gläubige wieder der katholischen Kirche zugewandt haben. Wenn in Augsburg der später heiliggesprochene Jesuitenpater Petrus Canisius das Wort Gottes verkündigte, war der Andrang der Gläubigen groß.»In hundert Jahren hat die Stadt keine solche Andacht gesehen wie in dieser Zeit ... Die Katholiken mehrten sich von Tag zu Tag.« Zuweilen mußten Petrus Canisius und seine Mitbrüder bis spät in die Nacht im Beichtstuhl ausharren, um alle, die ihre Gewissen erleichtern wollten, anzuhören.

Der lange, spannungsreiche Kampf um die Niederlassung der Jesuiten in der damals fast ganz protestantischen Reichsstadt ist ebenso gut erforscht wie die Bedeutung ihres Wirkens für den Katholizismus. Die endgültige Gründung eines Jesuitenkollegs 1580 wäre ohne die zuerst ideellen und dann finanziellen Zuwendungen der Fugger bestimmt nicht möglich gewesen.

Interessant ist es, herauszufinden, welche Rolle den Frauen des Hauses Fugger in der beginnenden Gegenreformation in Augsburg zukam und welcher Anteil ihnen am Erfolg des Ordensprovinzials Petrus Canisius, der 1559 durch Kardinal Otto Truchseß von Waldburg als Domprediger nach Augsburg berufen wurde, zugeschrieben werden muß. Petrus Canisius fand neben seiner Volksmissionierung sehr schnell Kontakt zu den Patriziern der Stadt Augsburg, wohl wissend, daß nur durch sie finanzielle Hilfe und Unterstützung für seinen Orden zu erhalten war. Der große Anton Fugger (1493–1560) war Canisius von Beginn seiner Tätigkeit an gewogen, waren doch in seinem Hause die Kinder und Anverwandten längst nicht mehr der alten Kirche in völliger Überzeugung verpflichtet.

Anton Fugger hatte zwei evangelische Schwiegertöchter Sibylla von Eberstein und Elisabeth Nothafft von Weißenstein und einen evangelischen Schwiegersohn, Graf Jakob aus dem Hause Montfort; in das Haus seines früh verstorbenen Bruders Raymund hatte die evanglische Ursula von Lichtenstein eingeheiratet, die Raymund-Tochter Sibylle hatte den lutherischen Wilhelm von Kuenring geheiratet und die jüngste Raymund-Tochter Ursula war mit ihrem Mann, Joachim Graf zu Ortenburg, evangelisch geworden.

Hier sei ein kurzer Seitenblick auf das Problem der Mischehen im allgemeinen im Augsburg des 16. Jahrhunderts erlaubt. Vor der Reformation lag die Ehegerichtsbarkeit im Entscheidungsbereich der geistlichen Jurisdiktion, im Verlauf der Reformation in Augsburg setzte die Stadt eigene Ehegerichte ein. Mit dem Restitutionsvertrag vom 2. August 1548 wurde dem Augsburger Bischof Otto Truchseß von Waldburg die Ehegerichtsbarkeit wieder zurückgegeben; über konfessionsverschiedene Ehen findet sich darin keine Klausel. Bis zum Konzil von Trient war gemeinrechtlich von der Kirche zur Gültigkeit des Eheabschlusses keine bestimmte Form vorgeschrieben. Nach dem 11. November 1563 wurde die Eheschließung zwischen einem Katholiken und einem Nichtkatholiken durch die Erfüllung der Formpflicht gemäß Konzilsdekret »Tametsi« erschwert.

Der Philosoph Michel de Montaigne dagegen gab in seiner Reisebeschreibung von 1580 den interessanten Hinweis, daß Heiraten zwischen Katholiken und Protestanten in Augsburg täglich stattfänden, und »der Teil, der am meisten Verlangen hat, nimmt den Glauben des anderen an; solche Ehen bestehen zu Tausenden; unser Wirt zum Beispiel war Katholik, seine Frau Protestantin«.

Im sogenannten Simultanstädteartikel des 1555 geschlossenen Augsburger Religionsfriedens gibt es keine konkreten Bestimmungen für konfessionsverschiedene Ehen. In den Heiratsordnungen der Stadt Augsburg von 1581 findet sich auch kein Hinweis auf besondere Formalitäten bei der Schließung einer solchen Ehe. Der Augsburger Bischof Johann Otto von Gemmingen beklagte sich 1597, daß gemischte Ehen häufig und ihre Verhinderung vorerst aussichtslos seien; er sähe sich außerstande, »den Mißständen der gemischten Ehen zu steuern«. In den Gerichtsbüchern der Stadt Augsburg fehlen Nachrichten über konfessionsverschiedene Ehen im 16. Jahrhundert völlig.

Wie stellten sich nun die Brüder der Societas Jesu (Gesellschaft

Jesu) zur Frage der konfessionsverschiedenen Ehen? Petrus Canisius versuchte, »gemischte Ehen entweder zu hindern oder zum Vorteil der katholischen Kirche auszunutzen«. Die Jesuiten wetterten in Kontroverspredigten gegen die zwar nicht erwünschten, aber in allen Gesellschaftsschichten der Bevölkerung sehr wohl oft aus Standesgründen geduldeten Mischehen. Vor allem verlangten die Jesuiten bei der Beichte, daß der katholische Partner seinen evangelischen Ehepartner zum Übertritt zur katholischen Kirche drängen sollte. Außerdem sollten Kinder aus Ehen mit Nichtkatholiken katholisch erzogen werden. Pater Elderen strebte mit allen Mitteln – »mit Lieb und Leid« – Konversionen zum katholischen Bekenntnis an. Waren vor dem Auftreten der Jesuiten die Grenzen zwischen den Konfessionen fließend und der Abschluß einer konfessionsverschiedenen Ehe problemlos, so begann nun eine Verhärtung. Die Entwicklung der Konfessionen führte zu einer exakten Regelung des kirchlichen Trauungsmodus.

Die erwähnten Mischehen im Hause Fugger waren im Zeitraum von 1542–1560 geschlossen worden. Petrus Canisius erprobte nun seine seelsorgerlichen Fähigkeiten bei den gräflichen Damen und Herren mit dem Ziel einer Konversion. Und zwar um so mehr, als er schon 1551 in Wien »glänzendste Erfolge« besonders bei den Damen der vornehmsten Stände hatte, an denen er nach jesuitischen Berichten sogar Heilungen und Teufelsaustreibungen vornahm. »Die Einzelbekehrung war Zeit seines Lebens geradezu seine Spezialität.«

Was die Beliebtheit seiner Person und seiner Mitbrüder bei der Frauenwelt betraf, so sagte Canisius dazu folgendes: »Zugegeben, daß in dieser Sache der Ergebenheit mancher aus dem schwächeren Geschlecht gegen diese Väter und ihr vielleicht übereifriges Eintreten für sie etwas durchaus Menschliches an sich haben mag, kann diese Schwäche nicht als bloß gewöhnliche Redseligkeit und Übertreibung der Töchter Evas verziehen werden? Wie kann man die Väter tadeln, da man doch sehen mußte, daß sie kein Verlangen nach solchen Aufmerksamkeiten tragen und sie in keiner Weise dazu ermutigen? Sie abzukühlen ist in der Tat schwer. Varium enim ac mutabile semper femina (Ganz verschieden und wandelbar sind stets die Frauen).«

Konversion und persönliche Beziehungen zu den Jesuiten

Als Petrus Canisius seine Predigttätigkeit in Augsburg begann, war Ursula von Lichtenstein-Fugger eine seiner heftigsten Gegnerinnen. Aber nach der »wundersamen Bekehrung« ihrer Schwägerin Sibylla von Eberstein ließ auch sie sich unter vier Augen von Canisius Exerzitien erteilen und fühlte sich danach wie neugeboren. Canisius besorgte für Ursula Fugger in Köln ein Exemplar des frommen Werkes seines Kartäuserfreundes Landspergius, »Pharetra divini amoris« (Köcher der göttlichen Liebe), das ihrer geistigen Erbauung dienen sollte. Dieses Buch ist nicht mehr im Besitz der Familie Fugger. Im Dezember 1984 wurde in einem Stuttgarter Antiquariat ein der Ursula von Lichtenstein-Fugger gewidmetes deutsches Passionalbüchlein angeboten: »Die gantz Histori von dem heyligsten Leyden Jesu Christi vnsers erlösers ... jetzt zum andern mal mercklich gebessert vnd gemehret. Dilingen, Sebaldus Mayer 1570.« Der Verfasser Adam Walasser begründet seine Widmung an die Gräfin zum einen damit, daß er wisse, daß sie »große lust und lieb hat, inn recht Catholischen geystlichen Büchern zu lesen«, und zum anderen, daß er sich damit dankbar zeigen möchte für die ihm von der Gräfin »erzeigten gutthaten«. Das Büchlein trägt außerdem den eigenhändigen lateinischen Vermerk von P. Canisius, daß es für den Gebrauch der Fuggerinnen geeignet ist.

Bereits am 20. September 1560 berichtete Petrus Canisius über sein Erlebnis der erfolgreichen seelsorgerischen Betreuung und Konversion seiner Schülerin Ursula Fugger an den Augsburger Bischof Otto von Waldburg: »Anfangs war die Gattin Georg Fuggers den Katholiken feind. Jetzt aber, nachdem ich mehrmals von Seele zu Seele zu ihr sprach, liebt sie uns sehr. Sie führt ihr ganzes Haus oft zu den Sakramenten, ist eifrigst bemüht, Konvertiten zu gewinnen, die sie im Glauben fördert und stärkt. Ihr Haus möchte ich beinahe ein Kloster heißen, so oft hält sie Andachten mit ihrer Familie. Des hohen Standes und ihrer Würde vergessend, verbringt sie ihre Zeit mit der Spendung von Almosen, schafft Schmuck für die Kirche und Altar und arbeitet eigenhändig Gewänder und sonstige Dinge zum Glanze des Gotteshauses. Sie achtet darauf, daß ihre Töchter dasselbe tun, und fertigt mit ihnen Kleider und Wäsche für die Armen. Früher während vieler Wochen kaum einmal in der Kirche, verbringt sie dort jetzt bereits täglich mehrere Stunden und versäumt trotz des weiten Weges zum Dom an keinem Festtage die Predigt«.

Ursula Fugger hat nie nachgelassen, den Jesuiten zu einer Niederlassung in Augsburg zu verhelfen: »La Fuchera nostra« (unsere Fuggerin), wie Canisius sie nennt, sei in jeder Weise bemüht, der Societas ein gutes oder geeignetes Haus zu kaufen. Canisius wußte allerdings auch, daß die Herren Fugger nicht kritiklos der Niederlassung in Augsburg gegenüberstanden. Er gab aber seiner Hoffnung Ausdruck, daß durch den Einfluß der Ursula Fugger und ihrer Schwägerin Sibylla die Fuggerschen Herren gewonnen werden könnten, so daß es mit Hilfe dieser beiden Damen gelingen werde, den Plan eines Kollegiums zu verwirklichen.

Es ist offensichtlich, daß es Petrus Canisius gelungen war, über die Ehefrauen »in wachsendem Maße pastoralen Einfluß auf ihre Männer zu gewinnen«. Auf Wunsch seiner Frau Ursula hatte sich Georg auch entschlossen, eine Sichtung seiner Bibliothek durch die Jesuiten vornehmen zu lassen mit dem Ziel, alle häretischen Bücher auszuscheiden.

Mit der ihr eigenen Überzeugungskraft und »ihrer vor Frömmigkeit brennenden Seele«, mit der Ursula Fugger schon ihre Verwandten in die Arme der Jesuiten führte, versuchte sie auch mit Erfolg, katholische Pfarrer zur Teilnahme an Exerzitien bei den Jesuiten zu bewegen. So gelang es ihr 1563, ihren Pfarrer in Weißenhorn, wo Petrus Canisius des öfteren gepredigt hatte, dahingehend zu beeinflussen, daß dieser zu Exerzitien nach Augsburg ging. Der Priester entschloß sich danach zu einer Generalbeichte und begann zusammen mit Pater Canisius und Pater Elderen das Volk im Sinne der Jesuiten zu »reformieren«.

Zweifellos ergab sich im Lauf der Zeit ein sehr enges Vertrauensverhältnis zwischen Ursula Fugger und den Jesuiten, speziell zu Petrus Canisius. War Canisius anfänglich nur Beichtvater und Seelsorger, so wandelte sich seine Beziehung zu seiner Gönnerin mit der Zeit. Er wurde ein häufiger Gast im Hause Fugger und nahm an allen familiären Angelegenheiten regen Anteil. So rief Ursula Fugger ihn in ihr Haus, um sich seiner Fürbitte für ihre ganze Familie zu versichern oder um sich seiner Fürbitte anzuvertrauen für die kommende Zeit, als sie ihres angegriffenen Gesundheitszustandes wegen in ein Bad reisen wollte.

Einen breiten Raum in der Korrespondenz und in den Gesprächen der Ursula Fugger mit den Jesuiten nimmt die Frage der Erziehung der Kinder ein. Sowohl den Klostereintritt der Töchter als auch die Ausbildung der Söhne besprach sie mit den Beichtvätern. Darüber wird später noch ausführlich berichtet werden.

Von Pater Hieronymus Nadal in München erfahren wir, daß er sich auch für dort junge Frauen wünschte, die in Frömmigkeit der »Domina Fuggera Augustae« nacheiferten. Ursula Fugger galt als »admodum religiosa« (über die Maßen religiös). In ihrer erhaltenen reichen Korrespondenz mit den Jesuiten ging es erstaunlicherweise aber nicht nur um Familienangelegenheiten und ihre sehr persönliche Glaubenshaltung. Sie schaltete sich auch in die Geschäftspraktiken der Fugger-Gesellschaft ein.

Um 1576 kam es zu einer Krise zwischen den Fuggern und den Jesuiten. In ihrem Reformeifer begannen die Jesuiten nämlich, sich auch in »Probleme der Wirtschaftsmoral« einzuschalten. Ihre massiven Predigten gegen Kaufmannssünden und den Wucher versetzten die Augsburger Kaufleute in Unruhe. Canisius wollte kompromißlos das kirchliche Zinsverbot durchsetzen und entfachte mit dieser Forderung den sogenannten 5 Prozent-Streit. Dabei ging es nicht um die 5 Prozent Zins als solche, sondern um das Zinsnehmen generell. Die Jesuiten gingen in ihrem Rigorismus so weit, jedem die Absolution zu verweigern, der nicht willens war, das Zinsgeschäft aufzugeben. Zweifellos hat die unnachgiebige Propaganda der Jesuiten die Fugger erheblich unter Druck gesetzt und bei ihnen Schuldgefühle erzeugt, derer sie sich dadurch zu entledigen suchten, daß sie sich desto eifriger privaten Bußübungen hingaben, Almosen verteilten und die Kollegspläne unterstützten.

Georg Fugger, Ursulas Mann, war verärgert, denn diese Frage nach dem Zinsgeschäft bedrohte die wirtschaftliche Existenz aller Kaufleute. Pater Canisius wurde von Ursula Fugger um Rat gebeten, wie sie dem schlechten Gewissen ihres Mannes, um den sie sich sehr ängstigte, abhelfen könne. Auch bei dem später heiliggesprochenen Ordensgeneral der Jesuiten in Rom, Franz von Borgia, suchte die Gräfin um Hilfe nach. Sie ließ ihren am 25. April 1565 diktierten Brief durch Canisius mit nach Rom nehmen. Dem Schreiben fügte sie eigenhändig hinzu: »Euer vnd der Gesellschaft Jesu willige Dienerin vnd gehorsame dochter Vrsula fuggerin«. Auf ihre Frage, wie Franz von Borgia das leidige Zins- und Wuchergeschäft ansehe, erhielt sie die kluge Antwort, daß nicht alle Geschäfte der Fugger als Wucher anzusehen seien. Bei einigen müßte man dies allerdings schon annehmen. Ursula, die der gleichen Meinung war, hatte große Angst, daß durch »derlei Machenschaften sie und ihre Familienangehörigen der ewigen Seligkeit verlustig gehen könnten«.

In dem erwähnten Antwortschreiben des Franz von Borgia aus

Rom kommt eine erstaunliche Wertschätzung der Ursula Fugger zum Ausdruck. Ein derartiger Briefwechsel dürfte für eine Dame der damaligen Zeit etwas Seltenes gewesen sein. Wie aus dem Schreiben des Ordensgeneral Borgia hervorgeht, hatte Ursula auch »Almosen« durch Canisius nach Rom gesandt. In einem Brief des Canisius aus Dillingen nach Rom geht es um eine prächtige und wertvolle Stola, die Ursula dem Präpositus der Jesuiten in Rom zukommen lassen wollte, der aber inzwischen das Zeitliche gesegnet hatte. Die Stola sollte ihrem Wunsch entsprechend in Rom verbleiben.

Es wurde der »Signora Fucara« für die schönen Bilder gedankt, die sie dem Orden in Rom geschenkt hatte. An anderer Stelle heißt es: »Pecunia ab Ursula Fugera data« (Das Geld gab Ursula Fugger). Dies geschah wiederholt. Die genaue Höhe der Zuwendungen ist jeweils angegeben. Der Großzügigkeit der Signora Ursula sei es zu verdanken, daß dem Orden im Januar 1563 nach Rom 300 Gulden für das Kolleg zugingen.

Als Canisius aus Augsburg über einen entsprungenen Jesuitennovizen nach Rom berichtete, war es ihm sehr unangenehm, mitzuteilen, daß dieser 200 Goldtaler mitgenommen habe, die ihm von Frau Fugger zu einem bestimmten Zweck übergeben worden waren. Die Ersparnisse seiner päpstlichen Legationsreise durch Deutschland, 500 Gulden, hinterlegte Pater Canisius bei Ursula Fugger als Grundstock für den Bau eines Ordenshauses; Ursula Fugger legte noch 100 Gulden dazu. Auch den Vierteljahresberichten des Münchner Jesuitenkollegiums nach Rom ist zu entnehmen, daß Ursula diesem so zugetan war, daß sie jederzeit alle Wünsche nach Spenden erfüllte.

An diesen Beispielen läßt sich unschwer erkennen, daß Ursula die Jesuiten finanziell mit kleineren und größeren Summen unterstützt hat. Eine so hochherzige Spenderin wurde von Canisius und seinen Mitbrüdern in der ausgedehnten Korrespondenz, die sie mit den verschiedensten Adressaten führten, immer wieder anerkennend und bisweilen überschwenglich gelobt. Es findet sich sogar die Wendung »Domina Fuggera Augustana, sanctissima et clarissima matrona« (Hohe Frau Fugger aus Augsburg, die äußerst fromme und sehr berühmte Dame), wobei man annehmen darf, daß dem Schreiber bewußt war, daß die Bezeichnung »sanctissima« doch wohl nur einer kanonisierten Heiligen zustand.

Die ideelle wie auch finanzielle Unterstützung der Jesuiten durch Ursula Fugger und ihre Verwandten wurde vom Augsburger Domkapitel, aber auch von konfessionsgleichen und konfessionsverschiedenen Mitbürgern der Stadt zuweilen sehr angegriffen. Zu einem Eklat kam es, als die Augsburger Domherren im September 1563 beschlossen, den Jesuiten das Predigen und Beichthören im Dom zu untersagen, und zwar mit der Begründung, daß einmal die Jesuiten »Iren gotzdienst für höher vund bösser, denn annderer Priester repputieren ..., welches an anderen guthertzigen Pfarrkinden zu einem verdruss vund Ergernus geraicht«, und zum anderen, »das ettliche weibs Personen mitt worten und werckhen dermassen unruewig erzaiggt haben, das nitt allain daraus ... die Pfarrkkindern under Inen selbst zu widerwillen und unainikhait geraten«. Außerdem wurde den Jesuiten zur Last gelegt, sie bekämen auf ihren Altar mehr Gaben als die ganze Pfarrei und sie würden auch reiche Klöster nicht ausschlagen. Nur durch die Intervention des Augsburger Bischofs Otto Truchseß von Waldburg wurde Canisius zugestanden, die Verwaltung der Sakramente nur für die Oberschicht vorzunehmen. Elderen mußte sich vom Beichthören völlig zurückziehen. Nicht nur das Domkapitel rebellierte gegen die Brüder der Gesellschaft Jesu, sondern auch die Bürger der Stadt, die Anstoß nahmen an der wohl doch oft übertriebenen Verehrung der Ordensbrüder durch die Damen der ökonomischen Elite.

In der Anklageschrift des Augsburger Domkapitels gegen die Jesuiten wird unter Punkt 2 angeführt: Die Jesuiten »erlauben Frauen, ihr Haus zu betreten, und wollen doch als über allen Verdacht erhaben angesehen werden«. Die Damen der Augsburger Oberschicht ließen es sich also nicht nehmen, die Jesuiten aufzusuchen, allen voran wieder Ursula Fugger, die auch der Niederlassung der Gesellschaft Jesu in München einen Besuch abstattete.

Am 28. Oktober 1564 sandte Canisius ein ausführliches Schreiben über die Vorgänge in Augsburg an den Ordensgeneral Diego Laynez nach Rom. Sowohl ein Breve des Papstes vom 30. September 1564 an das Augsburger Domkapitel als auch die Unterstützung, die Canisius durch den Augsburger Bischof erhielt, verfehlten ihre Wirkung: Canisius war gezwungen, sein Predigtamt im Dom aufzugeben. Als neuen Predigtort bekam er die Kirche des Dominikanerinnenklosters St. Katharina, wo er unverzüglich mit dem Beichtehören begann. In seinem oben erwähnten Bericht nach Rom verzichtete er auch nicht darauf, Ursula Fugger zu erwähnen: »Gaudet Domina Fuggera, da sie ganz nahe dem Kloster wohnt, und sie hofft, daß wir auch bald ein eigenes Haus in dessen Nachbarschaft finden werden. Der Dom ist weit entfernt, und so sehen wir uns gezwungen, näher bei St. Katharina Wohnung zu nehmen. Gott gebe, daß dieser Wechsel, der manche verdrießt, sich zum besten auswirke.«

Die wechselvolle Geschichte des Jesuitenordens ist bekannt. Pater Petrus Canisius wurde am 25. Februar 1925 heiliggesprochen. Bereits zu seinem 300. Todestag am 21. Dezember 1897 wurde ihm im Augsburger Dom ein Denkmal gesetzt. Aus dieser fast lebensgroßen Figur entstand zu seiner Heiligsprechung der sogenannte Canisius-Altar, ausgeführt von Professor Busch und Altarbauer Port in Augsburg. Zu Häupten des Heiligen im schlichten Jesuitentalar fanden sich ursprünglich vier Schilder mit den Wappen der vier Städte, in denen er hauptsächlich gewirkt hatte: Wien, München, Ingolstadt und Augsburg. Eine der acht Figürchen auf beiden Seiten des Heiligen zeigt die große Gönnerin der Jesuiten in Augsburg, Ursula Fugger. Ursula Fugger findet sich im Kreis großer Namen: Papst Pius V., Kaiser Ferdinand I., Moritz von Hutten, Bischof Otto Truchseß von Waldburg, Herzog Wilhelm IV. von Bayern, Jacobäa Maria, seine Gemahlin und zugleich Taufpatin der jüngsten Tochter der Ursula Fugger, und nicht zuletzt Georg Fugger (siehe Bildteil).

Das finanzielle Vermächtnis der Ursula Fugger an die Jesuiten

Georg Fugger, der Ehemann der Ursula, errichtete 1563 sein Testament. Die Witwe erhielt jährlich 1000 Gulden als Pension ausgewiesen. Dieser Betrag wurde 1572 in Anbetracht der schweren und teueren Zeiten von den Söhnen auf 2000 Gulden erhöht. Besonders erwähnt wurde im Testament das große, von Kaiser Karl V. herrührende Diamantkreuz, das sich im Besitz der Ehefrau Ursula befinde. Solange die Kinder bei ihr blieben, durfte die Mutter die damalige Wohnung behalten, darnach sollte sie in ein Zinshaus ziehen, es sei denn, sie wünsche, in ihre Heimat zurückzukehren; dann sollten die Söhne ihr dort ein entsprechendes Haus nach ihrer Wahl kaufen. Es erstaunt sehr, daß Ursula Fugger am 24. April 1567 selbst ein Testament errichtete. Als Erben setzte sie ihren Mann, fünf Söhne und zwei Töchter ein, während die verheiratete Tochter Sidonia Isabella Villinger nur noch eine wertvolle goldene Kette bekommen sollte, da sie bereits bei ihrer Vermählung Schmuck erhalten habe. In ihrer letztwilligen Verfügung betonte Ursula, daß ihr väterliches und mütterliches Erbgut sehr gering gewesen sei und somit von ihrer Seite kein nennenswertes Vermögen in die Ehe eingebracht wurde, ihr Mann sie aber »aus sonder Lieb und Trew mit einer ehelichen Morgengabe bedacht« hätte, die er in seinem Testament in eine »eheliche Ausmachung« umgewandelt habe. »Aus herzlicher Meinung« erläuterte sie ihre Vermögensverhältnisse ihren Kindern, was nicht recht zu verstehen ist, da Georg Fugger in seinem Testament genaue Bestimmungen über seinen Nachlaß ausgeführt hatte. Durch ihr eigenes Testament sollte wohl eher eine Verschleierung ihres tatsächlichen Vermögens erzielt werden mit dem Zweck, der Societas Jesu in Augsburg eine möglichst hohe Schenkung zukommen lassen zu können.

Nach dem Tod ihres Mannes Georg hatte sich die Witwe entschlossen, ihren gesamten Schmuck den Jesuiten zu vermachen. Diesem Vorhaben traten jedoch Markus und Hans Fugger, ihre Schwäger und Kuratoren ihrer Kinder, entschieden entgegen und bestimmten, daß die Witwe die Schmuckgegenstände unter ihren Kindern aufzuteilen habe, was auch geschah. Um Ursula Fugger aber die Möglichkeit zur Verwirklichung ihres Wunsches einer Stiftung an die Jesuiten zu geben, bewilligten ihr die Kuratoren jährlich 250 Gulden, welche sie sparen sollte; was sie davon hinterließ, würde dann nach ihrem Ableben mit weiteren 4000 Gulden aus dem Erbe des Ehemannes den Jesuiten zufallen. Fälschlicherweise wurde bisher in der Literatur diese Summe als Gegenwert des an die Jesuiten vermachten Schmuckes angegeben. Auch das ihr aus dem Nachlaß ihres Mannes zugestandene Silbergeschirr durfte sie weder zu ihren Lebzeiten verkaufen noch auf ihren Tod verschenken. Der diese Bestimmungen enthaltene Vertrag vom 20. November 1572 wurde nicht gesiegelt, sondern von ihr selbst unterzeichnet. Die Gräfin besaß Schmuck im Wert von 14 883 Gulden! In der elf Seiten umfassenden Aufstellung ist jedes einzelne Schmuckstück mit seinem Schätzwert angegeben. Am 29. November 1572 wurde dieser Schmuck an die Erben weltliches Standes aufgeteilt. Zur Aufbewahrung der Kleinodien, die Ursula Fugger selbst behielt, wurde 1572 ein eigener »Schreibtisch« angeschafft. Die Familie Fugger hatte offiziell 30 000 Gulden zuzüglich Grundstücke für die Errichtung des Jesuitenkollegs in Augsburg gestiftet.

Als Witwe wünschte Ursula Fugger in ihre Heimat nach Südtirol zurückzukehren. Sie übersiedelte auf das lichtensteinische Stammschloß Karneid bei Bozen, wo sie aufgewachsen war.

Burg Karneid zählt zu den charakteristischen und schönsten Burgen Südtirols. Ursula Fugger verstarb dort am 12. April 1573. Ihre sterbliche Hülle wurde nach Augsburg überführt und in der Basilika St. Ulrich und Afra zur letzten Ruhe gebettet. Selbst der Tod der Ursula Fugger findet schriftliche Erwähnung in der jesuitischen Korrespondenz: »Gestorben ist die beste Mutter der Jesuiten – Frau Ursula; sie ruhe in Frieden.«

Dämonenglaube und Exorzismus im Hause der Ursula Fugger

Hexenwahn und Teufelsglaube waren in der Bevölkerung des 16. Jahrhunderts tief verankert. Der Besessenheitsglaube, nach der Meinung der Zeit mit der Macht der Finsternis auf das engste verbunden, war ins Maßlose gewachsen. Die damals keineswegs seltenen Krankheitsbilder des religiösen Wahnes, der Angstpsychose und Skrupulosität wurden gewöhnlich für Teufelswerk und Besessenheit gehalten. Das Unterscheidungsvermögen zwischen Kirchenglaube, Magie, Zauberei und Wahn war noch mangelhaft ausgebildet, und der Dämonenglaube war nicht nur beim einfachen Volk, sondern in allen Schichten zu Hause. In Bayern erreichten die Teufelsaustreibungen ihren Höhepunkt 1574. In Ingolstadt wurde 1584 eine Predigt gehalten über die Austreibung von 12 652 Teufeln aus einer Jungfrau. Die gedruckte Predigt mit dem Titel »95 theologische Thesen über Zauberei« wurde bezeichnenderweise Philipp Eduard Fugger, einem Sohn der Ursula Fugger, gewidmet. Noch bis in das 19. Jahrhundert blieb der Besessenheitsglaube lebendig, doch gilt nach heutiger Auffassung bei der Erklärung von Besessenheit allergrößte Zurückhaltung.

Der Chronist Paul von Stetten beschreibt die damalige Situation in Augsburg sehr treffend. Ab 1568 habe das »Teufel-Austreiben zu Augsburg starck« zugenommen. Die Jesuiten hätten anfänglich den Exorzismus nur in Privathäusern vorgenommen, dann aber öffentlich in Kirchen. Weil aber solches sowohl bei den Evangelischen wie auch bei den Katholischen zu Kontroverspredigten Anlaß gab, sah sich der Rat der Stadt veranlaßt, dahingehend einzugreifen, daß die »Jesuiten ... dergleichen Actus hinfuro in der Stille und bey geschlossenen Thüren vorzunehmen, die Evangelischen Prediger aber erinnert, sich auf der Cantzel bescheiden zu halten.«

Die Teufelsaustreibungen in Augsburg stießen also in der zur damaligen Zeit wieder zu 33 Prozent katholischen Stadt auf herbe Kritik. Bei einem Exorzismus habe aber »zu allem Unglück von den vielen Zuschauern nicht einer die Teufel aus den Besessenen, die fast alle junge Mannsüchtige Weibs-Personen waren, und an der Mutter grosse Not litten, ausfliegen sehen, ausser allein die Exorzisten«.

Angesichts der Häufung der Teufelsaustreibungen beschloß der Stadtmagistrat, »die besessenen Dirnen durch Aerzte examinieren zu lassen. Es liessen sich aber dieselbe zum Theil nicht recht examinieren, theils wollten etliche von den Medici, die überzeugt waren, daß die ganze Sache auf erdichtetem Wesen beruhe, gar nicht mit dergleichen Gaucheleyen zu schaffen haben«. Merkwürdig berührt, daß Exorzismus und Dämonenkampf sich im Hause Fugger ab 1568 häuften. Dies ist wohl auch zum großen Teil auf die übertriebenen Neigungen zum Übersinnlichen bei den beiden Konvertitinnen Sibylla und Ursula Fugger zurückzuführen.

Bei Fällen von Besessenheit wurden die Jesuiten zu Hilfe gerufen, zuerst Pater Wendelin Völck, dann Petrus Canisius. Dieser schrieb am 2. April 1569 an den Ordensgeneral Borgia nach Rom, »der Teufel habe durch die Besessenen viele Geheimnisse offenbart«, und es seien jetzt mehr Besessene in Augsburg als früher. Canisius' starkes Engagement bei Fällen von angeblicher Besessenheit gab in Rom immer wieder Anlaß zu Tadel. Der Pater sollte sich nicht zu sehr einlassen zum Schaden der Societas Jesu, denn es gehe viel Zeit verloren und »das Vorgehen entspricht nicht unserem Institut«.

Die erste Teufelsaustreibung im Hause Fugger wurde an einer besessenen Magd namens Katharina vorgenommen. In ruhigen Stunden soll sich das Mädchen gebärdet haben wie eine Begnadete des Himmels und gesagt, sie fühle, die heilige Jungfrau habe einen blauen Mantel über sie gebreitet. Was sie in ihrer Verzückung von sich gab, wurde gläubig aufgenommen. »Aus der Seherin heraus redeten Seelen des Fegfeuers« und verlangten exorziert zu werden.

Seltsam erscheint der »Actus / Der Ganzen verlaufenen handlung zwischen dem predigcanten im Spital zu Augsburg; Frawen Jörg Fuggerin, und den Jesuitern, Daselbst sich zugetragen«. Dabei geht es um eine Teufelsaustreibung in der Dominikanerkirche St. Magdalena. Ein für besessen gehaltenes Dienstmädchen der Ursula Fugger gestand vor den Mönchen und 200 Zuschauern, unter denen sich sowohl die katholischen Stadtpfleger als auch Mitglieder des Hauses Fugger befanden, daß sie ihr uneheliches Kind umgebracht habe. Ein Dominikaner sollte den Exorzismus vornehmen, war wohl aber doch nicht dazu bereit. Frau Fugger lud daraufhin den Predigermönch dreimal in ihr Haus ein. Sooft der Mönch erschien, war bereits ein Jesuit im Hause der Ursula Fugger zugegen. Er hatte das Mittagsmahl mit ihr eingenommen. Nachdem sie den Dominikanerpater begrüßt hatte, ließ sie ihn mit dem Jesuiten allein. Da der Jesuit so freundlich zu dem Prediger war, unterhielten sie sich bis »zur dritten Stund«, dann verließ der Dominikaner wieder das Fuggersche Haus, aber nicht, ohne einen Termin für eine neue Unterredung festgelegt zu haben. Der Jesuit blieb bei Ursula Fugger. Bei seinem dritten Besuch habe ihn der Jesuit in ein Stüblein geführt, das mit vielen schönen Büchern ausgestattet war. Der Prediger habe sich dort umgesehen und »aller Vätter Schriften neben dem Concilys (Beschlüsse des Trienter Konzils) alda gefunden, sonst sein kein andere bücher dagewesen, auch der lieben Propheten und Apostelbücher nicht«. Nach einer längeren Unterredung erklärte der Dominikanerpater dem Jesuiten, daß er nicht mehr willens sei, sich mit ihm »heimlich« zu treffen, und daß er auch nicht bereit sei, einen Exorzismus an den obengenannten Mädchen durchzuführen, »sondern er begert, es sol mit gutem Wissen und Bewilligung Unserer hohen und lieben Obrigkeit beschehen«. Somit wurden weitere Disputationen unterlassen. Es mußte ein anderer Weg gefunden werden, um das »arme mädlin anfahen zu martieren und zu blagen und hat die Jörg Fuggerin, wider ihr aigen gelübdt und Verhaysung das arme Madlin lassen beschwören durch ein anderen Jesuitter wendel genannt, und haben sovil versucht, und angefangen, daß sy nicht anderst vermaint, ... dem Predicanten (Predigermönch) ain Panketizuschenkehn, oder aber unsere gantzen ministerio ein Schandfle en anzuhän en welches darf inen nit gelingen«.

Je mehr sich Canisius mit den bösen Geistern im Hause der Fugger auseinanderzusetzen hatte, um so mehr wurde er von Borgia, seinem Generaloberen in Rom, unter Druck gesetzt, in diesem kritischen Punkt energisch auf die Fuggerin einzuwirken. Canisius versicherte in seinem Schreiben vom 23. Juni 1569 nach Rom, daß er, wie von ihm verlangt, Frau Fugger gewarnt und gemahnt und wiederholt gebeten habe, sie sollte sich wieder lösen aus ihrer Leichtgläubigkeit. Canisius beklagte sich, daß man nicht auf ihn höre, »gleich ob wir göttliche Dinge mit menschlichem Maßstab messen wollten. Sie hören auf einen anderen Theologen, auf dessen Ansehen hin sie auch noch glauben, daß die Seelen von verstorbenen in Leiber der Lebenden zurückkehrten, wie einige besessene Weiber kühn behaupten. In diesen Leibern sollen die Seelen um Hilfe von den Lebenden bitten, damit sie von Fegfeuer und vielleicht aus der Hölle befreit werden, und hernach sollen sie ihre Befreiung verkünden. Wir verwerfen durchaus diese Offenbarungen.«

Eine weitere Magd der Ursula Fugger, Susanna Roschmann, die Tochter von Webersleuten, war angeblich vom Teufel besessen. Um sie hatten sich schon zwei Jahre lang die Jesuiten ohne Erfolg bemüht. Pater Hoffäus meinte in einem Bericht an den in Rom weilenden Canisius: »Die bösen Geister stellen unsere Geduld außerordentlich auf die Probe, und wollte Gott, daß wir ohne Unehre befreit würden. Susanne verschlingt Glas.« Susanne hatte nämlich großes Verlangen nach Glasgegenständen, die sie, angeblich ohne Schaden zu nehmen, verschluckte. Da sie evangelisch war, wurden zuerst einige protestantische Pfarrer zu Rate gezogen, danach ein bischöflicher Bußprediger. Als jene nichts ausrichteten, habe man Dr. Scheibenhart, Pfarrer von St. Moritz, dazu bewegt, den Exorzismus durchzuführen. Unter Zuhilfenahme von geweihtem Wasser und Salz gelang die Teufelsaustreibung. Dies sei in Augsburg nicht nur von vielen abergläubischen Menschen, sondern auch in Anwesenheit der ketzerischen Eltern des Mädchens geschehen. Dieser Exorzismus wurde als Wunder angesehen. Susanna wurde durch die »berühmte Frau und unser einzigartige Schützerin Ursula Fuggerin« in den katholischen Glauben eingeführt. Die Teufelsaustreibungen veranlaßten Petrus Canisius am 5. März 1564 abweichend von der vorgeschriebenen Predigt über ein Gebot des Dekalogs über die Perikope aus dem Evangelium des Markus 1,39 »Und er trieb viele Teufel aus« zu predigen. Nicht nur Pater Elderen hatte über Susanne Roschmann nach Rom berichtet, sondern auch der Benediktinerabt Carl Stenglin schrieb einen Kommentar zu den Ereignissen in Augsburg.

Der seit 1546 in Augsburg praktizierende, sehr angesehene Arzt Achilles Pirmin Gasser, ein Freund des Hauses Fugger, den Braunsberger, der Herausgeber eines bedeutenden Werkes über Canisius 1917 einen »catholicis inimicissmus« (äußersten Feind alles Katholischen) nennt, diagnostizierte die heftigen Bauchschmerzen und Krämpfe des jungen Mädchens mit »atrabilaris et uterinis affectibus« (Unterleibsbeschwerden). Im Zusammenhang mit dem Exorzismus der jungen Frau haben sich seltsame Dinge im Fuggerschen Hause zugetragen. Braunsberger schreibt, daß ein Weber und Bürger der Stadt Augsburg, Michael Roßmann, etwa 20 Jahre alt, sich einem bösen Geist hingegeben habe. Er sei in ein schwarzes Fell hineingeschlüpft und dem Mädchen leibhaftig als Teufel erschienen. Der Jesuit Brodrick berichtet über diesen Vorfall, es habe sich um einen Jesuitenpater gehandelt, der sich in die Maske eines schrecklich anzusehenden Teufels verkleidet habe und zur Nachtzeit »um Ursulas Haus gestrichen sei, bis ein beherzter Diener ihn mit seinem Schwert durchbohrt habe«! Der »Teufel« habe die lutherische Magd nachhaltig von ihrem evangelischen Bekenntnis abschrecken wollen. Das ganze Schauermärchen schlug sich in zahlreichen Spottgedichten nieder, so eines mit dem Titel: »warhaffter bericht, wie ein jeßuiter in teufels gestalt, im wellichem er ein evangelisch mensch von ihrem glauben abzuschröcken vermaint, erstochen worden ...« Im Schlußvers des Pamphlets stehen: »Derhalben sy ein jeder hiett, Vor der Jesu zuwider gemüett, Dan sy nie nichts guetts gestifftet han, Was wurden sy erst dan fahen an ... Damit er die magd will bekeren, Mueß er sich in teufelsgstalt verkern. Anderst weist ers nit zu greifen an, Damit ers bring auf sein schelmen ban ...«.

Da der kranken Magd in Augsburg offensichtlich nicht alle Dämonen ausgetrieben werden konnten und die Gräfinnen im Hause Fugger einen immer stärkeren Teufelsglauben entwickelten, war Ursula zu der Überzeugung gekommen, Susannas endgültige Heilung könne nur in Rom geschehen. Die Gräfin wollte außerdem dem Generaloberen der Jesuiten in Rom ihre Aufwartung machen und von ihren Visionen und Wundern berichten, doch jener ließ zunächst durch Pater Canisius der Fuggerin mitteilen, sie solle sich in ihrem gefährlichen Spiritismus zurückhalten, und ließ ihr von der Romreise abraten. Wieder einmal stieß Canisius auf taube Ohren. Am 13. Juli 1569 schrieb er erneut an Borgia: »Sie wolle nichts darauf geben, was wir sagen und denken. Es scheint an Demut und Klugheit zu fehlen, und ein Beichtvater von größerer Entschiedenheit tut not.« Ein Zeichen dafür, daß die eifrige Konvertitin in ihrem Aberglauben völlig dem Einfluß des großen Jesuiten entglitten war, der anfänglich allerdings gewissen Übertreibungen nicht entschieden ablehnend entgegengetreten war.

Ursula hatte sich als Reisebegleiter ihren »geisterbeschwörenden« Schwager Hans Fugger auserkoren. Merkwürdig berührt die Tatsache, daß Ursula Fugger, die erst am 25. August 1569 Witwe geworden war, bereits am 17. September 1569 nach Rom abreiste. Nicht einmal der schmerzliche Verlust ihres Ehemannes und die obligatorische Trauerzeit konnten sie von ihrem Vorhaben abbringen! Vor der Abreise gab es noch einmal Meinungsverschiedenheiten zwischen Canisius und Ursula Fugger. Sie bestand nämlich darauf, als Beichtvater und geistlichen Begleiter Pater Wendelin Völck auf die Wallfahrt mitzunehmen. Canisius bedeutete, daß dies der Ordensgeneral nicht gutheißen würde, da zuviel Leichtgläubigkeit in dem Unternehmen dieser Pilgerreise stecke. Doch mit Rücksicht auf alles, was die Familie für die Jesuiten bisher getan hatte, konnte ihr dieser Wunsch nicht versagt werden. Außerdem hatten Hans und seine Schwägerin Ursula eine »Offenbarung des Teufels« gehabt, daß »derjenige schwer körperlich gezüchtigt werde, welcher die Begleitung verhindere«. Pater Canisius wurde ausdrücklich aus Dillingen geholt, um in Augsburg Pater Völck zu ersetzen, den die Pilger »herumschleppten, wohin sie wollten«.

Die Wallfahrt nach Rom

Reisen als Selbstzweck waren im Mittelalter in Deutschland sehr selten. Reisen in das Ausland wurden wegen aller möglichen Schwierigkeiten wie Quartiersuche, lästige Trinkgeldsitte, Paßvorschriften, verwirrende Vielfalt von Geldmünzen, Sprachschwierigkeiten und nicht zuletzt Angst vor Überfällen meist nur von Pilgern in größeren Gruppen unternommen. Die größte Anziehungskraft für das mittelalterliche Europa hatte Rom: »Die Kirche und ihr Oberhaupt in Rom waren die Zentralsonne, um welche die Völker und ihre staatlichen Bildungen wie Planeten kreisten.« Unter die Tausenden und Abertausenden von Rompilgern, die zur Gewinnung von Ablaß in die ewige Stadt kamen, reihten sich nun auch Hans und Ursula Fugger. Soweit bisher nachweisbar, war Ursula die einzige Frau des Hauses Fugger, die im 16. Jahrhundert in Rom war. Hans Fugger (1531–1598), ein Sohn des Anton Fugger, war mit der konvertierten Elisabeth Notthaft von Weissenstein verheiratet gewesen.

Nach Tagebucheintragungen des Sohnes der Ursula Fugger, Philipp Eduard, brach die Reisegesellschaft dieser »seltsamen Frauenwallfahrt« am 17. September 1569 in Augsburg auf. Der

Aufenthalt sollte von September 1569 bis zum Frühjahr des folgenden Jahres dauern. In der Reisegesellschaft fanden sich mehrere Jungfrauen, von denen zwei als besessen galten. Eine davon war die bereits genannte Susanna Roschmann, die andere galt als eine Geisterseherin.

Für das Reisegepäck der Wallfahrer benötigte man zwölf Maultiere und für die Reisewagen fünfzehn Pferde. Auf dem Weg nach Rom wurde auch das »Heilige Hause« in Loreto aufgesucht. Die Reise dorthin muß in direktem Zusammenhang mit Canisius gesehen werden, der mit Pater Manareus, Vorstand des Jesuitenkollegs in Loreto, in enger Verbindung stand.

Am 10. Oktober 1569 »ist mein fraw muetter mit herrn Hans von Venedig nach Ancona zogen« und am 6. November 1569 »ist mein fraw muetter, vundt herr Hans Fugger gen Rom ankkommen, beim Cardinal Granuela (Kardinal Antonius Granella, 1517–1586) allogiert worden«, so Philipp Eduard in seinem Tagebuch.

Am 21. Dezember 1569 »hatt mein fraw muetter audientz bei bästliche sic hern gehabt«. Über die päpstliche Audienz, an der die Besessene nicht teilnahm, ist nur bekannt, daß der Heilige Vater die Pilger Ursula und Hans Fugger mit Devotionalien beschenkt habe und außerdem die Anordnung traf, die Jesuiten in Rom mögen der Magd Susanna den oder die Teufel austreiben. Der Papst bestimmte, daß der Exorzismus zweimal in der deutschen Nationalkirche S. Maria dell'Anima und einmal in La Rotonda, S. Maria ad Martyres, vorzunehmen sei. Die Magd soll unter äußerst dramatischen Umständen von den Dämonen befreit worden sein. Sie habe einen handgeschriebenen kleinen Zettel den Jesuiten gegeben und noch ein »vierthayl ains Teffelin so der Teuffel och widerbracht«, die in einem »gesegneten feur« verbrannt wurden. Der Pontifex ließ Susanna mitteilen, daß sie die Erlaubnis bekomme, einen Beichtvater auszuwählen, um eine Generalbeichte abzulegen und so einen vollkommenen Ablaß zu erhalten. Sie sollte auch das Gelübde der Keuschheit, das sie unter dem Einfluß des Teufels gegeben habe, widerrufen dürfen. Susanna trug unter ihren Kleidern ständig eine Kutte. Frau Fugger sollte ihre »Junckfraw« wieder heim in ihr Vaterland führen und sie entweder mit Heiratsgut ausstatten oder in ein Kloster bringen. Nach all dieser Mühe und Gefahr wünschte der Papst Frau Fugger mehr Ruhe für »andern hailsamen gottsäligen werckhen …«.

Der Augsburger Bischof Otto Truchseß von Waldburg weilte zu

dieser Zeit ebenfalls in Rom. Canisius war allerdings der Meinung, der Kardinal hätte angesichts solch weitverbreiteten Dämonenglaubens bei hochgestellten Persönlichkeiten seines Bistums sich mehr in Augsburg aufhalten sollen und die »Schafe nicht vernachlässigen, von deren Wolle er lebt«. Der Bischof war von der Besessenheit und der geglückten Austreibung des Teufels aus dem Mädchen so überzeugt, daß er über die Vorgänge in Rom in »geheimen« Schreiben vom 14. Januar und 11. März 1570 an Herzog Albrecht nach München berichtete. Der Papst habe die »frauw Fuggerin Wittfrauw ... fast gern gesehen. Der Herr von Granduella hielt Si alle im hauß unnd ain aigne Tafel. Sie ist gar gottzfortchtig und an unverlaß besuecht sie die Khirchen, und der hayligen greber.« Der Kardinal war derselben Ansicht wie seine Heiligkeit, die erklärt habe: »Gott hab und brauch ander mittel zu waren offenbarungen und nit die Teuffel, denen soll man nit glauben.«

Petrus Canisius, der während der Abwesenheit von Pater Völck die Seelsorge in Augsburg wieder übernommen hatte, wünschte sich nichts mehr, als daß Hans und Ursula in Rom von ihren Irrtümern befreit werden würden und daß »Ursula schnell wieder hierhin zurückkehrte, um sich den Pflichten für die Ihrigen zu widmen.«

Von ihrer Romreise brachte Ursula ein auf Kupfer gemaltes Bildchen mit. Das Motiv ist »Christus am Kreuz«; die Rückseite trägt neben dem Fuggerwappen eine Inschrift, die besagt, daß es sich um eine Nachbildung jenes in S. Paolo fuori le mura in Rom befindlichen Kruzifixes handle, welches der Legende nach mit der heiligen Birgitta gesprochen haben soll. Das Bild sollte auf Wunsch der Ursula Fugger-Lichtenstein nur an weibliche Mitglieder des Hauses Fugger weitervererbt werden. Spätere Besitzerinnen waren Elisabeth, Witwe des Anton Fugger d. J., und Maria Eleonora Fugger-von Hohenzollern, seit 1605 Frau des Johann III. Fugger. Der heiliggesprochene Karl Borromäus, seit 1565 Erzbischof von Mailand, weitläufig über das Haus Hohenems-Lodron mit den Fuggern verwandt, hat auf das Bild Ablässe erteilt; ihn hatte Nuntius Delfino in einem Brief von 1561 ausdrücklich auf die Verdienste der Familie Fugger um die Unterwerfung Augsburgs unter das Trienter Konzil hingewiesen.

Die Kinder und Schwiegerkinder des Ehepaares
Ursula und Georg Fugger

In ihrer 31 Jahre währenden Ehe hat Gräfin Ursula Fugger vierzehn Kinder geboren, acht Söhne und sechs Töchter. Sechs ihrer Kinder starben vor Vollendung des dreizehnten Lebensjahres. Was die Kindererziehung anbelangt, so waren nicht nur die Brüder der Gesellschaft Jesu der Meinung, daß sie eine glückliche Hand hatte, sondern auch der Baseler Arzt Henricus Pantaleon, der 1566 über Ursula schrieb: »Schon im zartesten Alter kümmerte sie sich derart emsig, daß diese sich eher in einem Tempel der Musen und der Frömmigkeit zu befinden schienen als in einem Unterricht.« Die Kinder, auch die Mädchen, waren so in klassischem Latein geschult, daß sie sich fließend auszudrücken vermochten.

Die älteste Tochter Sidonia Isabella (1543–1601) war von der Mutter zum Heil ihrer Seele und zur Tilgung ihrer Sünden zu den Jesuiten hingeführt worden, damit sie in ein Kloster ginge. Doch sie verheiratete sich 1565 mit Jacob Villinger, Freiherr zu Schönenberg und Seyfriedsberg. Ihre Schwester Anna Jacobäa (1547–1587) wurde Nonne, allerdings gegen ihren Willen, den weder ihre Mutter noch deren geistlicher Beistand Petrus Canisius respektierten. Über Anna Jacobäa wird im Kapitel »Ordensfrauen« zu lesen sein.

Die Geschwister im Benediktinerinnen-Kloster Holzen

Maria Secunda ✳ *1548* † *1560*
Albert ✳ *1557* † *1565*
Mechthild ✳ *1558* † *1569*
Maria ✳ *1560* † *?*

Die 1547 geborene Anna Jacobäa war als dreizehnjähriges Mädchen gegen ihren Willen in das Kloster nach Kühbach gebracht worden. Vier ihrer Geschwister, drei Mädchen und ein Knabe kamen in das Kloster Holzen. Sie waren wohl zur Erziehung dorthin gegeben worden, mit dem gezielten Wunsch der Mutter, Ursula Fugger-Lichtenstein, daß sie dort verbleiben und sich für das Leben im Kloster entscheiden möchten. Doch Maria Secunda verstarb im blühenden Alter von 12 Jahren, das Todesdatum der 1560 geborenen Maria ist unbekannt, so daß angenommen werden kann, daß auch sie als Kind im Kloster gestorben ist. Aufschluß über Mechthild geben die Tagebucheintragungen ihres Bruders Philipp Eduard Fugger, der im Dezember 1569 folgendes aufzeichnet: »Jst mein schwester Mechthilda Fuggerin zum holtz kranck worden, die red ir für einen 2 tag verfallen gewesst, klagt ledslich daz haubt vnndt den leib ... Ist mein schwester Mechthild Fuggerin zwischen 7 und 9 abendts in gott verschieden.« Als die elfjährige Mechthild starb, weilte ihre Mutter Ursula in Rom.

Kloster Holzen war als Doppelkloster gegründet worden, der Männerkonvent wurde bereits 1470 bei der Einführung der Melker Reform aufgelöst. Die Benediktinerinnen scheinen aber auch Knaben zur Erziehung aufgenommen zu haben, denn der Bruder der genannten Mädchen, Albert, verstarb, 1565 knapp acht Jahre alt, im selben Kloster. Zu dem sterbenden Kind war der Jesuit Pater Elderen aus Augsburg gerufen worden. Den Vater des Kindes, Georg Fugger, schmerzte der Tod seines Sohnes sehr, während die Mutter, Ursula Lichtenstein, es gelassener ertrug, »da sie Christus besonders getröstet habe«.

Die beiden ältesten Söhne – Die Hoffnung der Mutter auf geistliche Herren

Die beiden ältesten Söhne Philipp Eduard (1546–1618) und Octavian Secundus (1549–1600) versuchte die Mutter am stärksten zu prägen und zu beeinflussen, doch ihr Wunsch, sie als Ordensbrüder zu sehen, blieb zu ihrem größten Bedauern unerfüllt. Die Erziehung dieser beiden Söhne war ein ständig wiederkehrendes Thema in der Korrespondenz der Jesuiten aus Rom oder Dillingen nach Augsburg. Töchter wurden nur erwähnt, wenn es um deren Religiosität ging. Die Probleme wurden vornehmlich mit der Mutter erörtert, spärlich wurde erwähnt, daß Petrus Canisius in Erziehungsfragen auch mit dem Vater ins Gespräch kam. Besonders als es Ärger mit Octavian Secundus im Kolleg in Rom gab, wurde dem Vater davon berichtet. Aus Rom kamen aber auch immer wieder Versicherungen, daß die Söhne Octavian Secundus und Philipp Eduard sorgfältig erzogen würden.

Die beiden Söhne studierten unter Anweisung der Gesellschaft Jesu u. a. in Bologna und durch Vermittlung des Petrus Canisius als Konviktoren im Collegium Germanicum in Rom. Bei Octavian bestand die Mutter lange auf einem Eintritt in den Jesuitenorden und hoffte, dies mit Hilfe der Jesuiten auch durchzusetzen. 1566 erwog Octavian ernsthaft, sich dem geistlichen Leben zu weihen, und legte ein Gelübde ab. Bald darauf reute es den jungen Weltmann, »er wollt wegen Kränklichkeit seines Magens den Schritt hinter Klostermauern nicht mehr tun«. Auch Philipp Eduard blieb dem Orden fern. Während der Studienzeit in Rom bat die Mutter immer wieder um »täfeln von andacht«, sogenannte Agnus Dei. Es handelte sich um ovale Wachsreliefs mit dem Bild des Lammes Gottes, die vom Papst geweiht in der Osterwoche in Rom verteilt und oft in sehr wertvolle Behältnisse eingelassen wurden. Weiter erbat sich Ursula Fugger von ihren Söhnen Rosenkränze, die vom Papst geweiht waren.

Der Sohn Octavian Secundus und seine Frau Maria Jacobäa
Prachtvolle Hochzeit in Augsburg

Octavian Secundus Fugger zählte in der Stadt Augsburg zur institutionalisierten Elite: 1580 wurde er in den »Innern Rat« der Reichsstadt gewählt und 1585 erhielt er das Amt eines »Baumeisters«. 1596 wurde er »obrister stattpfleger«. Im November 1579 vermählte er sich mit seiner Cousine Maria Jacobäa. Es wurde eine Doppelhochzeit gefeiert, denn auch die Schwester der Maria Jacobäa, Anna Maria, verehelichte sich zur gleichen Zeit mit dem Grafen Philipp von Rechberg auf Kellmünz. Alles, was Rang und Namen hatte, wurde zu diesem Fest geladen; 548 Gäste und Diener wurden gezählt. »Es waren im eintritt beederseits auf die 700 Pferd beisamen, und wurden soliche vier hochzeitliche täg yedes tags auf die 200 tisch mit allem volk gespeist!« Die Hochzeitskosten gingen zu Lasten des Brautvaters. Das Tanzhaus war großartig geschmückt und der Tanzsaal mit einem schwarzen Samthimmel ausgeschlagen worden.
Durch die Heirat der 17jährigen Maria Jacobäa, Tochter des Hans Fugger von Kirchheim und dessen Gemahlin Elisabeth von Nothafft-Weißenstein, kam eine Verbindung zwischen der Raymundus- und der Antonius-Linie zustande. Vater und Schwiegervater des Bräutigams waren Vettern. Die Tochter Maria Fugger (1583–1646) wurde Nonne. Ihr Leben wird im Kapitel über Klosterfrauen erzählt.

Das Kinderbildnis der Maria Jacobäa und ihrer Nichte Maria Fugger

Kinderbildnisse von Töchtern aus dem Hause Fugger des 16. und 17. Jahrhunderts sind eine große Seltenheit. Zwei Gemälde konnten herangezogen werden: Das Kinderbild der Gräfin Maria Jacobäa und das ihrer dreijährigen Nichte Maria Fugger (1593–1635), der späteren Gemahlin des Hieronymus Fugger. Allgemein ist zur Darstellung von Kindern zu sagen, daß das wirklich lebensnahe Kinderporträt erst in der zweiten Hälfte des 15. Jahrhunderts vorkommt, also zeitlich fast ein halbes Jahrhundert später als das gleichgeartete Porträt des Erwachsenen. Lange drängt die mittelalterliche Vorherrschaft des Christkindbildes das Kinderporträt zurück.

Die Kleidung der sechsjährigen Maria Jacobäa und der dreijährigen Maria entspricht voll und ganz der spanischen Mode. Sobald die Mädchen den Windeln entwachsen waren, kleidete man sie wie kleine Frauen. Die Kleider der Kinder sind nichts anderes als das lange Gewand des Mittelalters, das bis zum 14. Jahrhundert von jedermann getragen wurde. Das sich später aus diesem langen Gewand entwickelnde Kleid war Ausdruck des Standes und der Herkunft der Trägerin bei Frauen und Kindern. Obwohl zwischen den beiden Bildern 30 Jahre Zeitabstand liegt, hatte sich an der Kleidermode der Mädchen nichts geändert. Streng gescheiteltes, zurückgekämmtes Haar wird von einem Brokat- beziehungsweise feinsten Spitzenhäubchen, das wohl mit Perlen bestickt ist, am Hinterkopf zusammengehalten. Während Maria Jacobäa den Betrachter des Bildes anblickt, schaut die dreijährige Maria gedankenverloren vor sich hin (siehe Bildteil). Das 1568 gemalte Kind trägt eine sich dicht um den Hals schmiegende Krause und ein im Oberteil enganliegendes Kleid mit ausschwingendem Rock. Die Ärmel sind aus einem andersfarbigen Material und am Handgelenk leicht gekräuselt. Das dreijährige Grafentöchterlein Maria zeigt sich in einem weich glänzenden Seidenkleid, das im Oberteil reich bestickt ist. Die Halskrause ist so steif, daß das Kind den Kopf kaum bewegen kann. Ein lebhaftes Lachen oder ungezwungenes Spiel war in dieser steifen Tracht ganz sicher nicht möglich, vor allem wegen des »spanischen Kragens«, durch den das Haar nur aufgesteckt getragen werden konnte. Am Oberärmel befestigt sind zwei breite Bänder, die Überreste der Mode des 16. Jahrhunderts, als die Mäntel und Kleider oft Ärmel hatten, die man nach Belieben überstreifen oder aber hängenlassen konnte. Die vornehmen Damen schätzten die Wirkung der baumelnden Ärmel. Da diese nicht mehr übergestreift wurden, sind sie zu zweckfremden Verzierungen geworden, die Jungen und Mädchen trugen. Der Schmuck der Dreijährigen steht dem einer kleinen Prinzessin in nichts nach: ein sehr aufwendig gearbeiteter Goldanhänger, mit blauem Edelstein verziert, wird an einer stark gegliederten Goldkette getragen. Beide Handgelenke zieren Korallenarmbändchen. Der Rock, der in eine kleine Schleppe ausläuft, wird von einer Silberkette mit kleinen Edelsteinen geziert. In der linken Hand hält das feingemachte Kind ganz unauffällig einen Knochen, der für das auf dem Sessel sitzende Hündchen bestimmt ist, dessen Halsband farblich genau zum Kleid und dem Armbändchen der kleinen Gräfin paßt. Das Hündlein, sonst in Gemälden als Zeichen der ehelichen Treue dargestellt, ist hier sicher nur als Hinweis auf die Tierliebe der Kleinen zu deuten. Diese Art der feierlichen Zurschaustellung bleibt bezeichnend für das 16. Jahrhundert bei fürstlichen und adeligen Kindern, ob wir nun Kinderporträts von Jacob Seisenegger oder von Bernhard Strigel betrachten.

Maria Jacobäa verstarb 1588 im blühenden Alter von 26 Jahren im Kindbett und hinterließ fünf Kinder. Kurz vor ihrem Tode porträtierte sie der aus Antwerpen stammende Künstler Abraham de Hel. Anhand dieses Bildnisses sowie anhand des Nachlaßinventars, das nach dem Tode ihres Gemahls Octavian Secundus erstellt wurde, ist viel über die Kleidung und den Schmuck der Gräfin Maria Jacobäa übermittelt.

Der Maler Abraham de Hel zeigt uns die Gräfin in einem Überkleid mit Hängeärmeln aus großgemustertem schwarzen Samt und einem hellrosa-silbernen Unterkleid. Dazu trägt sie eine flache, abstehende Halskrause mit Spitzenrand, schmale, mit einer Spitzenkante und Weißstickerei versehene Handumschläge und auf dem Kopf einen schwarzen, in kleine Fältchen gelegten Hut. Dieser ist mit einem Hutband aus Perlen und Edelsteinen geschmückt. Am Hut befestigt ist ein aus wertvollen Steinen gebildetes Schmuckstück mit einem Adler. Der Mode entsprechend ist das Haar an den beiden Stirnseiten zu einem Wulst frisiert. Die mit Gold und Perlen verzierte Haube hat eine Spitze, die über der Stirn in ein symmetrisch angelegtes Blattmotiv ausläuft. Das »Oberkleid ist mit zwei Sorten von goldenen, rot und weiß geschmelzten Rosetten besetzt«. Die Gräfin trägt nicht nur sehr wertvolle Kleidung, sondern auch kostbaren Schmuck: An

71

einer aus Rosetten gebildeten Halskette ist ein Anhänger in der Form eines doppelten Kreuzes mit Edelsteinen und drei großen hängenden Perlen zu sehen. Am goldenen Gürtel hängt, von ihrer linken Hand gehalten, ein etwas kleineres Kleinod mit einem großen Hyazinthen und drei birnenförmigen Perlen. Die beiden Armbänder haben jeweils einen großen Hyazinthen, der wie der Gürtel aus abwechselnd goldenen geschmelzten Rosetten und goldenen Lilien, dem Fuggerschen Wappen entsprechend, zusammengesetzt ist. Das auf dem Hut getragene Schmuckstück erscheint im Inventar als »Ain Klainat mit ainem Adler, darinnen ain großer böhmischer Topasis neben zwayen Jacincken und Zween granat inn den Klauswen sambt ainem angehenngkhten Saphier anstat des Peerlins«. Auf dem Bildnis von 1588 ist an der Hand der Frau nur ein einziger breiter Ring dargestellt. Überliefert ist aber, daß zum Vermählungszeremoniell 1579 eine Garnitur von drei »schwarz geschmelzten Ringen« (mit Email überfangene) gehörten. Gegen die Annahme, schwarz geschmelzte Ringe seien nur zu Trauerzeiten angesteckt worden, spricht die Tatsache, daß sie hier als Hochzeitsgeschenk der Braut verehrt wurden.

Für die Aufbewahrung der Garderobe standen zwei große Schränke zur Verfügung; im oberen Teil war die pelzgefütterte Winterkleidung, im unteren Teil Leinenwäsche aufbewahrt, in dem anderen die übrige Kleidung, Unterröcke, Mieder, Ärmel, Hüte und Barette. Handschuhe und Hauben befanden sich zusammen mit allem Frisierzubehör in einem Schreibtisch. Der Verbleib der Schuhe ist ungeklärt.

An kostbaren Rauchwaren erscheinen im Verzeichnis drei Mäntelchen mit Zobel-, Luchs- und Marderfutter, zwei lange, mit Marder und Fuchs abgefütterte Mäntel sowie ein Nachtrock, zwei Ärmel und ein Brusttuch mit »Feh« und ein mit »weiß Kropfen« (Marderkehlenfell) gefütterter Unterrock.

Schmale lange »Kutten« sowie darunter zu tragende Unterröcke mit den dazugehörigen Miedern und Ärmeln bildeten den Hauptteil der Garderobe. Die zu den Kutten gehörenden Ärmel konnten mit Haken oder Bändern befestigt werden. Die Kutten wurden überwiegend aus schwarzem Samt, seltener aus Atlas oder Damast als Oberstoff angefertigt und waren mit Taft oder Leinen gefüttert. Die »Röckh«, also die Unterkleider, wurden aus hellen, leuchtenden Seidenstoffen gefertigt und hoben sich somit kontrastreich von den schwarzen Kutten ab. Im Inventar ist auch ein schwarzes Unterkleid und ein »Klagschlayr« aufgeführt, die sich als Trauerkleidung ausweisen. Zum Bestand im »Klaider Casten« gehörten auch vier Hüte und 13 Barette, die mit einer Ausnahme alle schwarz waren. Neben neun goldenen und vier schwarzen seidenen Hauben besaß die Gräfin auch solche aus buntem Glaswerk. Zur Frisur gehörten außer den Hauben bunte Haartücher, Bänder und Zöpfe aus Haar oder Taft. Für besondere Anlässe besaß Maria Jacobäa dreiundvierzig »stuckhlen harumbschläg« in verschiedenen Farben, sechs Paar verschiedenfarbige Seidenzöpfe, drei gewundene Taftbänder, zwei Bänder aus gewundenem Haar und vier Bündel von Haar. Mit dem Haar wurden die hochgekämmten Stirnwülste unterlegt. Weiter sind im Inventar aufgeführt: zwei »härin Huedt zum Aufsetzen«, ein »Aufsatz vonn Bluemenwerckh maylenndischer Arbeit« und ein »ganz Kopf mit den federn von ainem Paradiß Vogell«. Im Inventar werden auch Handschuhe aufgeführt: zwei Paar aus Seide gestrickt, zwei Paar aus Leder und zwei Paar »römische«. 1584 hatte Maria Jacobäa zwei Dutzend Handschuhe aus Hundsleder und zwei Dutzend Innsbrucker Handschuhe bekommen.

Interessant ist, daß in dem Inventar auch die Leinenwäsche und die Leinenvorräte festgehalten wurden. Als sehr gebräuchliche Leinenunterkleidung hat man sich die Goller, damals eine Art enges Unterleibchen ohne Ärmel vorzustellen. Zweiundvierzig Goller und sechs Hemden aus Leinen sind aufgeführt neben Handkrösen, Handumschlägen, Kragen, sechsunddreißig Nachthauben, Badehauben, Zier- und Gebrauchstaschentüchern, langen Strümpfen, langen und kurzen Socken, Handtüchern, Fußtüchern, Zahntüchern, und »Furduecher« (Schürzen). Weiter befand sich auch eine Reihe von gestrickten Hauben und Haartüchern bei der Leinenwäsche. Die Leinensachen waren aus niederländischem und »indianischem« Leinen angefertigt. Letzteres gelangte entweder mit den Pfefferimporten aus Indien über Lissabon oder über den Zwischenhandel über Alexandria und Venedig nach Europa. Neben diesen teuren Importwaren wurde aber auch in Augsburg gewebtes, wesentlich günstigeres Leinen zur Anfertigung von Hemden, Kragen, Socken und Bettüchern verwendet.

Im Besitz der Gräfin und ihrer kleinen Tochter fanden sich auch »spanische muz« oder »schifftung« aus Haar. Hier handelt es sich um einen spanischen Kopfputz, der mit Perlen und kleinen Schmuckstücken verziert sein konnte. Als weiterer Kopfschmuck werden rote und braune Atlaszöpfe genannt. Aus ro-

tem Damast war ein Beutel, in dem folgende Gegenstände aufbewahrt wurden: »fünf Streel (Kämme), am pursten, ain pfrüem
zue Schaitel zu machen, ain scheerlen und ain Attlassen Par
Zöpff«. Aus dieser Beschreibung der Kleidung und des Kleider-
inventars läßt sich sehr wohl die Orientierung an fürstlichen
Vorbildern erkennen. Da die Kleider zum Teil aus sehr wertvol-
lem Material gefertigt wurden, galten sie mit den Schmuckstük-
ken zusammen als ein Teil des Familienvermögens und wurden
nur selten an die Töchter, sondern an die Söhne vererbt. Die
Kleidung der Maria Jacobäa entsprach im »Stil der allgemein in
Süddeutschland gebräuchlichen Kleidung des Adels, die sich
überwiegend an der habsburgisch-spanischen Hofmode orien-
tierte«. Die Garderobe der Gräfin weist aber auch italienische
und französische Modeneuheiten auf, wie der auf dem Porträt
getragene Hut und die flache Halskrause zeigen. Vergleicht man
den Kleidernachlaß der fuggerischen Gräfin mit den Kleiderin-
ventaren der bayerischen Herzogin Jacobäa von 1580/81 und
dem der Herzogin Dorothea von Schleswig-Holstein, so zeigt
sich, daß sich der Kleideraufwand einer Fuggerin im späten
16. Jahrhundert von dem einer Fürstin nicht wesentlich unter-
schied.

Sohn Philipp Eduard und seine Gemahlin Maria Magda-
lena von Königsegg und Aulendorf (1552–1597)

Am 21. April 1573 heiratete Philipp Eduard Maria Magdalena
von Königsegg und Aulendorf, Tochter des Hans Jakob Freiherr
von Königsegg und Aulendorf und der Elisabeth Gräfin Montfort. Da er es als Fugger nicht nötig habe, »Geld« zu heiraten,
hätte er mit seiner Braut keine bessere Wahl treffen können,
teilte Philipp Eduard seinem Bruder Octavian Secundus mit.
Maria Magdalena starb nach 24jähriger Ehe.

Trauerfeierlichkeiten für Maria Magdalena von
Königsegg und Aulendorf

Zahlreiche Mitglieder des Hauses Fugger legten schon zu Lebzeiten ihre Wünsche für die Leichenfeier fest; die Bestimmungen für die Feierlichkeiten und Aufwendungen wurden bereits
im Testament postuliert. Anläßlich des Ablebens der Gräfin Ma-

ria Magdalena wurde ein Memoriale verfaßt, das auch für künftige Todesfälle im Hause Fugger gelten sollte.

Das Memoriale umfaßt 25 Folioseiten und besteht aus zwei Teilen: der erste Teil beinhaltet den Ablauf, der zweite Teil ist eine Detailaufstellung aller Kosten für das Begräbnis, die sich auf 1271 Gulden beliefen.

»Maria Magdalena wurde im Haus ihres Gemahls in der Klebsattlergasse (heute Armenhausgasse) in Augsburg aufgebahrt. Die Leiche wurde mit einem weißen Kleid aus feinstem Atlas angezogen, und die Bahre legte man mit Marderfellen, schwarzem Wollstoff und Leinwand aus; der Sarg wurde mit schwarzem Samt ausgeschlagen«. Vom Todestag, dem 25. Februar, bis zum 1. März hielten Geistliche Tag und Nacht die Totenwache. Neben den nächsten Verwandten kamen auch Abgesandte des Domkapitels in das Trauerhaus. Wie im Memoriale vermerkt, sollten weibliche und männliche Vertreter beider Konfession zur Bahre in das Wohnhaus kommen, doch sollten nur Katholiken im Leichenzug mitgehen und die Leichenfeier nach katholischem Ritus gehalten werden. Die Leichenfeier fand am 1. März, die Vigilfeier am 4. und 5. März 1597 statt. Beerdigt wurde die Gräfin in der 1596 von ihrem Mann übernommenen, mit einer Stuckkassettendecke versehenen Bartholomäuskapelle bei St. Ulrich und Afra, wo heute noch ihre Grabinschrift zu sehen ist. Die Gräfin wurde in einem Zinnsarg bestattet, der vom Kupferstecher Alexander Mayer mit dem Königseggschen Wappen und einer lateinischen Grabinschrift versehen wurde. Auf Wunsch der Gräfin sollte nach altem Brauch nach der Seelenmesse ein »Bretzen-Brot« unter die Armen verteilt werden. Für die trauernden Hinterbliebenen und die Dienerschaft wurde Trauerkleidung angefertigt: »Claghuet« (Klaghut) für den Witwer und dessen jüngsten Sohn, Hüte für die Diener mit Taft überzogen und »zehn wollene Klagbinden für das gesicht zu binden, wenn man an der Clag steht«. Der Witwer, die Kinder und die Hofmeisterin »junckfraw Hardneggerin« trugen schwarze Handschuhe. Das Schlafzimmer des Witwers war mit schwarzem Tuch verhängt worden, die Tafeltücher mußten schwarz gefärbt werden. Das Chorgestühl in der Kirche wurde mit schwarzen Schleiern ausgeschlagen.

Versuchter Gattenmord im Hause Fugger
Maria Theresa Gräfin Fugger-Babenhausen

Ein Enkel von Maria Magdalena und Philipp Eduard Fugger (1622–1654), nämlich Carl Philipp Fugger, heiratete Margarete Ursula Gräfin zu Pappenheim. Aus dieser Ehe war nur ein männlicher Erbe hervorgegangen, der 1649 geborene Hugo Friedrich. Als der Knabe fünf Jahre alt war, verstarb sein Vater, und der Onkel, Albrecht Graf von Kirchberg, mit Franziska Gräfin Fugger verheiratet, übernahm die Vormundschaft. Hugo Friedrich wurde ebenso wie seiner Schwester Justina (1653–1732) eine sorgfältige Erziehung zuteil. Hugo Friedrich war allerdings mit tiefer Melancholie behaftet, geistesschwach »und statt frohen Mutes stumm wie eine Statue. Doch war ihm eine schöne Dame lieber denn ein Fuder Holz.«

Der Oheim schlug als zukünftige Gemahlin die hübsche, lebenslustige Maria Theresia aus der Babenhausener-Linie vor. Doch Hugo Friedrich zeigte plötzlich eine größere Zuneigung zur Tochter des Regierungspräsidenten von Spaur in Innsbruck. Im Frühjahr 1672 sollte Hochzeit sein. Aber ohne die Familie zu informieren, verlobte sich Hugo Friedrich Fugger nun doch mit Maria Theresia, der Tochter des Johann Franz (1613–1668), Herr zu Babenhausen, und der Maria Cordula Vöhlin von Frickenhausen, Freiin zu Illertissen und Neuburg (1614–1685). Dem Vormund war diese Angelegenheit sehr unangenehm wegen der Verbindung zum Hofe in Innsbruck und dem bisher guten Einvernehmen mit dem Regierungspräsidenten von Spaur.

1674 war Hochzeit im Hause Fugger, und mit dieser erneuten Verwandtenehe kam es wieder zur Vereinigung der Häuser Babenhausen und Weißenhorn. Am 23. 9. 1677 verfügte Kaiser Leopold die Vormundschaft über den 28jährigen Ehemann Hugo Friedrich, dessen Gesundheitszustand sich so verschlechterte, daß er zu Sauerbrunnenkuren nach Eger fuhr und sein baldiges Ende 1678 erwartet wurde. Doch der Graf erholte sich wieder, und seine Gemahlin mußte noch zwölf Jahre warten, bis sie Witwe wurde. Alle vier Kinder des Ehepaares waren kurz nach der Geburt gestorben, und da ihr »gott keine Kinder lasse, wolle sie alles durchbringen«, war von der jungen Frau zu hören. Friedrich Ferdinand Fugger (1630–1700), der bereits nach dem Innsbrucker Intermezzo zum neuen Pfleger von Hugo Friedrich Fugger bestellt worden war, nannte Maria Theresia eine »unanständige, boshafte und vermessene Kreatur«. Der Vormund war

der Meinung, daß Hugo Friedrich einer »Gemahlin bedurft
hätte, die ihm eine treue Pflegerin gewesen wäre, doch sie, selbst
eine Fuggerin, war ein genußsüchtig, herzlos, gott- und pflicht-
vergessen Weib«.

In der Verwandtschaft schien niemand darüber empört, daß für
eine solche Inzestehe die Dispens des Papstes zu erhalten war.
Es ist kaum vorstellbar, daß die junge Fuggerin die Eheverbin-
dung mit dem sprachbehinderten, völlig degenerierten Cousin
überhaupt hatte eingehen wollen.

Die Aufregungen über das Ehepaar Fugger wurden in der Verwandtschaft immer größer. Im Winter 1679 / 1680 begann Maria
Theresia eine Liebschaft mit dem für längere Zeit in Weißenhorn
weilenden Grafen Sebastian Franz von Thurn und Taxis, Obrist-
meister zu Augsburg. Der Graf fuhr in einer mit 6 Pferden be-
spannten Kutsche in Weißenhorn ein, und Gräfin Fugger reiste
mit ihm nach München, um dort Kleider für Maskenbälle zu
kaufen.

Kaum war diese Affäre unter dem Druck der Familie beendet
worden, verliebte sich Maria Theresia 1682 in den Obristhofmei-
ster von Roeder, der Quartier in Günzburg bezogen hatte. Während die Gräfin üblicherweise zur Kur nach Krumbach fuhr,
ging sie nun nach Bad Thalfingen, um dort täglich mit dem Obri-
sten zusammensein zu können. Von Roeder wollte die Gräfin zu
seiner Gemahlin nehmen, sobald sie Witwe wäre.

Nach acht Ehejahren mit ihrem im Schwachsinn dahindäm-
mernden Gatten kam die Gräfin auf die Idee, sich seiner zu entledigen. Einer Magd des Hauses wurde aufgetragen, in Mem-
mingen und Weißenhorn Mäusegift zu besorgen. Die Gräfin
mischte davon drei Messerspitzen in ein Kirschwasser, das sie
ihrem Mann reichte. Da der Graf nur einen kleinen Schluck
trank, forderte sie ihn auf, das ganze Gläschen leer zu trinken,
doch die Magd hinderte den Grafen daran und schüttete den
Rest weg, nicht ohne ihren Herrn darauf aufmerksam gemacht
zu haben, daß ihn seine Ehefrau vergiften wollte.

Ehebruch und versuchter Gattenmord waren nun mehr, als die
gräfliche Familie Fugger verzeihen konnte, und es wurde das bi-
schöfliche Gericht in Augsburg angerufen. Die Gräfin hätte
zwar eine harte Strafe zu erwarten gehabt, »da sie ein gemeines
Weibsbild wäre«, doch das Gericht entschied, daß die Ehe aufgehoben werden und sie in das Katharinenkloster in Augsburg
eintreten solle, nachdem sie die wohl unter Mitwirkung des bösen Geistes begangenen Verbrechen reumütig bekannt habe.

Die Separationsbestimmung des Ehepaares ließ der betrogene Ehemann Hugo Friedrich schon nach einem Jahr aufheben, und die Gräfin unternahm eine Wallfahrt nach Einsiedeln in der Schweiz. Sie hatte den Mann, von dem sie von »Tisch und Bett usque ad geschieden war«, mit schmeichelnden Briefen so weit gebracht, sie wieder bei sich im Weißenhorner Schloß aufzunehmen.

Die lebenslustige Gräfin schien das Leben an der Seite ihres Gatten aber doch nicht ertragen zu haben, denn sie begann erneut ein ehebrecherisches Verhältnis mit dem Weißenhorner Pfleger Johann Werner Egg, Vater von vier Kindern. Dieser wurde wegen seiner Liaison mit der Gräfin seines Dienstes enthoben und mußte für vier Wochen ins Gefängnis. Da sich der Herzog von Bayern einschaltete, wurde der Pfleger nicht mit Schimpf und Schande der Stadt verwiesen, sondern bekam seine Stelle in Weißenhorn wieder zurück. Nach diesem Vorfall ließ Graf Hugo Friedrich durch seine Vormünder notariell bestätigen, daß er alle weiteren Bitten der Gräfin um Verbleib im Schloß abschlagen werde. Am 4. Januar 1690 segnete der betrogene Ehemann das Zeitliche. Die Witwe bekam das ihr zustehende Deputat ausbezahlt, wurde allerdings von der Verwandtschaft veranlaßt, den Ostflügel des Schlosses zu räumen und Weißenhorn zu verlassen. Gräfin Maria Theresia soll 1696 in einem Augsburger Kloster verstorben sein.

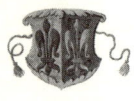 ### SIBYLLA GRÄFIN FUGGER-EBERSTEIN
✶ 1531 † 1589 ⚭ 1557
Ehefrau des Marx (Marcus) Fugger
Kinder: 14

Die Eheschließung des Marx Fugger, des ältesten Sohnes Anton Fuggers, mit der 26jährigen Gräfin Sibylla von Eberstein war wieder eine deutliche Bestätigung des ständischen Aufstiegs der Familie. Sibylla war die Tochter der Gräfin Johanna zu Hanau-Lichtenberg und des Grafen Wilhelm V. von Eberstein.

Marx hat als einer der ersten Fugger eine Angehörige des Reichsgrafenstandes geheiratet. 1526/30 wurde zwar Anton Fugger samt seinen Nachkommen von Kaiser Karl V. in den

Reichsgrafenstand erhoben, doch wurde ihnen nur das »kleine Comitiv« verliehen, dem der Titel eines Bannerherren oder Reichsfreiherren und nicht der Grafentitel entsprach. Die Grenzen in Rang- und Titelfragen waren jedoch fließend.

Ein unübersehbares Merkmal der Verehelichung mit einer Dame aus dem Reichsgrafenstand sind die veränderten Lebensbedingungen im großen Haus der Familie Fugger an der heutigen Maximilianstraße, das Sibylla und Marx nach aufwendigen Umbauten 1560 bezogen. Es wurde ein Repräsentationsstil gepflegt, dessen Ausdruck ritterliche und höfische Festlichkeiten waren, königliche und kaiserliche Gäste waren nicht Ausnahme sondern die Regel. Turniere, Maskenfeste, Ringelrennen, Feuerwerk und Preisschießen waren der äußere Rahmen für Gastmähler und Trinkgelage zu Ehren hoher Gäste. Die prunkvolle Lebensart wurde überschwenglich von Ritter von Schweinichen, der sich an den Edelsteinen des Hauses Fugger nicht satt sehen konnte, wesentlich realistischer allerdings von Michel de Montaigne beschrieben. Der Gipfelpunkt der luxuriösen Lebensführung waren die über jedes gewohnte Maß hinausgehenden Hochzeitsfeierlichkeiten.

Die Verbindung zwischen Marx Fugger und Sibylla von Eberstein war aber nicht nur wegen des hohen Standes der Braut bemerkenswert, sondern auch deshalb, weil die Gräfin evangelischen Bekenntnisses war und die Konfessionsverschiedenheit des Paares vom Schwiegervater Anton Fugger zunächst nicht akzeptiert worden zu sein scheint. Wie anders wäre es zu erklären, daß, obwohl die Heiratsverhandlungen schon 1551 abgeschlossen waren, die Hochzeit erst 1557 gehalten wurde. Hier ist es wichtig, Marx Fuggers Einstellung zu den religiösen Problemen seiner Zeit zu kennen. Nach einem Selbstzeugnis war Marx Fugger auf seinen Bildungs- und Auslandsreisen überhaupt nicht mit Religionsstreitigkeiten in Berührung gekommen. Der Augsburger Religionsfriede, ein Jahr nach Marxens Rückkehr aus dem Ausland in der konfessionell gemischten Stadt geschlossen, löste bei ihm jedoch immerhin »allerlei seltzame Gedancken« aus. Er begann sich mit den grundlegenden Schriften der Reformatoren zu beschäftigen, kam aber zu der Erkenntnis, in »seiner Religion, dem alten Glauben und der katholischen Kirche fröhlich und wohl getrost bey derselben alten Meinung und einhelligen Verstand und Glauben zu verharren«. Er war nicht bereit, über Konfessionsfragen oder religiöse Streitschriften »zu disputieren oder zu zancken«. Nach dem Vorhergesagten verwundert es doch sehr, daß Marx Fugger eine Gemahlin wählte, die konfessionell zu den »Newling zu disen unseren Zeiten« gehörte. War es ein Stück konfessioneller Toleranz seinen protestantischen Mitbürgern gegenüber? »Dann ich hab mehr als einmal vermeldt, daß ich keinem Ordnung geb, was er glauben oder nicht glauben soll – wie ich dann fremden Glauben nicht habe zu verantworten«. War die Eheschließung mit einer Dame aus dem Hochadel zur Bestätigung seines Standesbewußtseins unerläßlich, oder könnte es sich nicht doch um eine Liebesheirat gehandelt haben? Bekannt ist der Versuch des Anton Fugger, seiner Schwiegertochter Sibylla »achtzig Mark Gulden in Gold« zu bezahlen, wenn sie sich entschlösse, vor der Heirat katholisch zu werden. Doch »sie war Luthers Lehre so hartnäckig zugethan«, daß sie das Bestechungsgeld ausschlug.

Was mit Geld nicht zu erreichen war, gelang jedoch später durch »göttliche Vorsehung ... Der allgültige Gott wollte nicht, daß eine so edle, sittenreine Seele weder einem irdischen Motive Gehör gebe, noch länger im Irrtum verharre«. Nunmehr setzte Anton Fugger nämlich auf die Missionierungskraft des Petrus Canisius. Sibylla widerstand zwar anfänglich allen Versuchen, mit diesem hervorragenden Vertreter des alten Glaubens in Kontakt zu treten; selbst sein Name durfte in ihrer Gegenwart nicht genannt werden. Eines Nachts jedoch hatte die Gräfin eine Vision. Petrus Canisius erschien ihr im Traum und »dadurch beunruhigt, wie das Weib des Pilatus, habe sie am nächsten Tag nach ihm gesandt, ihn wiedererkannt und von seiner Heiligkeit und Gelehrsamkeit sich besiegt erklärt«. Nach täglichen Exertitien und Andachtsübungen unter vier Augen mit dem Jesuiten konvertierte Sibylla 1561.

Ausführlich berichtete Canisius am 19. Januar 1561 über sein erstes Bekehrungswerk im Hause Fugger an den Ordensgeneral nach Rom: »Wir danken Gottes ewiger Gnade, daß die Gräfin, des Markus Fugger Gemahlin, die ihr ganzes Leben Lutheranerin war, nun allmählich zur katholischen Kirche zurückgeführt wird. Sie macht jetzt geistliche Übungen ... Diese hochherzige Frau, die sich durch Spenden hervortut, setzt nun alles daran, ihre Familie zu reinigen, damit sie vollkommen dem Lutheranervolk entsage. Zur Beichte und zur heiligen Kommunion ist sie bisher noch nicht gegangen«. Die unverhohlene Freude über die sich abzeichnende »reiche Ernte« in Augsburg ist nicht zu überhören: »Die Lutheraner waren aufs äußerste bemüht, jene

Beute für sich davonzutragen, die Katholiken aber freuen sich jetzt um so mehr.«

Auch in den folgenden Briefen nach Rom wird die Gräfin immer wieder ausführlich erwähnt, so am 1. und am 25. Februar 1561: »Wir sagen Gott Dank, durch dessen Gnade wir nunmehr jene Gräfin, von der ich bereits schrieb, wieder mit der Kirche versöhnen konnten. Die Gräfin, von der früher schon die Rede war, ist nun vollständig bekehrt; die sektiererische Lehre ist ihr nun ein Greuel. Es ist jene Gräfin, die viele Jahre hindurch hartnäckisch in der Irrlehre befangen gelebt hat, dann bei dem Pater (Canisius) mehrfach Predigten hörte, auch bei ihm persönlich in den katholischen Glauben eingeführt wurde, ihm gegenüber die Sünden ihres ganzen seitherigen Lebens beichtete und von ihm schließlich mit der Kirche wiederversöhnt worden ist. Sie hat nun auch eine schöne kleine Hauskapelle einrichten lassen und ist ständig bemüht, sich um die katholische Kirche verdient zu machen.« Canisius berichtete in seinem Schreiben vom 19. Januar 1561, die Gräfin Sibylla sei ihr ganzes Leben hindurch Lutheranerin gewesen. Das ist aber nicht ganz richtig. Aus der Geschichte der Grafen von Eberstein in Schwaben geht hervor, daß der Vater der Gräfin, Wilhelm V. sich erst nach dem Augsburger Religionsfrieden 1556 dem neuen Bekenntnis zuwandte. Von seinen zehn Kindern war sein Sohn Wilhelm Canonicus zu Köln, seine Tochter Felicitas Äbtissin; Sibylla wurde als Fünfjährige, 1536, zur Erziehung im katholischen Stift Essen-Verden aufgenommen. Der genaue Zeitpunkt ihrer Konversion zur lutherischen Konfession ist nicht bekannt.

Die erneute Konversion der Sibylla erregte in der Stadt Augsburg so großes Aufsehen, daß viele an ein von Canisius vollbrachtes Wunder glaubten. Über die »wundersame« Bekehrung der Gräfin gibt es zwei sich ähnelnde Fassungen: die Verfasser waren beide Jesuiten, nämlich Jacob Keller, der 1612 eine Vita des seligen Canisius verfaßte (ungedruckt), und Matthäus Rader, dessen Vita des Canisius 1614 gedruckt wurde. »Jesuitische Schriftsteller wissen als Gotteswunder hinzustellen, was doch nur zäher Eifer jesuitischer Kunst war«, das war die Meinung derer, die nicht an ein Gotteswunder glaubten.

Als Zeichen ihrer äußersten Demut zerschnitt Sibylla nun ihre prachtvollen Kleider, »um gottesdienstliche Gewänder daraus zu fertigen, und sie unterstützte die armen Katholiken der Stadt mit reichlichen Almosen«. Doch nicht nur die Armen der Stadt waren das Anliegen der Gräfin, sondern auch die Sorge um die

Gründung einer Niederlassung der Jesuiten in Augsburg. Über die Höhe der finanziellen Zuwendungen an die Jesuiten in Augsburg gibt es keine Quellen.

Als die Gebäude des Jesuitenkollegiums fertiggestellt waren, übertrafen sich die Damen des Hauses Fugger in Donationen an die Jesuiten. Sibylla machte den Anfang mit einer Orgelstiftung für die Kirche St. Salvator, Geldstiftungen kamen von den Fuggerschen Gemahlinnen Magdalena von Königsegg, Barbara, Katharina und Magdalena von Helfenstein, Helena v. Madruzzo, Katharina und Maria Gumppenberg, Maria von Freyberg und Anna Ilsung, die beispielsweise neben anderem aus ihrem Privatvermögen eine prächtige, in Rom aus Silber gefertigte Hängelampe für den Hochaltar gab; Maria von Schwarzenberg stiftete eine goldene und mit kostbaren Perlen geschmückte Krone für ein Ciborium.

Sibylla bedachte die Basilika St. Ulrich und Afra ebenfalls mit einer Stiftung: »Nachdem die Frau Fuggerin vorlängst aus sonderbaren Gnaden Gottes von vielen Zweifeln, irrigen Lehrpunkten der Religion erledigt, und zur wahren christlichen catholischen apostolischen Kirchen ganz heilsam bekert worden, hat sie verordnet, dass alle Jahr zwischen Ostern und Pfingsten ein Officium de SS. Trinitate Gott dem Herrn zu Lob und Dank für sollliche erzeigte Gnade gehalten werde. Geschehen zu Augspurg den zwaintzigisten Tag des Monats Novembris nach Christi etc. Tausend fünfhunder und im vier und achtzigsten Jar«.

Ein Jahr nach der Bekehrung beauftragte Markus Fugger, der Ehemann der Sibylla, seinen Vermögensverwalter Karl Peutinger mit der Errichtung einer Hauskapelle im Fuggerhaus als Ausdruck seines Dankes für die Bekehrung seiner Familie. Als Weihbischof Michael Dornvogel am 21. November 1570 die Hauskapelle St. Sebastian weihte, erteilte er in des Bischof Otto Truchseß von Waldburg Namen allen, die künftig am Jahrestag der Weihe die Kapelle besuchen würden, einen Ablaß von 50 Tagen.

Die Kapelle in den Fugger-Häusern wurde 1885 / 86 aufgegeben, erhalten ist aber noch der Hausaltar. Er befindet sich heute an der Ostwand der Markuskirche in der Fuggerei. Das vergoldete Flügelaltärchen zeigt im Schrein unter einem Kleeblattbogen freiplastisch die Marienkrönung, auf den Flügeln Flachreliefs, links den Erzengel Michael, rechts die heilige Anna, außen dekorative Malerei mit dem Monogramm Christi und Mariä. In der Predella ist ein Tafelbild mit dem Stifterehepaar und acht Kindern.

Gräfin Sibylla gebar 16 Kinder, darunter zwei Zwillingspaare. Nur neun Kinder überlebten das Kindesalter, fünf Töchter und vier Söhne. Drei Söhne heirateten ihre Cousinen! Durch Heirat ergab sich eine erneute Verflechtung mit dem Hause Montfort und erstmals mit dem gräflichen Hause Oettingen-Wallerstein. Der älteste Sohn Georg ging die Ehe mit einer Dame aus einer »hochgerühmten« Familie ein, nämlich mit Helena, Tochter des Freiherrn Fortunat von Madruzzo und der Gräfin Margaretha von Hohenems, Nichte des Papstes Pius IV. Aus dieser Verbindung stammt auch Sibylla Lodron-Fugger, die in der Überlieferung des Hauses Fugger als »Heilige« gilt. Ihr ist ein eigenes Kapitel in diesem Buch gewidmet. Die jüngste Tochter der Gräfin Sibylla Fugger-Eberstein wurde Nonne im Augustinerinnenkloster zu Inzigkofen.

Es ist offensichtlich, daß die Jesuiten über die Damen des Hauses Fugger pastoralen Einfluß auf deren Ehemänner gewannen. Bereits 1566 stimmte Marx Fugger, wohl auf Bitten seiner Frau, einer Sichtung seiner Bibliothek durch die Jesuiten zu und war mit einem Ausscheiden häresieverdächtiger Bücher einverstanden. So verlor er sämtliche Schriften der Reformatoren, z. B. »ein bibell der Augsburgerischen Konfession von seiner Gnaden an vielen Orten glossiert und gezeichnet und die Werke Luthers«. Marx Fugger entschloß sich zu einer Generalbeichte bei den Jesuiten und begann sich zu geißeln. »Wie man sieht, ist selbst Herr Marcus Fugger dazu übergegangen, sich um ein besseres Leben zu bemühen«. Er hatte sich dem religiösen Wandel seiner Frau angepaßt und nahm an Exerzitien und Teufelsaustreibungen teil. Er setzte sich am nachdrücklichsten für die Errichtung eines Jesuitenkollegs in Augsburg ein, trotz aller Widerstände, die nicht nur von evangelischer, sondern auch von katholischer Seite zu überwinden waren.

Der sogenannte Fünf-Prozent-Streit, über den schon im Kapitel über Ursula Fugger und ihren Gemahl gesprochen wurde, bedeutete auch für Marx Fugger ein Problem. Ein Schreiben der Sibylla Fugger in dieser Angelegenheit an die Jesuiten ist nicht überliefert. Entweder sind ihre Briefe verlorengegangen, nicht ediert, oder Sibylla überließ eine derartige Korrespondenz ihrer Schwägerin Ursula. Als im April 1576 Marx Fugger erkannte, daß sein jesuitischer Beichtvater ihm wegen des Zinsnehmens die Absolution bei der Osterbeichte versagen würde, reagierte er mit einem Abbruch der Beziehungen zu den Jesuiten. Wie schon eingangs erwähnt, akzeptierte Marx alle jesuitischen Forderungen im familiären Bereich. Er widersetzte sich jedoch energisch den Jesuiten, wenn es um finanzielle Wirtschaftspraktiken ging.

Anfang 1580 wurde zwar durch finanzielle Unterstützung der Fugger die Gründung eines Jesuitenkollegs ermöglicht, die Glaubenshaltung im Hause der Sibylla und des Marx Fugger hatte sich jedoch gewandelt. Marx Fugger war durch den vorübergehenden Bruch mit den Jesuiten gegenüber ihrem pastoralen Einfluß kritischer geworden. Die schon fast bis zur Bigotterie gesteigerte Frömmigkeit mit ihren geschilderten Auswüchsen hatte sich gelegt. Marx und seine Frau pflegten wieder Umgang mit Evangelischen. So engagierte der Graf den überzeugt evangelischen promovierten Juristen Lukas Geizkofler, der eine ausgeprägte »Neigung hatte, sich mit Katholiken über Glaubensfragen in Disputationen auseinanderzusetzen«. Auch der evangelische Arzt Dr. Adolf Occo verkehrte im Hause Fugger. Bei seinem Besuch in Augsburg 1577 ergab sich eine Begegnung der genannten Herren mit Petrus Canisius im Hause Fugger.

Aus einer kleinen Notiz im Kopialbuch des Hans Fugger ist zu entnehmen, daß Sibylla an »Podagra« (Gicht) litt. Sie sollte 1582 dem Künstler Nikolaus Juvenel aus Nürnberg Portrait sitzen, konnte dies aber nicht, da sie bettlägerig war. Auf der Suche nach einem Arzt, der die Gräfin von den starken Gichtschmerzen befreien könnte, hatte man durch den Augsburger Georg Ilsung von Tratzberg von einem Wunderheiler in Burgund gehört. Ilsung war wenige Tage nach seinem Besuch in Dôle in Burgund von seinen Schmerzen geheilt worden. Da Ilsung der Gräfin gegenüber über seine Heilung so des Lobes voll war, beschloß diese, sich in einer »Sonfftin« (Sänfte) nach Burgund bringen zu lassen. Die Reise vereitelte Lukas Geizkofler, der Sibylla und Marx Fugger Berichte über die Art der Heilungsweise des burgundischen Doktors sandte. Dieser pflegte die Gicht und andere schwere Krankheiten mit einfachem Wasser und auf den Körper gelegten gesegneten Kräutern zu kurieren. Der vermeinte Wunderheiler sei ein »Zauberer, welchen ein Wirt unterhielt, sintemal vil frembde sich dahin zugeben und vil Zehrung zuverursachen pflegten«.

In der oben beschriebenen Gesprächsrunde über die Krankheit der Sibylla Fugger und den Wunderheiler kam es zu einer Disputation zwischen Geizkofler und Canisius. Geizkofler verwies Canisius auf eine ihm typisch erscheinende Form des Mißbrauchs des Wunderglaubens zu finanziellen Zwecken. Es gebe in der katholischen Kirche immer wieder Pfarrer und Wirte, die äußerst geschäftstüchtig von geschehenen »Wunderwercken« in ihren Dörfern rühmten, um viele Hilfesuchende dorthin zu lokken. Man ließ Kapellen, Kirchen und daneben ein Wirtshaus bauen, und die vielen Wallfahrer trügen dem »Gerichtsherren, Pfarrer, wirt und messner und andern im Dorf viel ein«.

Marx Fugger, »dessen Gemachel, wie auch Ihr herr Vater seeliger anfangs evangelischer oder Augspurgerischen Confession gewesen, saget: Er sey zwar guet catholisch, aber er halte Barfür, daß viel vermeinte wunderwerhk bey kirchfarten oder wahlfarten allein von Eigenuezigen auch zauberischen und abergläubischen leuten erdacht und angericht worden«. Canisius, dem es sehr widerstrebte, gerade vom Ehemann einer seiner treuesten Anhängerinnen, Sibylla Fugger, die Anschuldigung zu hören, daß Wunderwesen ein Betrug eigennütziger Menschen sei, vertrat in »kasuitischer Distinktion« die Ansicht, man müsse zwischen echten und falschen Wundern unterscheiden. Geizkofler widersprach Canisius, da er spürte, Marx Fugger auf seiner Seite zu haben, und da es ihm Freude machte, »wenn er dem Jesuiter Petro Canisio stete widerpart hielte«. Hatte sich die geistige Haltung jener Schichten, die Canisius einst der Kirche zurückbrachte, in seiner Abwesenheit schon wieder so entscheidend verändert? Über eine Teilnahme der Sibylla am Gespräch ist nichts überliefert. Sie blieb zeit ihres Lebens eine treue Anhängerin des Jesuiten Petrus Canisius. Als der alternde Canisius im Juli 1584 noch einmal nach Augsburg, in den »fruchtbaren Weinberg des heiligen Ulrich«, kam und die inzwischen verwitwete Comtessa besuchte, wurde er mit »unglaublicher Freude und Verehrung« empfangen.

Am 6. September verstarb Sibylla Fugger im Alter von 58 Jahren. Ihre letzte Ruhestätte fand sie in der Andreaskapelle der Kirche St. Ulrich und Afra in Augsburg, der Grablege, die ihr Mann in den Jahren 1578–1581 für die Familie hatte erbauen lassen.

Teufelsaustreibung in Altötting

Auch im Hause der Sibylla Fugger kamen Fälle von Besessenheit vor. Die Augsburger Bevölkerung, und nicht nur diese, wie sich später zeigen sollte, hegte besonderes Interesse für den Fall Anna Bernhausen, eines 17jährigen adeligen Kammerfräuleins der Gräfin Sibylla, ein Interesse, in das sich sehr viel Widerspruch mischte. Während der Abwesenheit des Jesuitenpaters Völck aus Augsburg, der mit den Pilgern Ursula und Hans Fugger in Rom weilte, nahm Pater Canisius wieder selbst Exorzismen in Augsburg vor. Jahrelang war Anna Bernhausen angeblich von sieben Teufeln besessen. Canisius konnte ihre seelische Not zwar lindern, aber nicht endgültig heilen: sechs Teufel wurden in Augsburg bei St. Ulrich und Afra ausgetrieben. Der siebente Teufel könne aber nur, wie es die dem Mädchen in einer Ohnmacht erschienene Jungfrau Maria geoffenbart hatte, in Altötting, in der Wallfahrtskirche Unserer Lieben Frau, exorziert werden.

Marx und Sibylla Fugger, Canisius und das besessene Mädchen sowie die entsprechende Dienerschaft wallfahrteten also am 21. Januar 1570 zur Gnadenmutter nach Altötting. Noch am gleichen Abend begab man sich »stracks in die haylig Capellen ... damit in Gottes namen ain guter anfang der sachen gemacht werde«. Der Exorzismus dauerte drei Tage. »Die Fraw Fuggerin und das Jungkfrawlein knieten zu vordrist in der Capellen: die anderen allenthalben herum«. Unter ständigem Beten beschwor und befragte Canisius den Teufel, wie oft er das Mädchen noch peinigen wolle. Die Antwort: »Noch 24 mahl: Sieben mal von wegen jrer Herrschaft: Und fünff mal von wegen des gantzen Fuggarischen Geschlechts: Und mehr fünff mal, denn also sey es ihme befohlen worden.« Das Kammerfräulein Anna Bernhausen schien vom Teufel am Altar mit solcher Wucht zu Boden gestoßen, daß es fünf Personen halten mußten: wiederholt setzte Marx Fugger Anna Bernhausen fest auf seinen Schoß, um sie besser halten zu können. Nach fortdauernden Gebeten, dramatischem Ringen mit dem Teufel und schrecklichen körperlichen Qualen für die junge Frau war der Exorzismus am 23. Januar vollbracht.

Der Exorzismus an der Fuggerschen Bediensteten sollte aber zu einem Wendepunkt in der Geschichte der Wallfahrt zu Unserer Lieben Frau von Altötting werden, denn seit der Reformationszeit war die Wallfahrt in Altötting in Bedeutungslosigkeit versunken. Sie war nicht nur fast erloschen, es wurde sogar gegen sie gepredigt, und die wenigen Pilger, die dennoch kamen, wurden von Protestanten oft mißhandelt. »Doch die Zeit des latenten Protestantismus« in Bayern schien plötzlich vorbei zu sein, als durch Albrecht V. »die alte Andacht und Verehrung der seligsten jungkfrawen und Gottes gebährrerin Mariae wiederumb ernewert worden« und dem darniederliegenden Katholizismus durch die Jesuiten zum Sieg über die Reformation in Bayern verholfen wurde. Der Wallfahrtsort Altötting erfuhr durch diese spektakulärste Teufelsaustreibung durch den Jesuiten Canisius an einer Fuggerschen Bediensteten eine ungeahnte Belebung. Eine zeitgenössische Quelle zu dieser Teufelsaustreibung ist uns überliefert: das 1571 in Ingolstadt erschienene Büchlein »Unser lieben Fraw zu AltenOetting; Das ist Von der uralten Capellen unser lieben Frawen und dem fürstl. Stift S. Philip und Jacob«. Der Verfasser war Martinus Eisengrein, ein Konvertit aus Stuttgart und damaliger Propst des fürstlichen Chorherrenstifts in Altötting. Eisengrein konnte an der Beschwörung nicht teilnehmen, da er krank war, doch er berief sich auf sechzehn geistliche und weltliche Zeugen, die »alles selbst mit jren augen gesehen und jren ohren gehört«. In evangelischen Kreisen, auch außerhalb Bayerns, löste Eisengreins Abhandlung Bestürzung aus. Der evangelische Theologe Dr. Johann Marbach in Lindau verfaßte noch im gleichen Jahr eine Gegenschrift von 283 Seiten an »alle fromen christen, sonderlich im Beyerlandt und zu Augspurg zu sondern trost und sterkung ... wider des antichristlichen bapstumbs diser zeit durch die mammelucken und jesuiten ernewte abgötterey« mit dem Titel: »Von Mirackeln und Wunderzeichen. Wie man sie auß und nach Gottes Wort für waar oder falsch erkennen soll. Sampt grundtlicher widerlegung des wunderzeichens, so vor einem jar Canisius, wie er vermeint, an einem besseren jungfrewlin gewürcket, wie solches L. Martin Eisengrein im Buch des Titel ›Unser L. Fraw zu AltenOetting‹ sehr prächtig beschreibet«. Den Exorzismus an dem jungen Mädchen bezeichnete er als ein »affenspiel und teuffels werk, das lucifer oder Bellzebub, der oberste teuffel gewircket«. Mit ernster Sorge blickte der Lutheraner nach Altötting, wo die »alte schier erloschene und vergessene abgotterey« wieder begonnen habe.

In der Heiligen Kapelle in Altötting war als sichtbares Zeichen des Geschehens von 1570 »unser lieben Frauen Uhrallt hilzene Bildtnus, welche P. Petrus Canisius der Societet Jesu 1570 einer besessenen freyle Namens Anna von Pernhausen, alss er den besen Geist ausgetrieben an das Haubt Behebt«. Es handelt sich um eine 1520 von Hans Leinberger gefertigte Eichenholzstatuette der Mutter Maria mit dem Jesusknaben, die im 17. Jahrhundert in das sogenannte Canisiusaltärchen umgearbeitet wurde und heute noch in der Schatzkammer der Kirche zu sehen ist. Aus Dankbarkeit für die Austreibung der Dämonen aus ihrer

Bediensteten stiftete das Ehepaar Fugger einen 22 cm hohen, in Augsburg gearbeiteten vergoldeten Silberkelch, der als sogenannter »Calix Canisianus« (Canisius-Kelch) ebenfalls in der Schatzkammer der Kirche Unserer Lieben Frau zu bewundern ist.

Zwei Schwestern aus Fuggerschem Hause: Ursula von Ortenburg, Sibylle von Kuenring

Die Grafschaft Ortenburg

Die Grafen zu Ortenburg, ein mächtiges Geschlecht, das über ausgedehnten Grundbesitz im heutigen Oberösterreich und in Bayern verfügte und das den Wittelsbachern ebenbürtig zur Seite stand, stammten von den mit den rhein-fränkischen Spanheimern in Zusammenhang stehenden Herzögen von Kärnten ab. Die erste bayerische Linie geht auf Rapoto I. zurück, dessen jüngerer Sohn Heinrich I. die bis heute noch blühende Linie der Grafen von Ortenburg in Bayern begründete. 1521 wurde Ortenburg als Reichsherrschaft in die Reichsmatrikel aufgenommen. Die Reichsunmittelbarkeit wurde zwar von den bayerischen Herzögen Wilhelm IV. und Albrecht V. angefochten, insbesondere als 1563 Graf zu Ortenburg in seiner Grafschaft die Reformation einführte. 1573 entschied jedoch das Reichskammergericht in Speyer zugunsten des Grafen. Ortenburg blieb reichsunmittelbar bis 1805 und rein protestantisch bis zur allgemeinen Auflösung der überlieferten Konfessionsstruktur nach 1945. 1805 konnte Kurfürst Max IV. Joseph von Bayern durchsetzen, daß die Grafschaft seinem Gebiet einverleibt und den Ortenburgern dafür das ehemalige klosterlangheimische Amt Tambach und das ehemals fürstbischöflich-würzburgische Amt Seßlach in Oberfranken übergeben wurden. 1827 kaufte Josef Karl Graf zu Ortenburg zu Tambach allerdings das Stammschloß Altortenburg zurück. Der jetzige Chef des Hauses, Alram Graf zu Ortenburg, veräußerte das Stammschloß 1971 an die bürgerliche Familie Ortenburger aus Ortenburg.

Joachim von Ortenburg führte 1563 in seiner Grafschaft die Reformation ein. Seither gilt er als Vorkämpfer des Protestantismus in Bayern. Träger der evangelischen Bewegung waren »gebildete Geistliche, Adelige, Hofmarksherren, städtische und herzogliche Beamte, Bürger der Ober- und Mittelschicht und städtische Unterschichten, Bauern und Gesinde, also alle Bevölkerungskreise und dies seit Anfang an«. Es ist bezeichnend, daß von den Bischöfen als höchste kirchliche Instanz nur ein »schwacher Druck auf die religiösen Verhältnisse« ausgeübt wurde im Gegensatz zum herzoglichen Hof in München. Der bayerische Herzog Ernst war ein harter Gegner der reformatorischen Bewegung. Herzog Albrecht von Bayern wandelte sich von »religiöser Lauheit, um nicht zu sagen Gleichgültigkeit der Religion gegenüber, in einen Eiferer für den Katholizismus«. Doch auch er konnte die Reformation nicht unterdrücken, und so setzte sich die evangelische Lehre besonders in den kleinen reichsunmittelbaren Gebieten, welche das Herzogtum umschlossen, durch, so in den Grafschaften Haag und Ortenburg, der Herrschaft Waldeck und in den Reichsstädten Passau und Regensburg und weiter nach Oberösterreich. »Ein steter Strom von Lutherbibeln wanderte von Nürnberg über die evangelische Grafschaft Ortenburg, einen Reichsstand, nach Oberösterreich; sie waren in jedem Bauernhof die geheime Lektüre und religiöse Kraft verschiedener Zirkel und Familien durch die ganze Neuzeit«.

Graf Joachim von Ortenburg, auf Reichstagen und Beratungen der Landstände stets zugegen, ahnte wohl die Schwierigkeiten, die ihm aus der Einführung des evangelischen Bekenntnisses in seiner Grafschaft erwachsen würden. Er wies mehrmals darauf hin, »daß er treulich und mit allem Fleiß im Jahre 1555 sich zu Augsburg bemüht habe, den Religionsfrieden errichten zu helfen; aber er wollte dieses wohl unterlassen, wenn er gewußt hätte, daß die Angelegenheit in seinem Lande einen solchen Gang nehmen würde«. Der erste evangelische Gottesdienst fand in der Ortenburger Marktkirche am 17. Oktober 1563 statt, am 27. Oktober wurde feierlich das gräfliche Dekret vom 25. Oktober 1563 über die Einführung der »Augsburger Confession« verkündet. »Der wahren A. C. wolle er mit ihnen, seinen lieben Unterthanen, angehören.«

1549 zog erstmals eine junge Gräfin aus dem Hause Fugger, die neunzehnjährige Ursula, als Herrin in die Grafschaft Ortenburg ein, wo sie zusammen mit ihrem Mann Joachim von Ortenburg zu einer überzeugten Kämpferin für den Protestantismus werden sollte.

URSULA GRÄFIN ORTENBURG-FUGGER
✴ 1530 † 1570 ⚭ 1549
Ehefrau des Joachim Graf zu Ortenburg
(1530 – 1600)
Kind: 1

Kindheit

Ursulas Eltern, Katharina Thurzo und Raymund Fugger, starben beide im Jahre 1535: die Mutter am 31. Januar zu Augsburg, der Vater am 3. Dezember zu Mickhausen. Dieser Ehe entstammen dreizehn Kinder, sieben Töchter und sechs Söhne; die Geburten erfolgten in folgendem Zeitablauf: 1513 Regina, 1515 Jacob, 1516 Johann Jacob, 1518 Georg, 1519 Regina, 1520 Christoph, 1522 Sibylle, 1524 Veronica, 1525 Susanna, 1526 Ulrich, 1527 Barbara, 1528 Raymund und 1530 Ursula. Bei der Namensgebung fällt auf, daß überwiegend altdeutsche Vornamen gewählt wurden, die sich in der Familie Fugger ständig wiederholen. Bis etwa 1540 herrschte kein großes Bemühen, neue Namen für die Mitglieder des zahlenmäßig immer größer werdenden Familienclans zu finden; danach werden, dem italienisch-humanistischen Brauch entsprechend, auch lateinische Vornamen gewählt.

Ursula kam als viereinhalbjährige Vollwaise zusammen mit ihrer drei Jahre älteren Schwester Barbara in die Obhut der protestantischen Erzieherin Barbara Reihing. Diese war seit 1512 die Ehefrau des von Kaiser Karl V. in den Adelsstand erhobenen Kaufbeurer Patriziers und sehr angesehenen, vor allem in Schwaz tätigen Fuggerfaktors Georg Hörmann. Barbara Reihing (†9. September 1556) stammte aus einer angesehenen Augsburger Familie, die 1530 in den Reichsadel erhoben wurde. In einem von Hans Burgkmair geschaffenen Buchzeichen steht der Leitspruch der Barbara Reihing: IN DEO SOLO FIDUCIA MEA (Mein Vertrauen setze ich allein auf Gott). Barbara Reihing war durch ihre Mutter Ursula Imhoff mit den Fuggern verwandt. Ihre Tante Regina Imhoff war die Ehefrau des Georg Fugger. Über die Jugendjahre der beiden Mädchen Ursula und Barbara ist nichts bekannt. Es darf jedoch angenommen werden, daß sie einige Jahre in Schwaz bei der Familie Hörmann lebten, die sieben Söhne hatte.

Verlöbnis und Verehelichung

Die Ehe der Ursula Fugger mit Joachim Graf zu Ortenburg wurde beschlossen mit einem Heiratsbrief vom 16. 2. 1548 durch die »wohlgeborenen Herrn, Herr Christof Graf zu Ortenburg und Herr Moritz Graf zu Ortenburg einerseits und Antoni Fugger, Herr zu Kirchberg und Weißenhorn mit Bewilligung seiner Vettern Hans Jakob, Georg und Christof andererseits für Herrn Graf zu Ortenburg und Fräulein Ursula des †Herrn Raymund Fuggers jüngster Tochter«. Die Urkunde lautet weiter: »Joachim ist z.Zt. in Italien. Herr Christof Graf zu Ortenburg läßt ihn auf Pfingsten heraufkommen und wird sich mit ihm dann an eine gelegene Malstatt, da Fräulein Ursula sein wird, verfügen, allda beide Junge einander sehen, und so ist ein Gefallen und guten Willen zu einander haben würden, den Handstreich in Gegenwärtigkeit der Eltern beschehen, und von dem Tag des Beischlafs ferner geredet und gehandelt werden«. Aus diesen Zeilen wird offenkundig, daß sich die jungen Leute nur dann zu Ehepartnern nehmen sollten, wenn sie aneinander Gefallen finden würden. In keiner der anderen erhaltenen Heiratsabreden des 16. Jahrhunderts erscheint dieser Passus. Hier zeigt sich, daß allmählich Ehen individueller geschlossen werden. Töchter werden nicht mehr wie Objekte vergeben. Bisher war der häufigste Typus einer ehelichen Verbindung, daß Töchter von ihren Vätern oder Vormündern einem Bräutigam »gegeben« wurden. Mit der Heirat wechselte eine Frau von der einen in die andere Familieneinheit über. Die ausdrückliche Konsenserklärung einer Braut tritt jetzt immer mehr neben das Ehegelöbnis eines Bräutigams, die Macht von Vätern oder Vormündern den Töchtern oder Mündeln gegenüber beginnt abzunehmen.

Die Verlobung fand am 23. August 1548 in Schmiechen, die Trauung am 19. Mai 1549 zu Mickhausen statt. »Als die freylein Ursula Fugger 19 jahr ihres alters erlanget«, wurde sie die Gemahlin des ebenfalls 19jährigen Grafen Joachim, eines der wohl »gebildetsten Dynasten seiner Zeit« und »dominantesten aller regierenden Ortenburger Grafen«.

Joachim Graf zu Ortenburg hat in seinem Tagebuch, das im gräflichen Ortenburgschen Archiv in Tambach erhalten ist, handschriftlich vermerkt: »Anno Domini 1549 hab ich Graff Joachim mein Hochzeit gehabt zu Mickhausen mitt meiner Gemachl Frauen Ursula geporene Fuggerin, Freyn zu Khirchperg und Weissenhorn, Herrn Raymund und Frauen Chatarina geporene

Turtzin jungste Dochter. Hab 1 einigen Sone Antoni mitt ir erworben«. In einer im Hauptstaatsarchiv München befindlichen Handschrift notierte Graf Joachim: »Anno 1549 den 19. May hab ich mitt meiner ersten Gemahlin Hochtzeit gehalten«. Aus diesen Eintragungen geht hervor, daß Joachim mehrere Tagebücher geführt hat, die aber eher als nachträglich angelegte Familienaufzeichnungen zu gelten haben.

Erfreulicherweise ist von dem Ehepaar Ursula und Joachim viel Privatkorrespondenz erhalten, die die persönlichen Beziehungen der Eheleute zueinander und zu ihrem Sohn dokumentieren. Der älteste noch erhaltene Brief der jungen Verlobten Ursula an ihren zu künftigen Mann ist ein herzerfrischender, fröhlicher Liebesbrief mit folgendem Wortlaut: »*Dem wollgeporenen Herren Herren Jocham Grafen zu Orttenpurg meinem fraindlichen hertzliebn Gemachll zu aign Hannden. Wolgeborner fraindlicher hertzlieber Her, euch sey mein fraindlich wilig Dinst und was ich Liebs und Guetz vermag, das sey euch zuvor. Fraindlicher hertzliber Her, ich hab ewr Schreiben mit Freiden emphanen (!) und darin ewr Gesundheit. Desgleichen wist mich und meine Brüder mitsamt den Fraw Schwestern in zimlicher gender Gesundheit, Got hab Lob. Und ewr Khlater halb hatz kein Not, sy werden balt gemach, ich habs dem Bruder Hanns Jacob schon gefrag und sy lasen euch und ewren Herrn Fater mitsamt den Fraw Schwestern ir fraindlich Dinst und Gruß anzeigen und die alt Fraw von Lichtenstein last euch noch ihren Dinst und Grus anzigen. Desgleichen wolt ir mir ewren und meim Fater ach mein Dinst und Grus anzeigen, darmit was euch aletzeit Lieb und Dinst ist. Datem den 19. Tag Marzt 1549 Jar.*   Vrsula Fuggerin*

Die erbrechtliche Stellung der Ursula Fugger

Heiratsabreden und -verträge wurden üblicherweise vor der Eheschließung oder kurz danach erstellt und bestätigt. Bei Ursula Fugger trat zum ersten Male ein neues Erbfolgegesetz im Hause Fugger in Kraft, das sich auf das Fuggersche »Familienfideikommiß« und ein Privileg Kaiser Karls V. stützt. In dem Bestreben, die Güter bei der Familie zu halten, wurden im 16. Jahrhundert Familienfideikommisse geschaffen, »die die ehelichen, leiblichen und männlichen Nachkommen des ersten Erwerbers vom Mannesstamm berufen«. Da aber im 16. Jahrhundert gesetzliche Normen über das Recht der Familienfideikommisse kaum entwickelt wurden, galten Söhne und Töchter von Natur aus in gleicher Weise als berufene Erben. Doch die Fugger wollten als Universalerben ab 1548 nur noch ihre Söhne sehen, ähnlich wie dies auch in den Testamenten des Hans Paumgartner und seiner Ehefrau, Anton Fuggers Schwester, oder des Bartholomäus V. Welser verfügt wurde. Um erbrechtlichen Schwierigkeiten auszuweichen, ließ sich Anton Fugger »sein Privilegium zu testieren« von Kaiser V. am 9. Juni 1548 bestätigen. Zum Erbrecht der Töchter erfahren wir: »Jedes Geschlecht könne auf die Dauer nur durch die männlichen Mitglieder angesehen und vermögend bleiben, und es sei von gemeinem Nutzen, wenn die Mannspersonen eines Geschlechts zu Reichtum gefördert würden. Würden die Töchter und Weibsbilder bei Erbfällen in gleicher Weise wie die Söhne berücksichtigt, so könnte durch das Ausheiraten der Töchter und die damit verbundene Abnahme der äußeren Güter des Geschlechts dieses in Unansehen zurückfallen, da die Töchter zusätzlich auch noch mit großen Heiratsgütern auszustatten waren.«

Anton Fugger und seine männlichen Nachkommen sollen auf ewige Zeit Macht und Gewalt haben, allen Töchtern anstatt ihres Erbteils eine »zimliche ehrlich Unterhaltung, Heirathsgut oder Heimsteuer« zu geben. Die Töchter haben kein Recht, dagegen zu widersprechen, daß »Haab, und Gutheren, es sey an Lehen, eigen, fahrenden, oder liegenden Paarschaften, Pfandtschafften, Bergwerck, Hütwercken …« ausschließlich bei den Söhnen bleiben sollte, sie haben kein weiteres Forderungsrecht und auch kein Klagerecht. Die Töchter müssen mit dem Vermächtnis des Vaters, der Vormünder, Brüder oder Testamentsexekutoren zufrieden sein! Erst wenn kein männlicher, ehelicher, weltlicher Fugger mehr lebe, können Töchter zu Erben werden. »Des Reiches lieber und getreuer« Anton Fugger hatte keinerlei Schwierigkeiten, seine Erbfolgewünsche beim Kaiser durchzusetzen, da er als Fugger das Privileg in dankbarer Erinnerung dessen bekam, »was seine Voreltern dem verehrten Kaiser Maximilian I. und ihm, Kaiser Karl V. selbst, dem heiligen Reich, den erblichen Königreichen und Fürstentümern an untertänigen und willigen Diensten auf mannigfaltige Weise erwiesen« hätten: Wie sah dies nun in der Praxis aus? Ursula Fugger hatte am 22. Mai 1549, drei Tage nach der Hochzeit, folgende Erbverzichtserklärung zu unterschreiben: »Ursula Fuggerin, geborene Frein zu Kirchberg und Weissenhorn, Frau des Herrn Joachim Grafen zu Ortenburg, verzichtet für sich und ihre Erben, nachdem sie mit Rat des Herrn Anthoni, Herrn Hanns Jacob, Herrn Georg und Christoph

Clara Fugger-Widolf und Elisabeth Fugger-Gfattermann,
Ehefrauen des Hans Fugger
Aus: „Geheimes Ehrenbuch des Fuggerschen Geschlechts"
1545/47, Zeichnung von Jörg Breu d. J.
Fugger-Museum, Schloß Babenhausen

Veronika Fugger-Gassner (1498-1554)
Silberstiftzeichnung von Hans Holbein d. Ä.
Nachträgliche Beschriftung: „Vlrich fuckhern des jungen hausfr."
Kupferstichkabinett, Berlin
Foto: Anders, Berlin

Maria Fugger im Alter von 3 Jahren (1594-1635)
Künstler unbekannt
Gemälde Privatbesitz

Ursula Fugger-Lichtenstein
Beschriftung: Links oben: URSULA A LICHTENSTAIN CONIUNX GEORGY SECUNDI
FUGGERI TIROLENSIS. NUPTA IBIDEM 28 NOVEMB AO 1542 NASCITUR DM.. MORTUR.
Ende des 16. Jahrhunderts. Künstler unbekannt.
Fugger-Museum, Schloß Babenhausen

Maria Jacobäa Fugger (1562-1588), Gemahlin des Octavian Secundus Fugger
Gemälde von Abraham de Hel 1588. Das Gemälde ist falsch beschriftet.
Schloß Babenhausen

Hochzeitsbild des Ehepaares Jakob Fugger und Sybilla Artzt
von Thomas Burgkmair 1498
Privatbesitz

Wappen der Ursula Orten-
burg-Fugger,
Glasmalerei um 1550.
Gräflich Ortenburgsches
Archiv, Schloß Tambach
Foto: H. Schad

Sibylla Fugger-Eberstein

Beschriftung: Links oben: SIBILA COMITISSA AB EBERSTAIN MARCI FUGGERI CONIUNX
NUPTA PRIMO MARTY ANNO 1557 AUGUSTAE NASCIT 20 FEBRUARY AO 1527.
MORIT AUGUSTAE DM AO

Daten teilweise falsch bzw. nicht eingetragen.

Rechts oben: Das Wappen der Gräfin Eberstein.

Ende 16. Jahrhundert.

Künstler unbekannt

Fugger-Museum, Babenhausen

Ursula Ortenburg-Fugger
(1530-1570)
Kupferstich aus:
„Fuggerorum et
Fuggerarum... Imagines"
von Custos/Kilian
1592-1618
Fugger-Archiv, Dillingen

Anna Jacobäa Ortenburg-
Fugger (1547-1587)
Kupferstich aus:
„Fuggerorum et
Fuggerarum... Imagines"
von Custos/Kilian
1592-1618
Fugger-Archiv, Dillingen

Felicitas Fugger, Dominikanerin (1495–1539)
Aus: „Geheimes Ehrenbuch des Fuggerschen Geschlechts" Zeichnung von
Jörg Breu d. J. 1545/47..
Fugger-Museum, Schloß Babenhausen

Maria Eleonora von Hohenzollern-Sigmaringen (1586-1668)
Kupferstich aus: „Fuggerorum et Fuggerarum... Imagines"
von Custos/Kilian 1592-1618
Fugger-Archiv, Dillingen

LXXXV. DOMINI GEORGII FVGGERI GE-
NERATIO. III. EX ANTONIO. II.

Eorgius Fugger, Domini Marci Fuggeri, & Dominæ Sibillæ Comitissæ ab Eberstain, filius. XI Iulij Anno MDLX. ortus. Pater. XXI. liberorum, ex Domina Helena Baronissa à Madruzio susceptorum; Inter quos Ludouicus, seculo relicto, ordini S. Francisci Cappuzzinorum se addixit. Helena & Elisabetha Mediolani ad S. Martham monialem ducunt vitam, Sibilla, Domino Maximiliano Comiti à Lodron, & Margaretha Domino Francisco Careto, Marchioni de Grana, & Comiti in Milesimo, est nupta. Augusta Vindelicorum relicta Tridenti domicilium fixit, Rudolpho. II. Imp. à consilijs. eiusdemque per aliquot annos Legatus seu orator apud Remp. Venetam. Agit nunc annum. LVIII. filio vnico Nicolao inter tot superstite.

GEORGII FVGGERI ET HELENÆ A
MADRVZ LIBERI

1. CHristiana. nata XXV. Decembris Anno MDLXXXIII. obi,t. IX. Maij Anno MDXC.
2. Fortunatus. in lucem editus. XXIV. Decembris Anno MDLXXXIV. ea autem priuatus. III. Iunij Anno MDXCII.
3. Sibilla, XIV. Nouembris Anno MDLXXXV. in mundum venit.
4. Marcus. XVIII. Ianuarij Anno MDLXXXVII. natus. mortuus. XII. Maij Anno MDXC.
5. Ludouicus. XXX. Ianuarij Anno MDLXXXVIII. luci datus.
6. Georgius. vltima Maij Anno MDXC. mundum vix ingressus, cum post baptismum reliquit.
7. Margaretha. III. Februarij Anno MDXCII. nata.
8. Bernardinus II. Maij Anno MDXCIII. natus. obijt.
9. Casparus. XI. Martij Anno MDXCIV. natus. E viuis excessit.
10. Helena. XXIV. Ianuarij Anno MDXCV. vsuram lucis accepit.
11. Nicolaus. XXIV. Februarij Anno MDXCV. natus.
12. Clara. XX. Augusti Anno MDXCVII. nata, decessit.
13. Elisabetha. XX. Iulij Anno MDXCVIII. in mundum venit.
14. Marcus secundus. XXIV. Octobris Anno MDXCIX. natus. vitam cum morte commutauit.
15. Maximilianus. XXV. Iunij Anno MDCII. cum sorore Cecilia natus. obijt.
16. Cecilia. XXV. Iunij Anno MDCII. cum Maximiliano fratre nata. Decessit.
17. Veronica. XXI. Iunij Anno MDCIII. nata, anno insequenti mortua.
18. Anna Maria. III. Iulij Anno MDCIV. luci donata.
19. Hieronymus. XVIII. Iulij Anno MDGV. natus. obijt.
20. Catharina. XVIII. Octobris Anno MDCVII. nata.
21. Vrsula Cecilia. XVI. Februarij Anno MDCX. in lucem edita, eadem priuatur.

Helena Fugger-Madruzzo
Künstler unbekannt, Anf. 17. Jahrhundert
Gemäldegalerie Schloß Kirchheim

Sibylla Lodron-Fugger (1585-1663)
Terziarschwester mit dem Namen Anna Maria di Gesù im Klarissenkloster
S. Carlo, Rovereto.
Fugger-Museum, Babenhausen

Geschlechtertanzbild von 1500
„ Nach Christy Gepurt 1500 Jar was dise Klaidung zu Augspurg das ist war".
In der Mitte der ersten Reihe: „Jacob Fuggerin" (= Sybilla Fugger-Artzt)
Maximilian-Museum, Augsburg

Canisius-Altar, Dom zu Augsburg
Zu Füßen des Canisius befindet sich rechts Ursula Fugger-Lichtenstein und links ihr Gemahl Georg Fugger.
Foto: JKM/Bertel, München

Sybille Fugger mit ihrem ersten Gemahl Wilhelm von Kuenring und ihrem zweiten Gemahl Wilhelm III. von Puchheim.
Aus: „Geheimes Ehrenbuch des Fuggerschen Geschlechts" 1545/47, Zeichnung von Jörg Breu d. J.
Fugger-Museum, Schloß Babenhausen.

Fugger, ihres Vetters und ihrer Brüder mit Herrn Joachim Graf zu Ortenburg vermählt worden ist und als Heimsteuer 30 000 rheinische Gulden und eine entsprechende Ausstattung erhalten hat für ihr väterliches, mütterliches, ahnfrauliches und künftiges weltliches brüderliches Erbe, entsprechend den Erbordnungen und Verträgen der †Herrn Ulrich, Georg und Jacob der Fugger, Gebrüder, und nachmals der Herrn Jacob Fugger, Vlrich Fugger d. J., auch Herrn Raymund und dessen Bruder Herrn Anthoni Fugger und ihres Vettern Herrn Jheronimee Fugger auf jeden weiteren Anspruch an den männlichen Stamm der Fugger, ausgenommen die Erbfälle nach ihren Schwestern und anderen Freunden.« Graf Joachim gab dazu seine Zustimmung. Die Art der Bestimmungen entspricht eher der einer adeligen Familie als einer Kaufmannsfamilie. Die Töchter des hohen Adels leisteten bei ihrer Verheiratung zum Vorteil des Mannesstammes einen Erbverzicht. So hat dies, für die Töchter aus dem Hause Hohenlohe, Barbara Susanne Schöner bestätigt. Im Hause Hohenlohe war es von jeher üblich, immer auf die väterliche und brüderliche Erbschaft zu verzichten, sehr oft auch auf die mütterliche. Nur gab es dafür längst keine so unerbittliche Regelung wie bei der Fuggerschen Familie. Im Hause Hohenlohe wurde immer nach der konkreten Lage der Familie entschieden.

Das Heiratsgut der Ursula Fugger betrug 30 000 Gulden, die gleiche Summe bekamen auch ihre Schwestern ausbezahlt. Nun wieder der Vergleich zum Hause Hohenlohe: Hier war für die Töchter das Heiratsgut auf 5000 Gulden beschränkt, um das Stammgut des Hauses nicht zu sehr zu dezimieren. Die Töchter des Ulrich Fugger, die Tanten der Ursula, bekamen immerhin auch schon 10 000 Gulden Heiratsgut. Ein anderer Vergleich: Dürers Frau Agnes brachte 200 Gulden Heiratsgut in die Ehe ein. Der bayerische Herzog Wilhelm V. hätte 100 000 Kronen mehr Heiratsgut erhalten, wenn er Dorothea von Lothringen und nicht deren um ein Jahr jüngere Schwester Renata zur Gemahlin genommen hätte.

Ein Heiratsgut in der Höhe, wie es Ursula Fugger nach Ortenburg einbrachte, stellte eine erhebliche Vermehrung des Vermögens ihres Mannes dar. Der Ehemann hatte seinerseits eine Leistung zugunsten der Frau auszubilden, die sogenannte Widerlegung. Das war ein Geldbetrag in der Höhe bis zu dem Betrag des Heiratsgutes, in diesem unserem Falle in Höhe von 10 000 Gulden. Das Kapital der Widerlegung kam aber nie zur Ausbezahlung. Es blieb beim Vermögen des Ehemannes und galt als Rechtstitel dafür, daß seine Gemahlin Zinsen zu fordern berechtigt war. Die Zinsen wurden aber erst nach dem Tod des Mannes an die Witwe ausbezahlt.

Die Morgengabe, wie sie konventionell in den Adelsheiratsverträgen erscheint, fehlt auch in den Heiratsabreden der Fuggerischen Töchter nicht. Waren es im Hause Hohenlohe etwa 1000 Gulden, so erhielt Ursula Fugger von ihrem Mann immerhin 3000 Gulden Morgengabe. Das Kapital blieb im Besitz des Mannes, die Ehefrau bekam die Morgengabeverschreibung und die Zinsen. Das Wittum, die Versorgung der Frau im Witwenstand, ist im Heiratsvertrag genau ausgewiesen. Obgleich in diesem Vertrag alles geregelt zu sein schien, ging die Bezahlung des Heiratsgutes an Ursula und Joachim von Ortenburg durch die Brüder der Braut nur sehr schleppend und in Teilbeträgen vor sich. Nach der noch erhaltenen Korrespondenz gewinnt man den Eindruck, daß die Augsburger Verwandten, ohne die von Joachim Graf von Ortenburg im Jahre 1567, also 18 Jahre nach der Eheschließung, angestrengte Klage beim Rat der Stadt Augsburg, ihm einen Teil des Heiratsgutes seiner Gemahlin vorenthalten hätten. Gründe dafür waren einerseits in der Konversion der Ortenburger Verwandten zu sehen, andererseits in der äußerst angespannten Finanzlage der Brüder in Augsburg. Doch das Ortenburger Ehepaar war auf die Auszahlung des Heiratsgutes dringend angewiesen, denn durch den Verlust seiner in Bayern liegenden Güter und durch die wirtschaftlichen Maßnahmen des Herzogs gegen die Reichsgrafschaft gerieten sie in eine immer bedrohlichere Notlage. Graf Joachim von Ortenburg, der seine Ehefrau Ursula um 30 Jahre überlebte, war aus finanziellen Gründen gezwungen, Statthalter und Viztum der kurfürstlichen Pfalz in Amberg zu werden. Sein letztes Lebensjahrzehnt verbrachte er in ärmlichen Verhältnissen in Nürnberg.

Mutter und Pflegemutter
Der Sohn Anton Graf zu Ortenburg

Anton, das einzige Kind, das der Ehe der Ursula Fugger mit Joachim zu Ortenburg entsproß, wurde am 5. September 1550 in Augsburg geboren. Das freudige Ereignis wurde, wie schon die Hochzeit, in zwei verschiedenen Schreibkalendern vermerkt: »Anno 1550 zu Augspurg ein Virtlstundt vor 10 Uhr in der Nacht ad elevationem poli 48 Gradt im Zeichen des Khrebs ist geporn

Graff Anthoni mein Joachimens Gravens zu Ortenburg etc. und Frauen Ursula geporner Fuggerin Freyin zu Khirchperg und Weysenhorn, meiner Gemahl erster und einiger Sone. Ins Sultzer Haus geporn uff den Reichstag.«

Der zweite Eintrag, der kürzer ist, endet mit »Gott geb Gnad, das er wol ghrat, amen«. Wie aus den Eintragungen hervorgeht, weilte Joachim aus Anlaß des Reichstages in Augsburg, und seine schwangere Frau hatte ihn begleitet. Möglicherweise wünschte sie aber auch, ihr erstes Kind in Augsburg zur Welt zu bringen, in der Nähe ihrer Geschwister: ihre Eltern lebten ja längst nicht mehr. Als Geburtsort wurde das Sultzer-Haus angegeben, also der Teil des Fuggerhauses, den Jakob Fugger der Reiche von seiner Schwiegermutter einer geborenen Sultzer erworben hatte.

Bis zu seinem fünften Lebensjahr war Anton bei seinen Eltern in Ortenburg, wurde aber dann bereits auf die nahegelegene Universität in Ingolstadt zur Ausbildung geschickt. Dort sollte der gerade erst »5 Jahr 7 Wochen minus ains Tag« alte Knabe mit Maximilian, dem gleichaltrigen Vetter aus Augsburg, seine schulische Laufbahn beginnen. Es gehörte wohl zur Tradition für die Grafen von Ortenburg, in Ingolstadt zu studieren, denn außer Joachim waren auch dessen Vettern Karl und Alexander dort immatrikuliert. Doch seit Joachim in Ingolstadt Student war, hatte sich immer mehr herauskristallisiert, daß dies die Universitätsstadt war, die sich am hartnäckigsten gegen die Reformation sträubte, und seitdem der kompromißlose Jesuitenpater Petrus Canisius dort lehrte, wurde jeder protestantische Einfluß im Keim erstickt. Für die Kinder der katholischen Fugger war diese Wahl selbstverständlich.

Anton wurde in den ersten Schuljahren zusammen mit dem schon erwähnten Maximilian und dessen Brüdern Victor August und Severin unterrichtet. Einer der Erzieher, Johannes Aurbach, versicherte dem Grafen Joachim, »seinen Sohn gleicher Zucht und Disziplin wie die Fugger zu halten«. Allerdings ergaben sich bei dieser »Coeducation« Schwierigkeiten, was die religiöse Erziehung der Knaben betraf. Die Söhne des Hans Jakob Fugger sollten auf Anweisung aus Augsburg in der Religion erzogen werden, »... in welcher ... nicht begriffen, das wider der christlichen Khirchen rechter Ordnung, und waren Glauben zesein mecht geurtailt werden ...«. Aus Ortenburg gingen Briefe nach Ingolstadt mit der Anweisung, den jungen Ortenburger in der evangelischen Lehre zu unterrichten, worauf aber der Hauswirt des jungen Grafen, Hans Kraft, in einem Schreiben nach Orten-

burg darauf hinwies, daß er sich nicht in der Lage sähe, dies zu tun, ohne seinen »Auftraggeber« Hans Jakob Fugger in Augsburg zu verärgern. Anton selbst gab an seine Eltern das Versprechen: »... der pfeffisthen und päpstisthen Glauben will ich mich gar nit annehmen, sondern in sollchem und anderm euers vatterlichen Anweisen und Unterricht geleben und nachkomen ...«. Ende des Jahres 1558 setzen Nachrichten über die Einzelheiten der Erziehung und Ausbildung des jungen Grafen Anton ein, die hier aber nur kurz zusammengefaßt werden sollen, denn der Bildungsweg unterscheidet sich kaum von dem anderer junger Adeliger, die eine sogenannte »Kavalierstour« zu absolvieren hatten. Diese hatte das Ziel, vor allem eine Kenntnis der Kultur und Lebensart des jeweiligen Landes zu erwerben, das für ein Auslandsstudium erwählt wurde. Von den vierzehn Jahren, die der Ausbildung Antons gewidmet waren, sind fast fünf Jahre im Ausland nachweisbar, nämlich in Bourges, Straßburg, Paris, Padua und Rom. Somit beherrschte Anton neben Latein und Griechisch auch noch Französisch und Italienisch, Sprachen, die eine wichtige Rolle im höfischen Leben spielten. Die Eltern in Ortenburg legten aber auch größten Wert darauf, daß ihr Sohn ein fundiertes theologisches Wissen vermittelt bekam und sich in Mathematik und vor allem auf juristischem Gebiet bestens ausbilden ließ. Dem humanistischen Ideal entsprechend sollten nicht nur die geistigen Kräfte ausgebildet werden. Von einem Adeligen wurde auch körperliche Ertüchtigung verlangt, also Fechten, Laufen, Springen, Ringen und Ballspielen, außerdem Reiten, Tanzen und Musizieren. Fechten und Lautespielen gefielen dem jungen Ortenburger wohl besonders, denn er versprach den Eltern: »... will auch ... in allen meinem Thun, Studieren, Fechten, und Lauttenschlagen und was einen ehrlichen Grafen zethun gespürt und wol ansteth der massen halten und ertzaigen, das es euch und meiner geliebten Frau Muetter auch einem gantzen Geschlecht zu höchsten Freuden und Wolgefallen raichen solle«.
Am 2. Februar 1559 wurde auf Wunsch des Vaters ein Vertrag mit einem deutschen Studenten, Sebastian Röttinger, als Präzeptor (Erzieher) für die Dauer von acht Jahren abgeschlossen. Röttinger, der sein »Magisterium der Artes« in Wittenberg erworben hatte, wurde unter finanzieller Beteiligung des Raymund Fugger, also eines Bruders der Ursula Ortenburg-Fugger, angestellt. Von den Brüdern der Ursula Fugger in Augsburg nahm sich aber wohl Ulrich Fugger am meisten der Ausbildung seines Neffen an. Er schrieb im September 1560 nach Ortenburg an

seine Schwester und seinen Schwager: »dan weil ich sich, das
der Antonius so guet ingenium (Begabung) hat, so ist es billich,
das man dazue helf, das auch ein dapfer man aus im wer«. Die
Korrespondenz mit dem Sohn Anton ging zum größten Teil
über Augsburg, es sei denn, Joachim Graf von Ortenburg sandte
eigene Boten nach Ingolstadt. 1560 wurde ein Studienortwechsel
geplant. Es wurden Basel und Wittenberg erwogen, wobei für
Wittenberg die Tatsache sprach, daß dort die Söhne der vornehmen Geschlechter Sachsens studierten, und vor allem Melan-
chthon dort lehrte. Doch nach einem kurzen Aufenthalt in
Augsburg bei Raymund, dem unverheiratet gebliebenen Bruder
der Ursula, von dem Anton Buchgeschenke erhielt, fanden sich
Anton und sein Präzeptor Röttinger wieder in Ingolstadt ein.
1561 war Anton, inzwischen elf Jahre alt, wieder einmal für
kurze Zeit in Mattighofen nachweisbar. Eine Studienreise führte
den elfjährigen Knaben nach Bourges, wo auch sein Onkel Ulrich Fugger studiert hatte. Der »bayerische Weg« ging über Mattighofen nach Altötting, wo die Wallfahrtskirche und die Schatzkammer besucht wurden, weiter über München und Landsberg
nach Mindelheim. Dort wohnte Anton für einige Tage im Hause
des Georg Frundsberg, eines Verwandten, während Röttinger
für kurze Zeit zu Ulrich Fugger nach Augsburg reiste. Weiter
wählten sie den »Schwäbischen Weg«, den »Helvetischen Weg«
zum »Savoyischen Weg«. In Genf trafen Anton und Röttinger
zweimal mit Johannes Calvin zusammen. Über Lyon führte die
Reise weiter nach Bourges, wo sich nach Aussage des Präzeptors
300 deutsche Studenten aufhielten. In vielen Briefen nach Hause
wurden neben den Schilderungen des schulischen Werdegangs
und des leiblichen Befindens des jungen Grafen die Ereignisse
der religiösen Auseinandersetzungen in Frankreich geschildert.
Nach den »Ereignissen des März 1562« dürften Ursula und Joachim Bedenken gekommen sein, ob ihr Sohn in Bourges bleiben
sollte. Im Mai 1562 bat Anton seine Eltern, heimkommen zu dürfen. Auch Ulrich Fugger aus Augsburg äußerte den Wunsch,
Anton aus Frankreich zurückholen zu lassen. Am 23. Mai war es
dann soweit: Anton und Röttinger verließen Bourges fluchtartig
unter Zurücklassung des gesamten Hausrates und nahmen aus
Angst vor Überfällen den Weg durch Burgund. Die Ankunft in
Mattighofen vermerkte Joachim in seinem Tagebuchkalender:
»Den 24. May anno 1562 ist mein Anthoni ... khumen sambt 4
Truchsessen von Walpurg, da sindt sie in einer grossen Auffrur
gewest, das man sie alle erwürgen wollen ...«

Aus der Studienzeit in Bourges sind im Gräflichen Ortenburg-schen Archiv zwei Briefe des Sohnes an die »Wolgeboren herz liebe fraw Mutter« erhalten. »... uer 2 schreiben habe ich nach grossem verlangen in 5 tag nach einander empfangen, da wir bis ... in vierten Monath nie nicht gehörth noch empfangen haben«. Anton empfielt sich und seinen Präzeptor seiner Mutter und bittet Gott darum, daß er die Mutter »frisch und gesundt erhalten ... und freundliche nach seinem willen (ihn) widerumb lassen zurück kummen«. Der Brief ist an seinem elften Geburtstag verfaßt, und Anton wünschte sich: »gott geb mir ein gnädig selig Jar amen 1561. Euer einiger gehorsamer lieber son Antoni ...« Zu Weihnachten 1561 kamen wieder Nachrichten aus Bourges. »Die seligmachende Geburth unsers Herrn Jesu Christi« war der Anlaß des Schreibens, und der Sohn wünscht »von grund des herzens ein glickseliges fröliches Jar«. Er möchte der Mutter auch ein Geschenk übersenden, das er in Paris besorgen will. Der Briefschluß gleicht dem des vorigen. Er hofft, bald nach Hause kommen zu dürfen.

Der nächste Studienort war Straßburg, eine Universität mit einer Schulordnung, »die typisch war für das Ideal des protestantischgelehrten Unterrichts«. Lehrer wie Jakob Sturm, Martin Bucer, Johannes Sturm, Paracelsus und Calvin bürgten dafür. In Straßburg sollte »eine Centraluniversität für die ganze protestantische Welt, in der Mitte zwischen Deutschland und Frankreich, zwischen Süden und Norden, und so innerlich zwischen der lutherischen und der schweizerischen Reformation« sein. Doch trotz aller wissenschaftlicher und gesellschaftlicher Kontakte bezeichnete Anton Straßburg als Ort seines Exils. 1563 verließ er es wieder. Nun ging der Weg zurück nach Ortenburg über Stuttgart, wo bei Herzog Christoph vorgesprochen wurde, mit dem Joachim in Briefwechsel stand bezüglich »die Sachen in Bayern der Religion halben«. Über Tübingen und Mindelheim kam Anton am 17. April 1563 wieder »ex Gallia und Strasburg alher gen Matigkhoven sambt dem rettinger und Welsperper ... auch frantzosischen Knebl«.

Der 13jährige Knabe kam nun endlich wieder für längere Zeit nach Hause, allerdings in einer Zeit, in der sich der Konflikt des Vaters mit dem bayerischen Herzog immer mehr zuspitzte. Ende November war Anton in Ortenburg, Anfang Dezember mit Röttinger in Mattighofen. Dann scheint Röttinger mit Joachim verreist zu sein, und Anton blieb bei seiner Mutter in Mattighofen. Joachim bat seine Frau, während der Abwesenheit des

Präzeptors sich ganz besonders um den Buben zu kümmern. Ursula versicherte ihrem Mann: »Ir mugt den Rettinger wol behalten, als lang ir wolt. Ih wil wol derweil auf den Antoni sehen. Gelleihwol ist er mir jetzt zu gelert, das ihs nit verstehen kann, was er stuttiert. Dan ich nit so fil lattein verstee. Er sagt, er lernen wadlich.« Für die Bildungsgeschichte der Mädchen aus dem Hause Fugger ist diese Aussage der Ursula Ortenburg-Fugger, daß sie nicht »soviel Latein verstehe«, hochinteressant. Sie dokumentiert, daß die Töchter im Hause Fugger, wenigstens solange wie ihre Brüder von Hauslehrern in Augsburg unterrichtet wurden, ebenfalls Gelegenheit hatten, am Unterricht teilzunehmen. Es finden sich in den Quellen zur Fuggergeschichte keinerlei Hinweise auf eine Anstellung oder Bezahlung von Lehrern für die Töchter. Um so wertvoller ist die obige Aussage der Gräfin.

1564, im Jahr der Besetzung des Schlosses zu Ortenburg, reiste Anton mit Röttinger zu verschiedenen Verwandten, traf sich zwischendurch aber auch wieder mit seiner Mutter, worüber er seinem in Wien weilenden Vater berichtet, nicht ohne Tränen: »Wie traurig es ist, ohne die großzügige Mutter zu sein.«

Da die finanzielle Lage in Ortenburg immer schwieriger wurde, weil die Einkünfte aus den bayerischen Lehen fehlten, schickten Ursula und Joachim ihren Sohn nach Augsburg zu den Verwandten, und auch das im Oktober in Tübingen wiederaufgenommene Studium dürfte von Ulrich Fugger finanziert worden sein. Tübingen wurde sicherlich deshalb gewählt, weil dem Ortenburger der württembergische Herzog Christoph nahestehend und die Universität die einzige protestantische Süddeutschlands war. Während an den Vater Briefe gesandt wurden, in welchen die wissenschaftlichen Fortschritte dargestellt werden, wurde die Mutter »gantz gehorsamlich« gebeten: »ihr wöllet unß die Hemeter (Hemden) und andere Leingewand bald schicken, dieweil mirs gar nottürpftig sein«!

Nach Tübingen waren die nächsten Studienaufenthaltsorte Paris, Padua, Rom und schließlich Siena. In der erhaltenen Korrespondenz tritt immer wieder zu Tage, daß die Kosten für die umfassende Ausbildung des Sohnes Anton für die Eltern in Ortenburg schwer aufzubringen waren. Es wiederholen sich in den Briefen an den Sohn die Ermahnungen, mit Fleiß die Studien fortzusetzen und möglichst wenig Geld zu verbrauchen. Hier soll ein Brief der Mutter Ursula an ihren Sohn vom 15. Juli 1566 als Beispiel dienen:

Mitterlich Lieb und Treu sey dir zuvor lieber Anttnoy
ich hab den Schreiben das Dattum
den 20 Tag May den 12 dis woll empfanngen gedenckh die
Brief sayen auf der Chrebs-
bost gewest so her ich geren du gesundt bist du du
wattlich stuttirst nich chnuch
aber du und den Brezebtter die schreibens sunst und
sey dar nach nir fil dar hindert
wie es dan alle Mall der Brauch ist das einer dem anderen
hin ubert hilft
bring das in also sey dan du wurttest sunst chein Mutter
an mir haben sunder
en lebettigen Deufel das hettst dich gewis dan es
woll so fil auf dich gett es
schreib selttan ain Brif es stett darin man soll Gellt
hinein schicken du gestest das
Jar woll 1000 fl. wan ich 3 Dochtter hett sollt mir
ein Jar nit so fil auf si gen
als du in eim Jar verthust es migt woll gesperig sein
dan der Her Vatter in disem
Wessen auch Schultten hatt gemacht wan man dir alle Jar
so fil geben mus wan wertten
die Schultten zallt der der leb scheittlich gehaus hatt
darem so mus es woll ein
wenig gesperig sein es hatt ens der Hartig die Gutter
woll wider geben aber
mitt schlechttem Nutz nach denen dannckhen mir Gott das
mir noch haben darem bis
frum und Gottes forchttig und halt dich woll es lasen
dich auch die 2 Greffin mit
samht dem Frauenzimer dich und dein Bretzetter mitt
samht dem Wellsperger
grisen dar mitt die Genatt Gottes mitt uns allen
Dattum den 15 Tag Julius 1566 Jar.

Meinem freundlichen lieben Sun   *d(eine) t(reue) m(utter)*
Anttony Graff zu Orttenburg   *Urschela Greffinn zu*
zu Handen   *Orttenburg etc.*

104

Dem 18jährigen, damals in Siena weilenden und wohl zu sehr dem standesgemäßen Leben zuneigenden Sohn kann Ursula Fugger nicht umhin zu schreiben: »... wo du und den Bretzebter hin hett doch das in aim jar büs in 2000 Gulden anwurrt. Ich gelaub, es vermannt, man schitt das Gelt ab den Bemen wie die Apfel ...«! Schon 1566 hatte sie ihrem Sohn mitgeteilt, daß sein Vater Schulden machen müsse, um die Ausbildungskosten aufbringen zu können. Es ist anzunehmen, daß Ursulas Bruder Raymund immer wieder half.

Auch um die Gesundheit ihres Sohnes machte sich die Mutter Gedanken. Die für den Studentenhaushalt engagierte Köchin, die zeitweise einen italienischen Hilfskoch beschäftigte, galt als nicht besonders gut. Da 1561 in Verona Leonhart, ein Vetter des jungen Grafen, angeblich an Magengeschwüren gestorben war, wurde der Ernährung Antons von seiten seiner Eltern große Aufmerksamkeit gewidmet. Die guten Ratschläge der Mutter lauteten unter anderem: »Ich her, wie du geren Austen und sonsten hallas Ässen äsest, das du in nitt zu fill dust, dan die deutschen Magen habens nitt gewonntt ... so hab selbs Achtung auf dich selbs ... dan das wellsch Lantt ist der Deutschen Grab ... darmitt Dir nitt gescheh wie dem Graff Lehent.«

Anton gelang es immer wieder, Geld für Reisen durch alle interessanten Städte Italiens aus den Eltern herauszupressen, bis die Mutter ihm im Januar 1569 auf eine erneute Forderung antwortete: »Ich gib chein Geld nitt her.« Im Februar 1569 erfüllte sie den Wunsch des Sohnes mit dem Hinweis: »so will ich dir ein Gellt schickhen wie du begerst, aber sunst chan ich dir cheins schickhen, dan ich selbs cheins hab ... so hab ich chein Schlisell mehr zum Gellt wie vor Zeitten.«

Anton verheiratete sich am 17. Juni 1571 mit der 15jährigen Dorothea Gräfin von Hanau-Münzenberg, einer Nichte des Kurfürsten Friedrich III. von der Pfalz. Nach schwierigen Verhandlungen wurde Anton die Stelle eines Pflegers des Amtes Heidenheim zugewiesen. Doch zum Antritt dieser Stelle kam es nicht mehr. Auf dem Weg nach Heidenheim soll er ermordet worden sein; weniger spektakulär: »Am 23. Mai 1573 hatte ihn auf der Fahrt auf der Donau der Schlag getroffen.« Dies klingt nicht sehr glaubhaft bei einem noch nicht 23jährigen jungen Mann. Völlig gebrochen teilte Graf Joachim den Tod seines Sohnes den Augsburger Verwandten mit. Antons posthum geborener Sohn Friedrich starb kurz nach der Geburt. Mutter Ursula hat das kurze Eheglück und den Tod ihres Sohnes nicht mehr erlebt. Sie verstarb am 7. September 1570. Anton weilte damals in Speyer, wo ihn die Nachricht vom Tod seiner Mutter erst acht Tage später erreichte. Er notierte dazu in seinem Tagebuch: »Den 15 diß (September) umb zehen Uhr vor Mittag die Postschafft auf der Post kommen von Absterben und Abschaidung auß diesem Jammertal der Wolgebornen Frauen Ursula, Grävin zu Ortenburg, meiner herztliebten Fraue Muetter, welchen den 7ten diss umb 2 Uhr nach Mitternach in Gott verschieden ist zu Ortenburg.« In einem der drei im Tambacher Archiv noch erhaltenen Kondolenzschreiben an Joachim Graf zu Ortenburg wird auf eine langwierige und schwere Krankheit hingewiesen. Wie aus den folgenden Ausführungen hervorgehen wird, dürfte die Gräfin auch eine längere Krankheit nicht in ihren Aktivitäten für ihre Familie und ihre Grafschaft eingeschränkt haben.

In der Ortenburger Marktkirche ist ein aufwendiges Grabmonument zu sehen, das sich Joachim von Ortenburg noch zu Lebzeiten errichten ließ. Die dazu gehörige ausführliche Grabinschrift findet sich an der nördlichen Chorwand, eine Schwarzmarmortafel, umrahmt von Voluten und Engeln mit den Wappen der Häuser Ortenburg, Fugger und Limburg. Die Inschrift lautet: »… Die erste Gemahlin war Ursula Fugger, welche einen einzigen Sohn anno 1550 gebar …« Ursula selbst wurde in der Grablege in der Sixtus- oder Ortenburger-Kapelle am Passauer Dom bestattet. Das Grabmal ihres einzigen Kindes befindet sich in der Ortenburger Marktkirche.

Im ehemaligen Schloß Mattighofen gibt es heute noch ein Zeichen der Erinnerung an Ursula Ortenburg-Fugger: In der südlichen Seitenwand der Toreinfahrt ist ein Teil des früheren Renaissance-Tores eingemauert. Im Giebel befindet sich das Doppelwappen Ortenburg-Fugger; die Umschrift lautet: »Joachim Grave zu Ortenburg … Ursula Grävin zu Ortenburg geporene Frein zu Khirchperg und Weissenhorn sein Gemachel MDLI (1551).« Im Arkadenhof des Ortenburger Schlosses ist unübersehbar das Wappen des Hauses Fugger angebracht.

Die Pflegetöchter

Neben dem einzigen Sohn Anton, der nach seinem fünften Lebensjahr nur ganz selten bei den Eltern in Ortenburg weilte, scheint es doch noch Kinder im Hause der Ursula Ortenburg-Fugger gegeben zu haben, nämlich Nichten als »pflegdöchter«.

In dem vorausgegangen vollständig wiedergegebenen Brief der Mutter an ihren Sohn sandte sie diesem Grüße von den »beiden Gräfinnen«. In einem Schreiben des einstigen Predigers in Ortenburg Johann Friedrich Coelestinus an den Augsburger Arzt Dr. Gasser wurde erwähnt, daß sich »junge Gräfinnen« in Ortenburg aufhielten. Ein weiterer Hinweis ist eine ausführliche Abhandlung über eine etwaige Verehelichung der »Pflegdochter« in einem Schreiben Ludwigs XVI. von Oettingen-Oettingen vom 10. Juli 1563. Auch Pankraz von Freiberg erwähnt die ortenburgischen »pflegdöchter«. Doch wer waren diese? Erst der Fund eines Briefes von Anton an seine Mutter vom 1. August 1565 bringt Klarheit. Anton ließ in seiner Post den »freulen und den Jungfrawen« Grüße bestellen mit dem Versprechen, ihnen bald selbst zu schreiben. Dabei erwähnt er die Namen: Veronika (1545–1605) und Anna Maria (1547–1607). Dies waren die beiden jüngsten Töchter der Maximiliana, geborene Gräfin zu Haag, und des Grafen Karl zu Ortenburg. Die Gräfin war 1559 verstorben, und die Mädchen kamen in die Obhut der Ursula, die ein solches Los wohl kannte: sie selbst hatte als Vierjährige ihre Eltern verloren. Es gibt aber auch Hinweise darauf, daß Katharina (1562–1635), die Tochter der Euphemia, geborenen Gräfin zu Spaur, und des Grafen Johann zu Ortenburg, mit zum ortenburgischen Haushalt zählte, nachdem Joachim nach dem Tod des Vaters des Mädchens und seiner eigenen Frau zum Vormund von Katharina wurde. Als sie 1579 auf Betreiben des Bischofs von Gurk, des Bruders ihrer Mutter, von der Gemahlin Herzog Albrechts V. nach München eingeladen wurde, die ihr eine Stelle in ihrem Hofstaat anbieten wollte, wies Joachim dieses Ansinnen entschieden zurück; dahinter stecke doch nur die Absicht, die Gräfin »dem Evangelium zu entziehen«. Gräfin Euphemia sollte mit dem Grafen Carl, dem einzigen Sohn des Grafen und späteren Reichsfürsten Peter Ernst von Mansfeld und Friedborn und der geborenen Feiin Margarethe von Brederode, verheiratet werden. Die Verbindung kam aber nicht zustande, einmal weil »das Freulein noch Jung«, zum anderen weil die Hochzeit für das Jahr 1563 (Einführung der Reformation in Ortenburg) festgelegt war. Weder Gräfin Euphemia noch Graf Carl heirateten.

Ursula Ortenburg-Fugger in der Zeit
der Baierischen Adelsverschwörung
und der Einführung der Reformation in Ortenburg

Aus den für diese Arbeit zur Verfügung stehenden Quellen läßt sich das Bild einer starken gläubigen Persönlichkeit aufzeigen. Ursula Fugger stand ihrem Mann und ihren Glaubensschwestern und -brüdern mit Rat und Tat stets hilfreich zur Seite. Aus dem Briefwechsel zwischen Ursula und Joachim spürt man sehr deutlich eine große Zuneigung zueinander. Die Liebe zu ihrem Mann, ihrem »wollgeborenen herz lieben Her«, ihrem Sohn, den Pflegekindern und den Untertanen in der Grafschaft, ist tief in ihrem Glauben verankert. Der Brief, der das schönste Dokument für ihre tiefreligiöse Gesinnung ist, soll nachfolgend besprochen werden.

Am 26. Oktober 1563 erhielten Joachim und sein Vetter Ulrich bereits eine Vorladung, beim Herzog in München zu erscheinen. Als das Schreiben in Ortenburg eintraf, befand sich Joachim in Mattighofen. Voller Besorgnis über diese Ladung empfahl Ursula ihrem Mann: »*Und wann Ich an ewr stat wär, so wollt ih ihm gellimpflich shreiben und wolt zusagen, ih wollt ersheinen, aber auf diese Zeit war es euch nit miglich, darmit ihrs ain vierzehn tag noh auffziehen kinden, bis Im der Zoren ein wenig vergen ... An seiner Stelle würde sie in München an der Tafel nichts essen, sondern »Wasser drinken ... main aigen wasser mit mir fieren und mein dringeshir, das ih daselb nir drenk, ausgenumen es hett einer vor daraus drunken, dem ich nachdränk.*« Sie fürchtete, daß man ihren Mann am herzoglichen Hofe vergiften könnte.

Der nun folgende Teil des Briefes besteht fast ausschließlich aus oft wörtlich zitierten Bibelstellen und Anklängen an evangelische Kirchenlieder: »*So wust ir auh besser als ich, das Gottes wort bekennt will sein und das man Gott mer firhten sol als dem menshen. Gelleihwol mir warlich alle shwach sant, aber, wan mir Gott mit ernst anriffen, so hilft er uns wider alle unsere feint. Dan es nit gligt an der menig des folks, die die dirannen haben. Gott der her stärkt die seinen und macht ihre widersaher zu shanden. Darum so krenk euh nit so fast; dan Gott der her heilft, wan mir zu dem shwehesten sant; so kumbt er mitten in netten und sterk uns wunderberlich, wan mir nur auf in hoffen. Shat, wie hat Gott den Dafit var Saul behit, er ist an im gerohen worten. Wie hat er die 3 junglin im feuiren offen errett und andere exembel mer, die ihr alle bas wist und gelosen habt als ih. Dan wer auf Got hoft, den last er nit zu shanden werten. Shat uberall in der geshrift, alle die das wort Gottes verfolgt haben, ob si nit shainberlich gestraft saint worten ... Also wirt es warlih da auh zugan, das wer ir erleben und sehen ein Gott will. Und wellen auh Gott um sein gotlichen genat bitten, das er uns sein h. geist gebe, das mir in seim wort bestentig beleihen, und die dirannen stirz fon seinen reih in die hell hinein.«* Diese außergewöhnlich profunde Kenntnis der Bibel bestätigt die Annahme, daß Ursula Fugger bereits seit jungen Jahren dem evangelischen Bekenntnis sehr nahestand.

Der damals 13jährige Sohn Anton nahm regen Anteil am Geschehen in der Grafschaft. Er versuchte die Mutter zu trösten und versicherte ihr: »... *möcht aber woll dieser zeuth in abwesen des herrn vatters bey euch sein.«* Die Mutter solle ihre ganze Zuversicht auf den Herrn setzen, der aus aller Trübsal erlöse, wie der 118. Psalm sagt. Er zitierte auch den Propheten Zacharias und bat »*den ewigen son gottes Jesum Christum Ehr wolle auch den herrn vattern sterken und trösten mit seinem hailigen gaist von der alle feurige pfeil des Teufels und der gottlosen welt«*. Als in München vom Rat im Namen des Herzogs beschlossen wurde, Joachim und Ulrich nur dann zurückreisen zu lassen, wenn die Gesamtheit der Prediger in Ortenburg entlassen und die katholische Messe wieder eingeführt würde, bestärkt Ursula ihren Mann schriftlich am 23. Dezember 1563: *»Seit nur nit kleinmuetig mein herzlieber Herr, es wirdt sich bald zu allem gueten schickehn, das werdt Ihr sehen, dann Gott der Herr stirzt die Hoffertigen Und truzigen, Aber den geduldigen gibt er Sig und Sterck und erhöhet sy; darumb mein herzlieber Herr, so khummert euch nit so fast, dann Ihr bringt doch nichts von Eur Kummernuß zewegen dann Krannckhaitt.«*

Mit der Einführung der Reformation in Ortenburg begann nicht nur für Joachim, sondern auch für seine Frau Ursula eine äußerst schwierige Zeit. Aus dem umfangreichen erhaltenen Briefwechsel zwischen den Ehegatten geht hervor, daß der Graf 1564 ständig auf Reisen war, sei es in Wien, Neuburg, Regensburg oder Speyer, um seiner Sache Nachdruck zu verleihen. Die Gräfin war mit allen Problemen in Ortenburg alleingelassen, über die sie ihrem Mann schriftlich berichtete. Am 9. Januar 1564 klagte sie dem Grafen, daß der Prädikant, der erste Pfarrer im reformierten Ortenburg, Dr. Johann Friedrich Cölestin, Angst vor einer Gefangennahme durch Herzog Albrecht habe. Man habe ihr geraten, Cölestin wegzuschicken. Doch sie habe sich entschlossen, dies nicht zu tun. Cölestin wisse von all dem nichts, denn sonst würde er noch ängstlicher. »Hab in wol ein wenig drest (getröstet) auh.« Es paßt in das Bild der starken Persönlichkeit der Gräfin, daß sie den Pfarrer getröstet hat und nicht umgekehrt. Der Prediger hatte große Schwierigkeiten mit der seelsorgerlichen Betreuung der ständig steigenden Zahl von gläubigen Protestanten, die in die Grafschaft strömten. Am Sonntag, dem 8. Januar 1564, wollten 60 Untertanen den Abendmahlskelch. Da Cölestin sich weigerte, den Gottesdienst zu halten, blieben die Gläubigen bis zum nächsten Tag, an dem dann »die 60 bershon ... beihten habe ... unangesehen irs straffens, ... die er alle verhert hat und gespeist ... In suma, es hilft halt niht, es bricht der bast mit maht, tuet not, das er das destenment aufriht, ist wol zeit«. Trotz aller Bemühungen und Bestärkungen durch die Gräfin läßt Cölestin die Angst nicht los. Wie sich zeigt, nicht zu Unrecht, denn am 25. Februar 1564 ließ ihn Herzog Albrecht zusammen mit dem zweiten Geistlichen Ortenburgs im Pfarrhaus gefangennehmen. Unter der Drohung, sie bei »einer erneuten Verhaftung hängen zu lassen, ließ er sie schwören, das Land hinfort zu meiden, und dann außer Landes bringen«. Als ein neuer Prädikant, Thomas Rorer, nach Ortenburg kam, weilte Graf Joachim in Speyer. Wieder bürdete er seiner Gemahlin die Last der Verantwortung für das Geschehen in der Grafschaft auf. Er bat sie, den »Predikant bey leib nit abwegk zieh« zu lassen, sondern darauf zu drängen, daß er predige, allerdings »fein glimpflich und Niemand schmähe, das Volk zu christlicher gedult und gehorsamb ermane, damit kein aufruer werden, oder sich das landtvolkh nitt zur Wehr setze«. Ursula war die Frau, »die keine Furcht empfand, oder, wenn sie welche empfand, sie doch nicht verrieth, und deshalb auch sowohl den Hausgenossen als dem Prediger Vertrauen und Muth einzuflößen wußte«.

Thomas Rorer war also der Nachfolger des jungen Predigers Dr. Johann Friedrich Cölestin geworden. Ihn hatte Gallus, der entscheidend an der Durchführung der Reformation in Regensburg beteiligt war, an Joachim von Ortenburg vermittelt. Rorer war ursprünglich Mönch im Prämonstratenserkloster Windberg. Er hatte sich freiwillig angeboten, »im Reiche der Papisten das Evangelium zu verkünden«. Seine Predigttätigkeit begann er in Ortenburg zu Ostern 1564. Er mußte sie bereits am 17. August desselben Jahres wieder aufgeben, da der bayerische Herzog ihn als Unruhestifter bezeichnete und Herzog Wolfgang befahl, Rorer abzuberufen. Herzog Albrecht versuchte mit allen Mitteln, die Ausbreitung des Evangeliums in der lutherischen Form zu verhindern. So wurden die Bauern, die an Rorers Gottesdiensten teilnahmen, mit Geldstrafen belegt, und auch vor der Folter wurde nicht zurückgeschreckt. Albrecht forderte die Zurückweisung seiner Landeskinder durch den Ortenburger Prediger. Die von München aus gesteuerte Rückgewinnung des niederbayerischen Volkes durch die Jesuitenmission wollte auch nicht recht gelingen. Am 8. August wurde Rorer mitgeteilt, daß er Ortenburg verlassen müsse; ein »lebendiges Geleit« werde ihm gestellt werden. Als das Geleit am 18. August noch immer nicht erschienen war, verließ Rorer auf Drängen der von Herzog Wolfgang gesandten Abgeordneten Ortenburg. Am Tag darauf wurden er und seine Begleiter kurz vor Straubing gefangengenommen und einem peinlichen Verhör unterzogen. Rorer sollte wegen Verletzung des Religionsfriedens angeklagt werden. Herzog Albrecht beauftragte seinen damals in Augsburg weilenden Kanzler Dr. Simon Thaddäus Eck, ein Gutachten über Rorer abzugeben. Nach dem zweiten Verhör bekam Rorer die Auflage, Bayern ein für allemal zu verlassen. Er mußte sogar schwören, dies zu tun. Doch an diesem Schwur schieden sich die Geister. Schließlich einigten sich die Vettern, der Zweibrückener und der Bayer, dahingehend, daß sowohl Rorer als auch Dr. Cölestin wieder Zutritt nach Bayern haben sollten. Nach Rorers Abgang sandte Albrecht V. zwei Jesuiten nach Ortenburg, die aber bereits Mitte November ihre Missionierungsversuche wieder aufgaben, da der lutherische Einfluß weit stärker war, als sie angenommen hatten.

Ursula sollte sich nicht nur in geistlichen Angelegenheiten stark zeigen. Sie hatte auch, als Herzog Albrecht beschlossen hatte, alle seine innerhalb der Gerichte liegenden Landgüter einzuziehen, politisch »ihren Mann« zu stehen. Während Joachims Abwesenheit erschien der herzogliche Hauptmann von Burghausen, Ritter Hans Offenheimer, mit »35 Reisigen« vor Schloß Mattighofen, wo sich Ursula aufhielt. Beeindruckt haben die angerückten Soldaten Ursula nicht. Sie erklärte ihnen, daß sie überhaupt nicht daran denke, die Grafschaft zu übergeben. Sie nähmen doch wohl nicht an, daß »sy an Ihrem Herren und Gemahel in desselben Abwesen treubrüchig werde, und das seinige allso übergebe, daß sie doch nit thuen khönde noch wollte, Sunder sie wolle handeln, wie einer Ehrlichen frawen und Gräfin wol anstehe; wollen sie aber Ihr Gewalt anlegen, das khönde sy sich nicht erwören«. Die Bewaffneten zogen sich zurück, doch am 1. Mai erging von München aus erneut der Befehl, die gräflichen Burgen Mattighofen, Neudeck, Egkelheim und Rainding zu besetzen. Ursula war von Mattighofen nach Neu-Ortenburg übersiedelt, um besser im Mittelpunkt des Geschehens sein zu können.

Hans von Trenbach rückte mit drei Beamten der Burghausener Regierung, den Pflegern von Braunau, Friedburg, Ried und Uttendorf und den Landrichtern in Mattighofen an. Die Gräfin und mit ihr die gräflichen Diener lehnten aber die verlangte Übergabe des Schlosses ab. Sie hatte schon vor dem 30. April einiges aus Mattighofen fortschaffen lassen und befahl, alles Wertvolle in Truhen gepackt nach Puchham zu Kasimir von Polheim zu bringen. Es gelang, einige Wagenladungen bei Nacht fortzuführen, ohne daß die Mattighofer Bürgerschaft etwas davon bemerkte. Der gräfliche Sekretär war sowohl von Joachim als auch von Ursula beauftragt worden, alle Schriftstücke zu ordnen und aus der Burg abzutransportieren. Er führte diese Aufgabe jedoch so nachlässig durch, daß letzten Endes fast die gesamte Korrespondenz im Hause verblieb. Die Gräfin ihrerseits überzeugte sich nicht persönlich davon, ob wirklich alles Wichtige weggeschafft war, sondern versiegelte nur die einzelnen Zimmer, um dann Mattighofen zu verlassen. Auf diese Weise fiel die gesamte Korrespondenz Herzog Albrecht V. in die Hände, angeblich Seite für Seite Schmähungen auf den Herzog. Aufgeschreckt durch die Händel im Fränkischen durch Reichsritter Wilhelm von Grumbach, glaubte Albrecht V. damit Beweise für eine bayerische Adelsverschwörung zu haben. Joachim Graf zu Ortenburg weilte damals in Neuburg bei Herzog Wilhelm. In Abwesenheit ihres Mannes führte wiederum Ursula Ortenburg-Fugger die Regierungsgeschäfte. So erließ sie am 4. Mai 1564 einen Erlaß an Kämmerer, Ratsverwandte und alle Untertanen in Mattighofen mit der dringenden Bitte, nur dann dem Herzog von Bayern zu schwören, wenn sie von dem ihrem Mann geleisteten Eid entbunden wären. Die Abreise aus Ortenburg hatten ihr ihre Untertanen übelgenommen. Daher betonte sie ausdrücklich, daß sie von Neu-Ortenburg aus das ganze Geschehen besser überblicken könne: »darumb euch söllichs mein verraisen mehr nuzlich, dann zur klainmuetigkeit euch ursach geben solle«. Durch die vielen Reisen ihres Mannes war Ursula gezwungen, sämtliche Pflichten selbst zu übernehmen. Dies stärkte ihr Selbstbewußtsein außerordentlich. So teilte sie ihrem Mann am 11. Januar 1564 mit, daß sie die an ihn gerichtete Post öffne. Sie hoffe, schrieb sie, »si wertens mir nit vor übel haben«, doch die Briefboten sollten ihren Herren auf die Briefe ein Antwortschreiben mitbringen. Da weder der Sekretär Hager noch der Gerichtsschreiber Leonard Paltinger anwesend waren, schrieb Ursula die Briefe sogar selbst, obgleich sie zweifelte, »ob si es lesen werden kinden oder nit«. Die Handschrift der Gräfin war tatsächlich äußerst schwierig zu lesen. Auf einem handkopierten Brief an ihre Brüder Hans Jakob und Georg nach Augsburg vom 26. Mai 1564 ist vermerkt: »Dieser brief ist ire aigne hantgeschrift, gar ain böse, unlesliche weiberschrift.« Wie selbständig die Fuggertochter war, geht aus dem Verhörprotokoll des Ortenburgischen Richters Vincenz Peugl hervor. Dieser war nach der Besetzung der Ortenburgischen Güter auf Befehl des bayerischen Herzogs verhaftet und zu den Vorkommnissen in Mattighofen vernommen worden. Nachfolgend einige die Gräfin betreffenden Passagen des Protokolls:

1. Ob er mit der frauen zu ihrer flucht und dem Schreiben, das sie gmain geton, geraten hab und warumb?

1. Hab seiner frauen weder zur flucht noch den schreiben raten; dan si neme in nit ihren rat; si hab ihren kopf für sich selbst und sei wunderbarlich und selzam, seien auch ohn sein wissen bei der nacht hinweg gefarn, welches er allererst zu morgens erfahrn hab.

2. Ob dasselb zu Matikhofen oder wo und durch wen sölches copiert worden sei?

2. Das schreiben sei nit zu Matikhofen gestellt. Die undertonen sein zu ime kume und haben sich hoch beschwert mit dem anzug, wie es zu erbarmen, das si von ihrem hern in dieser gröstn widerwertigkait so gar verlassen und kainan beistant haben sollen, derhalben verursucht an die Frau zu suplicirn, das dieselb bei ihnen bleiben wolte, welches si aber nit getan, sondern haimblichen davon gefarn, derhalben si ihr, wie sie sich doch halten sollen, nachgeschrieben, darauf inen das in diesem fragstuck vermelt schreiben ervolgt sei.

3. Dieweil desselben inhalt kain frauengedicht, ob er mit dasselb gehab?

4. Wan er sölches vernaint, ob er nit des dichters stilum kenne?

3. und 4. Die frau wert sölch schreiben selbs gemacht und ir schreiber, der Hager, abgeschrieben haben; dan sie teffenlich dichten kan, wie si dan dem hern ein trostschrift gemacht, darob sich zu verwundern; es wer genueg wan es ain theologus gemacht hette.

Richter Vincenz Peugl charakterisierte in seinen Antworten die Persönlichkeit der Gräfin Ursula äußerst treffend. Das Bild der Gräfin wäre indessen unvollständig, wenn nicht auch ihr Alltag, soweit dies aus den erhaltenen Briefen möglich ist, geschildert würde.

Für eine Hochzeit in Braunau zum Beispiel hatte die Landesherrin die Schenkung von Wildbret versprochen. Der Bote, der es bei ihr holen sollte, bat zusätzlich aber um »ein gesuerts auf die 2 breitdish. Also hab ih im gesagt, ih hab warlih kein guts, er wert wol basser haben frish als das gesurt«. Eigentlich sollte der Knecht für seinen Herren vom Schwager geräuchertes Fleisch zur Hochzeit bekommen, doch »man well kein lutherischen buben keins geben, man hab keins«. Ursula überließ ihm »12zentering gesurts«. Sie wollte allerdings wissen, warum der Junker seine Hochzeit in Braunau halten wolle, wo er doch evangelisch sei. Der Bote wußte, daß die Hochzeit zuhause stattfinden solle, nicht »mit einem Pfaffen« in der Kirche. Mit 20 Thaler Opfergeld wurde »der Pfaff« bestochen, der dem Junker mit Achselklopfen versicherte: »Mir, mein junkher, mir went schauen, wie der sahen zu tan sant«.

Die Briefe Joachims von Ortenburg an seine Frau Ursula enthielten eine große Zahl von Aufträgen und Weisungen für den Haushalt und die Grafschaft. Wenn ihr Mann abwesend war, lasteten äußerst vielfältige Pflichten ganz allein auf Ursulas Schultern. So beauftragte der Graf seine Frau unter anderem auch einmal, das »traits (Getreide) halb zu verkaufen und anders bevolken, dem komb nach ... und sei in allen Sachen eine guete hauswirtin«.

Ein weiteres Beispiel: Kurz vor Ostern 1564 scheint Ursula ihre Dienerin Maria Schrafeler beauftragt zu haben, ihr neben anderen Sachen aus Ortenburg neue Schuhe zu schicken. Aber ausgerechnet die Schuhe waren vergessen worden, so daß die Gräfin ihre Dienerin am Karfreitag 1564 schriftlich bat, ihr bis zum nächsten Tag doch das Schuhwerk zu besorgen, »dan ih sunst heiligen tag barfus mus gen, dan ih kein bandofl auch nit hab«.

Die Beziehungen der Ursula Ortenburg-Fugger zu ihren Brüdern in Augsburg

Ursula hatte sich auch an ihre Brüder gewandt, um sie um Hilfe bei ihren Schwierigkeiten mit dem herzoglichen Hause in München zu bitten. Die Gräfin mußte jedoch sehr bald erfahren, daß weder Georg noch Hans Jakob ihr zur Seite stehen wollten. Es erstaunt indessen nicht, daß man in Augsburg von den evangelischen Verwandten nichts wissen wollte. Die inneren Spannungen in den Familien ihrer Brüder waren nicht zu übersehen, seitdem Pater Petrus Canisius aus den evangelischen, eingeheirateten Damen und Herren des Hauses Fugger eifrige katholische Familienmitglieder gemacht hatte. Während Ursula in Ortenburg mit ihrem Mann um die Anerkennung ihres Glaubens nach der Augsburger Confession kämpfte, wurde, wie schon geschildert, in den Häusern der Geschwister in Augsburg das evangelische Hauspersonal entlassen, Teufelsaustreibungen durchgeführt, und die Jesuiten hatten großen Einfluß im Hause.

Ursula von Ortenburg hatte ihre ganze Hoffnung bezüglich einer Intervention bei Herzog Albrecht V. auf ihren Bruder Hans Jakob gesetzt. »Das Bild, das die Nachwelt von Hans Jakob Fugger bekommen hat, ist schillernd.« Daß Hans Jakob ein überzeugter Katholik war, ist unbestritten, und doch gerieten seine religiöse Einstellung und seine politische Arbeit oft ins Zwielicht. Besonders schwierig läßt sich sein Verhältnis zu den »Schwenckfeldern«, die sich mit Kaspar von Schwenckfeld von Luther gelöst hatten, einordnen. Hans Jakob, der spätere bayerische Hofkammerpräsident, spielte als »ein mit besonderem Betrauen beehrter Fugger« keine unerhebliche Rolle am Hof, was die »Ortenburgischen Händel« betraf. Da bekannt war, daß der bayerische Herzog ständig versuchte, die Post von und nach Ortenburg in seine Hände zu bekommen, benützten die sogenannten »Adelsverschwörer« verschlüsselte Namen. Die genannten drei Brüder der Ursula Fugger wurden mit »die drei junge Pferd« umschrieben, Bruder Ulrich war »das preundle«, Bruder Christof »das großhengstle«. »Der Keller« bedeutete Herr Hans Jakob Fugger. »Wan ich schreib, der keller sei unhauslich, trink sich voll und wart sein sachen übel aus, bedeut es, das diser Fugger begert, euer Gnaden zu hindern.« Der bayerische Herzog schickte Hans Jakob Kopien seiner Briefe. Hans Jakob hatte sich von den wichtigeren Schriftstücken, die nach der Einnahme des Schlosses Mattighofen in die Hände des Bayernherzogs gefallen waren, Abschriften fertigen lassen, ja zum Teil solche selbst angefertigt, denn die meisten tragen Bemerkungen von seiner Hand. Er scheint sogar Vollmacht gehabt zu haben, Schriftstücke in dieser Angelegenheit selbst in Empfang zu nehmen und zu öffnen. Doch war es wohl sein Bestreben, nach außen hin möglichst wenig von der Rolle zu zeigen, die er tatsächlich spielte. Graf Joachim, der sich von einer Vermittlung der Fuggerschen

Brüder viel versprach, wurde von dem mit ihm und den Fuggern befreundeten Augsburger Arzt Achilles Pirmin Gasser im Brief vom 23. November 1563 darauf hingewiesen, daß der Graf sich auf diese »nit vil verlassen« dürfte, denn »die spanisch inquisition last nichts solches zu«. Seinem Schwager und seiner Schwester gegenüber spielte Hans Jakob ein falsches Spiel. In einem Brief an sie will er nur »auß gemainem geschray« von der ganzen Sachse wissen, was ohne weiteres zu widerlegen ist. Die drei Brüder Raymund, Georg und Hans Jakob teilten sich gegenseitig den Inhalt der Briefe der Schwester und den ihrer eigenen mit, damit die Antworten dem Sinn gemäß gleichlautend ausfielen. Die Schwester möge ihr »culpam et maximam culpam« bekennen; sie habe früher ihre Verwandten auch nicht um Rat gefragt und solle jetzt, wo sie sich »niendert mehr auskhindt«, nicht auf Hilfe aus Augsburg rechnen. Hans Jakob weist die Schwester unmißverständlich darauf hin, daß ihr sein Rat sicher nicht »ersprießlich sein wird: ... du gehst in dich selbst und demuttigst dich under der gewaltigen Hand Gottes und deiner weltlichen Landesfürstlichen Obrikhait und beweisest derselben Ihr gebührende Ere und gehorsam«. Sich dem »durchlauchtigsten hochgeboren Fürst, mein gg. Herrn von Bayern«, wie ihn Hans Jakob titulierte, zu beugen, heißt das aufzugeben, wofür Ursula mit ihrem Gemahl so sehr gekämpft hatte, ihren Glauben.

Ein Brief der Gräfin Ursula an ihre Brüder, »den wohlgeborenen Herrn Hans Jacob und Jörgen Fugger, ... meinen freundlichen lieben Bruedern«, ist in Abschrift im Hauptstaatsarchiv München erhalten. Nach der Einnahme des Stammschlosses Ortenburg 1564 flehte Ursula ihre Brüder förmlich an, sich beim Herzog von Bayern für sie zu verwenden, da man ihrem »lieben Herrn all seine güter und auch mir« alles genommen hat. Sie sei ein »arm verlassen weih«, das ihre Brüder daran erinnere, daß sie ihr, als sie sie verheirateten, zugesichert hätten, sie könne immer bei ihnen Zuflucht nehmen. Sie möchte wieder zu den Ihren, da »ich auff den anderen güttern nichts zu suchen hab, sondern zur Neideck (Burg Neudeck), das mir dann unbillig eingenommen worden ist«. Sie wolle beten, daß ihre Brüder ihr mit Rat und Tat zur Seite stehen und sie in ihrer größten Not nicht allein ließen, sondern mithelfen, daß sie ihr Eigentum wieder zurückbekomme. »... sonst wurde ich es darzu zwingen, daß ich hinauff mußt zur euch ... bin auch der Hoffnung, Ir werdet mich nicht ausstoßen, sondern mich und mein armen son underhalten und wol lassen sein«. Sie schließt ihren Brief mit der wiederholten Bitte um Intervention der Brüder bei dem Herzog von Bayern. Im Nachsatz des Schreibens steht Erstaunliches: Ursula Ortenburg-Fugger hatte gleichzeitig auch selbst an den Herzog von Bayern geschrieben!

Um Intervention beim bayerischen Herzog bat Ursula aber auch bei den Landgrafen Philipp und Wilhelm von Hessen. Es sind nämlich die Antwortbriefe der Landgrafen an Ursula im Original erhalten, ebenso das Schreiben des Landgrafen Philipp von Hessen an Herzog Albrecht, die ortenburgischen Schwierigkeiten betreffend. Landgraf Philipp bekennt, daß die Ortenburger etliche Male an ihn geschrieben hätten, »doch mit solcher bescheidenheit, das es e. L. (Euer Liebden) gar nicht verletzt, sondern in hochsten eren helt ... Bitten darumb freuntlichen, e. L. wollen die gute leute gnediglich bedenken und sie uf zimbliche leitliche Wege wider aus haften kommen lassen«. Tituliert wurde die Gräfin mit:»Der wollgebornen unnserer liebenn Nichtin Frawenn Ursula Gravin tzur Orttenburgk«.

Die beiden jüngeren Brüder der Ursula, Raymund und Ulrich Fugger, standen der Schwester – wie schon ausgeführt – bei der Finanzierung des Studiums ihres Sohnes hilfreich zur Seite. Als Ursula 1549 heiratete, kam Ulrich, der stille große Bibliophile, der von seiner Mutter, Katharina Thurzo das Leiden der Epilepsie geerbt hatte, von langjährigen Studien im Ausland zurück. Ulrich, der die Laufbahn eines Geistlichen gewählt hatte, war in Rom zum päpstlichen Kämmerer ernannt worden. Wie seine Schwester wandte er sich aber bereits 1553 offiziell von der katholischen Lehre ab. Bereits in seiner Studienzeit in Bourges hatte er den Grundstock zu einer der wichtigsten wissenschaftlichen Bibliotheken Deutschlands gelegt. Ulrich Fugger hatte in sieben Jahren (1546–1553) 126 000 Gulden für Bücherkäufe ausgegeben. Seine Verwandten warfen ihm Verschwendungssucht vor, und als er 1563 160 000 Gulden Schulden hatte, ließen ihn seine Brüder, vor allem aber sein Vetter Marx Fugger, Gemahl der Sibylla Fugger-Eberstein, durch Stadtratsbeschluß unter Kuratel stellen. Sie versuchten ihn entmündigen zu lassen, und er hatte neun Monate in Haft zu verbringen. 1564 übersiedelte Ulrich Fugger nach Heidelberg an den Hof Friedrichs III. von der Pfalz. Seine Büchersammlung, darunter die berühmte Manessische Liederhandschrift, übergab er der kurpfälzischen Bibliothek Heidelberg; ein Teil dieser Bibliotheca Palatina gelangte von dort in den Vatikan. Als Ulrich Augsburg verließ, hatte sich auch die wirtschaftliche Lage seines Bruders Hans Jakob so sehr verschlechtert, daß er, der mit dem »fürsten von Bayern vertraut wie ein Bruder, falliert habe und bis zu 1 200 000 Gulden schulde ...« Doch ihn ließen die Gläubiger nicht fallen. Man arrangierte sich. Seine etwa 1000 Bände umfassende Bibliothek wurde zum Grundstock der heutigen Bayerischen Staatsbibliothek in München. Es gab somit neben dem konfessionellen Gegensatz auch große wirtschaftliche Probleme, die die Geschwister entzweiten.

Die Schwester in Ortenburg und ihr Mann nahmen großen Anteil am Geschehen in Augsburg. Joachim Graf von Ortenburg gehörte zu den vier »Räten«, die in Augsburg erwirkten, daß sein Schwager Ulrich wieder auf freien Fuß gesetzt wurde.

Obwohl der ganze Besitz des Ulrich Fugger durch seine Brüder verkauft wurde – nur die Bibliothek wurde ihm belassen –, hatte Ulrich Fugger noch eine erhebliche Summe Schulden abzuzahlen. Er wandte sich daher um Hilfe an seine Schwester. Da Joachim aber wieder einmal nicht im Lande weilte, als Ulrichs Hilferuf nach Ortenburg erging, mußte Ursula selbst »die brif alle aufdan« und lesen. Einiges in dem an sie gerichteten Brief verstand sie aber nicht. Ursula berichtete ihrem Mann am 11. Januar 1564 ihren Bruder Ulrich betreffend, daß man ihm helfen müsse, da es ihr »wahrlich auch leid ist um ihn«. Sie bekräftigte zwar, daß ihr Mann mit seinen eigenen Angelegenheiten genug zu tun habe, er sich aber doch auch der unwürdigen Lage ihres Bruders annehmen solle. Daß Ursula eine kluge Frau war, beweist der Schlußsatz des Briefes an ihren Mann zum Problem ihres Bruders: »Ir migt aber tan, was ir welt«. Doch bevor sie diesen diplomatischen Satz schrieb, hatte sie längst die Lösung des Problems ihrem Mann ausführlich geschildert: »So kan es aber diser zeit auh nit wol sein auh, das mir im helfen kinden auh, dan mirs jez auh wol bedurfen, was mir haben, wie er dan selb melt. Da hett ih vermant, wan graf Ulrih (ein Vetter des Grafen Joachim) ims gellihen het von seins weibs heiretgut und die gehirlih zinsung, bis er in zalt het, darmfit er seine feint zu dem reht hat braht. Ih hab also auf wenig darvon mit ihr geret, dan si mit mir bis ge mittäg ist gefaren, hat si sich gar geren darein verwilliget.« Ursula verhandelte dahingehend mit Katharina von Degenberg, der Gemahlin Ulrichs III. zu Ortenburg, daß sie einen Schuldbrief erhalten werde, in dem die genaue Laufzeit und der Zins für das Darlehen aufgezeigt werde.

Ulrich Fugger nahm stets regen Anteil an dem Geschehen in Ortenburg und gab in vielen Briefen seinem Schwager Ratschläge darüber, wie er sich bei den Vorladungen in München verhalten solle. Ulrich sandte auch einen Boten zu König Maximilian, bat seinen Schwager »in München nur mit ansehnlichen Beiständen zu erscheinen« und versicherte immer wieder, daß die beste Zuflucht Gott sei, auf den er und die Seinen unverbrüchlich vertrauen sollen. Er war es auch, der seine Verwandten in Ortenburg über all das informierte, was er in Augsburg in Erfahrung bringen konnte. Gasser schrieb über Ulrich Fugger, daß »welcher warlich mer tuet, dan sein brauch und ich gemaint; aber wen aim das wasser ins maul geet, so lernet er schwimmen«.

Ursulas Bruder Hans Jakob verhalf seine gegenreformatorische Gesinnung zum Bayerischen Geheimen Rat und Hofkammerpräsidenten am herzoglichen Hof in München. Er hatte mit den vertrautesten Beratern Herzog Albrechts ein enges, freundschaftliches Verhältnis, so zu Wiguleus Hundt und Georg Sigmund Seld. Bereits 1557 hieß der Augsburger Patrizier des Herzogs »vornehmlichster Rat«, und man sagte, er »regiere den Fürsten mit Macht«. Ab 1565 war Fugger offiziell in bayerischen Diensten und verzichtete auf seinen Sitz im Geheimen Rate der Stadt Augsburg. Der in erster Ehe mit einer kaiserlichen Hofdame, Ursula von Harrach, verheiratete Fugger, vermählte sich in zweiter Ehe mit einem edlen Fräulein des bayerischen Hofstaates, Sidonia de Colaus, genannt Watzlerin. Das Bild, das die Nachwelt von Hans Jakob Fugger bekommen hat, ist schillernd. Das aufgrund des konfessionellen Gegensatzes entstandene oft zwielichtige Verhalten seinen Geschwistern gegenüber machte alle Hoffnungen seiner Schwester Ursula Ortenburg zunichte, daß er zu ihren Gunsten am bayerischen Hof intervenieren würde.

Was immer in den Jahren der Reformation in Ortenburg auch geschah, die Briefe der Ursula Ortenburg-Fugger belegen ihr felsenfestes Gottvertrauen. Ursula Fugger bekannte sich ohne jeden Fanatismus zu ihrem evanglischen Glauben. Der Gegensatz zur Situation Augsburgs hätte nicht größer sein können. Gilt Ursulas Ehemann, Joachim Graf zu Ortenburg, bis heute als Vorkämpfer der Reformation in Bayern, so sollte auch Ursula dieser Titel zugestanden werden. Sie hat durch ihre starke Persönlichkeit wesentlich zu dieser Entwicklung beigetragen.

SIBYLLE FUGGER VON KUENRING-FUGGER BZ W. PUCHHEIM
∗1522 †1550
1. Ehegemahl: Wilhelm von Kuenring,
Herr zu Seefeld/Tirol, ⚭ 1539
Kind 1: Kindsvater Marx Christoph
Rehlinger
2. Ehegemahl: Wilhelm III. von Puchheim
⚭ 1542

Sibylle war eine ältere Schwester der Ursula Gräfin zu Ortenburg-Fugger, drei ihrer Brüder waren somit Hans Jakob, Georg und Ulrich Fugger, der bibliophile Protestant. Sibylle war als 13jährige nach dem Tod beider Elternteile im gleichen Jahr 1535 in der Obhut ihres Onkels Anton Fugger geblieben, der, wie sich zeigen wird, von seiner Nichte in einige Schwierigkeiten gebracht wurde.
Die Ehe der 17 Jahre alten Tochter aus Fuggerschem Hause war von Georg Hörmann und dessen Frau Barbara Reihing, die sich der beiden verwaisten jüngsten Schwestern der Sibylle angenommen und sie erzogen hatten, vermittelt worden. Der Heiratskontrakt des Witwers Wilhelm von Kuenring mit Sibylle lautet auf 20 000 Gulden Heiratsgut (5000 Gulden in Gold, 15 000 Gulden in Münze), 20 000 Gulden in Widerlage, 1000 Gulden Morgengabe. Als Zeugen erscheinen im Kontrakt »Wilhelm von Rogendorf, Commentur zu Marol, Wolfgang von Rogendorf, Wenzl von Hofkirchen und gesiegelt wurden von Anton, Hans, Jakob, Georg Fugger und Georg Hermann«. Die Hochzeit fand in Schmiechen, im katholischen Bayern statt. Sylvester Raid, einer der Fugger-Faktoren, teilte dies mit folgender Begründung an Herzog Albrecht von Preußen mit: »... damit sie mögen das Papsttum haben; denn man ihnen das zu Augsburg nicht gestattet«.

Die schwangere Braut und die Auflösung der Ehe mit Wilhelm von Kuenring

Am 8. Dezember 1539 fand der Beischlaf Wilhelm von Kuenrings mit Sibylla Fugger statt. Schon in der 16. Woche »genaß sie eines Kindes«. Hier liegt nun die Vermutung nahe, daß das junge Paar voreheliche Beziehungen hatte. Doch dem war nicht so. Die im fünften Monat schwangere Braut war mit ihrem Jugendfreund Marx Rehlinger liiert gewesen, ehe sie vom Witwer Wilhelm Kuenring als vermeintliche Jungfrau zum Altar geführt wurde. Warum haben wohl Sibylle Fugger und Marx Rehlinger nicht geheiratet? Anton Fugger war seit 1527 mit Anna Rehlinger verheiratet. Diese hatte drei Brüder: Hans d. J., geb. 1506, Heinrich, geb. 1509, späterer Stadtpfleger in Augsburg, und Marx Christoph, geb. 1519. Letzterer müßte der »Unhold und Missetäter« gewesen sein. Marx Rehlinger gehörte dem evangelischen Zweig der Familie an. Zuerst ist man geneigt, das Nichtzustandekommen der Ehe in einer Konfessionsverschiedenheit der beiden Partner zu sehen. Doch es stellt sich heraus, daß Wilhelm Kuenring, »wie fast alle Mitglieder des Herren- und Ritterstandes in Oesterreich ... der Lehre Luthers von ganzer Seele zugethan und dem Glauben ihrer Vorfahren und dessen Einrichtungen sehr feindlich gesinnt war«. So entzog Wilhelm von Kuenring, der Mitglied des Regimentsrates von Niederösterreich war, dem Nonnenkloster Minnbach, einer Stiftung seiner Ahnen, die finanziellen Zuwendungen. Und dieser überzeugte Protestant heiratete nun eine sehr reiche katholische Fuggerin! Es fällt schwer zu glauben, daß es sich hier um eine Liebesheirat des Witwers gehandelt hat.

Die Hochzeitsfeierlichkeiten scheinen keineswegs überstürzt angesetzt worden zu sein. Es gab genügend Zeit, Geschirr, Schmuck und Festkleider im Wert von 5283 Gulden anzuschaffen und dem Goldschmied Wilhelm Fugger vom Reh den Auftrag zu erteilen, Silbergeschirr mit dem gestochenen Wappen Kuenring-Fugger anzufertigen. Goldene Borten und Fransen für das Bett der Sibylle wurden in Venedig geordert. Doch die so prächtig gefeierte Hochzeit war ein Fehlschlag. Ihre Begleitumstände brachten »der in aller Welt angesehenen Familie Unrat, Schande und Spott«.

Im April 1540 quittierte Wilhelm von Kuenring Anton Fugger den Empfang des elterlichen Erbteils sowie von 20 000 Gulden Heiratsgut der Sibylle. Anfang April 1540 dürfte das Kind der

Sibylle Kuenring-Fugger geboren worden sein. Über sein Geschlecht und sein Schicksal ist nichts bekannt. Die Kindsmutter mußte in ihre Familie zurückkehren. Das Heiratsgut verblieb bei Freiherrn von Kuenring.

Die Familienangelegenheit schien bereinigt. Waren es Prestigegründe, aus denen sich der Zorn des Oheim Anton gegen den jungen Vater Marx Rehlinger richtete? Anton Fugger focht unerbittlich »für die gekränkte Ehre seiner Nichte«. Diese Formulierung von Baron Pölnitz sollte aber hinterfragt werden. Hätte Anton, der Fürst unter den Kaufleuten, auch so unerbittlich für die Ehre seiner Nichte gekämpft, wäre Marx Rehlinger nicht ausgerechnet nach Preußen geflohen? Die alte Freundschaft zum Hohenzollern-Herzog durfte wegen Differenzen in der Familie auf keinen Fall aufgegeben werden. Die alten Beziehungen zu Königsberg, an der »Kupferroute« gelegen, mußten gepflegt werden. Die Firma bedurfte der Hohenzollernschen Hilfe in dieser Zeit auch für die gerade angestrebte Veränderung des Flensburger Abkommens mit Dänemark. Auf Drängen Antons wurde Marx Rehlinger in Preußen eingekerkert. Hans und Heinrich Rehlinger, seine beiden Brüder in Augsburg, anfänglich sehr zurückhaltend in dieser unliebsamen Familienangelegenheit, baten den Herzog von Preußen, Marx freizulassen, und versicherten, daß dieser sich einem ordentlichen Gericht stellen werde. Marx habe schließlich keine Gewalttat begangen. Mit seinem Schmiechener Brief vom 4. November 1540 versuchte indessen Anton Fugger, den Preußenherzog zu einer Verlängerung der Inhaftierung des Marx Rehlinger zu veranlassen. Doch selbst der königlich-polnische Sekretär Jobst Ludwig Dietz, den Franz Salai, ein Beauftragter Fuggers, begleitet hatte, konnte keinen Aufschub erwirken, so willfährig Albrecht von Brandenburg sonst den Wünschen des Kaufmanns begegnete.

Nach Meinung des Herzogs sollte Fugger »um der christlichen Liebe« willen seinen »gefaßten Zorn fallen lassen«. In einem Brief Anton Fuggers vom April 1541 ist immer noch von der Affäre um Marx Rehlinger zu lesen. Trotz wichtiger politischer und wirtschaftlicher Vorgänge zwischen dem Augsburger Bankier und dem Hohenzollern, dem die Reichsacht drohte, schob sich der Streit um Marx Rehlinger wieder in den Vordergrund. Anton ließ sich in Königsberg durch den Danzinger Syndikus Dr. Konrad Logus und seinen Faktor Hans Breda vertreten. Nach der Freilassung Marx Rehlingers sollte nun eine Auslieferung des Missetäters nach Augsburg durchgesetzt werden, da es sich bei Rehlinger um einen Fuggerschen Angestellten handle. Rehlinger hielt dagegen, daß es sich in seinem Fall um keine Straftat im üblichen juristischen Sinne handle, sondern um einen Ehehandel, der dem geistlichen Gericht unterliege. Über den Ausgang der wohl für alle Beteiligten unangenehmen Affäre gibt es keine Quellen. Es ist nur noch nachzuweisen, daß Anton Fugger bei einem erneuten Gerichtstermin am 23. Juni 1541 wissen ließ, daß er sich bei günstiger Beurteilung des Falles dem Hause Brandenburg erkenntlich zeigen wolle.

Am 6. Oktober 1541 verstarb Wilhelm von Kuenring. Am 29. Mai 1541 hatte er bereits sein Testament gemacht, über das sich die Fuggerschen Verwandten nur freuen konnten. Anton Fugger wurde als einer der Testamentsvollstrecker benannt. Wilhelm von Kuenring wollte in der Marktkirche von Seefeld (Tirol) bei seiner verstorbenen ersten Frau, Salomone von Roggendorf, beerdigt werden. Weiter verfügte er unter anderem, daß alle Untertanenkinder, die 7 Jahre waren, ein schwarzes Röcklein angefertigt erhalten und außerdem jedes Kind 6 Kreuzer bekommen sollte. »Die Herrschaft Seefeld samt dem von ihm gekauften Haus in Wien erben zur Hälfte Anton Fugger, Hans Jacob, Jörgen, Christoph und Raimund Fugger, seine Schwäger. Diese sollen seine Schulden bezahlen. Sibylla Fugger, mit der die Ehe aufgehoben ist, erbt ihr Zugebrachtes, 25 936 Gulden, ihre Kleider und Kleinodien samt seiner fahrenden Habe, sein Silbergeschirr, die Kette, die er täglich am Halse trägt, seine Zoblingsschaube, sein Bettgewand, Leinwand, Schüsseln, Teller usw., ihren Kobelwagen mit den besten 4 Rossen und 6000 Gulden bis zum Tode zu genießen. 7000 Gulden davon fallen nach Sibyllas Tode seiner Tochter Elisabeth zu, der Rest seinem Bruder Markwart.«

Auf Betreiben Anton Fuggers hatten die Markgrafen Georg und Albrecht von Brandenburg 1541 Wilhelm von Kuenring erlaubt, 14 000 Gulden Heiratsgut für seine Ehefrau Sibylle Fugger auf seinem brandenburgischen Lehensgut zu Seefeld anzulegen. Markward von Kuenring ging die großzügige testamentarische Zuwendung an die »Witwe« Fugger entschieden zu weit. Ab 1544 sind gerichtliche Auseinandersetzungen des Markwart von Kuenring mit dem Hause Fugger in Augsburg zu verfolgen.

Wiederverheiratung der Witwe Sibylle mit Wilhelm von Puchheim

Im Jahre 1542 wurde das Prestige der Familie Fugger wieder befestigt, denn die Witwe Kuenring-Fugger heiratete in zweiter Ehe Wilhelm von Puchheim in Wien am 2. November, der aber bereits nach 4jähriger Ehe verstarb. Die um zwei Jahre jüngere Schwester Veronica Fugger vermählte sich nur drei Tage nach der Wiener Hochzeit mit Daniel Felix Freiherr von Spaur, Erbschenk der Grafschaft Tirol. Das Ansehen der Fugger in Augsburg war durch den Eintritt eines weiteren Bruders der Sibylle, Hans Jakob, in den Rat der Stadt erneut bestätigt.

Sibylle blieb nach dem Tod ihres zweiten Ehemannes in Wien. Wie aus Auszügen von Wiener Rechnungen der Jahre 1541–1550 hervorgeht, scheint sie des öfteren in Geldschwierigkeiten gewesen zu sein, denn sie versetzte auffallend oft wertvolle Schmuckstücke. Unter dem 31. Dezember 1544 steht zu lesen: »Zur Auslösung des Balthasar von Puchheim aus türkischer Gefangenschaft geliehen 700 Gulden.« Die Regelung des Kuenringer-Erbes gelang der Familie Fugger erst 1550, dem Sterbejahr der Sibylle.

Die Ordensfrauen aus
dem Hause Fugger
im 16. und 17. Jahrhundert

Mit dem Beginn des 16. Jahrhunderts ist in den Genealogien des Hauses Fugger die erste Klosterfrau ausgewiesen. Im 16. und 17. Jahrhundert waren Fuggerinnen vor allem in die Klöster Inzigkofen, Holzen, Kühbach und St. Katharina in Augsburg eingetreten. Das Augustinerchorfrauenstift Inzigkofen (Kreis Sigmaringen) gehörte zwar nicht zum Bistum Augsburg, doch der Augsburger Kardinal Otto Truchseß von Waldburg schenkte ihm besonderes Wohlwollen: er bestimmte 1570 Petrus Canisius, nach Inzigkofen zu gehen, um die Nonnen im geistlichen Leben zu festigen. An der von ihm eingeführten sehr strengen Klausur wurden dann bis zur Auflösung (1803) keine Reformen mehr vollzogen.

Verbindungen zum Benediktinerinnenkloster in Holzen gab es bereits seit Jakob Fugger dem Reichen. Er und seine Gemahlin stifteten 1509 »50 Gulden anzulegen an Bau und anderer ... Gotteshaus Notdurft«.

Das Benediktinerinnenkloster Kühbach, das vor den altbayerischen Konventen Geisenfeld, Hohenwart, Niedernburg und nach Frauenchiemsee den vornehmsten Konvent besaß, hat in seinen Konventslisten ebenfalls Fuggerinnen verzeichnet. Ein Großteil der dortigen Nonnen entstammte zu Beginn des 16. Jahrhunderts Augsburger Bürgerfamilien, was dem bayerischen Herzog mißfiel, da er befürchtete, daß aus der Stadt zuviel reformatorisches Gedankengut in das Kloster eindringen könnte. In Augsburg bevorzugte die Familie Fugger für ihre weiblichen Familienangehörigen das Dominikanerinnenkloster St. Katharina.

In der freien Reichsstadt Augsburg hat sich ein wichtiges Stück Geschichte der deutschen Dominikanerprovinz ereignet. 1225 wurden nach Augsburg die ersten Predigerbrüder entsandt. Das von ihnen gegründete St. Magdalenen-Kloster wurde zum Ausgangspunkt ihrer apostolischen und wissenschaftlichen Tätigkeit. Es gelang den Predigerbrüdern, dem Beispiel ihres Ordensvaters Dominikus folgend, Frauenklöster zu gründen, die von den Mönchen seelsorgerisch betreut wurden. In Augsburg waren es die Frauenklöster St. Katharina, St. Margareth und St. Ursula. Aufgabe der Brüder sollte es sein, die Ordensfrauen zur Höhe christlicher Vollkommenheit zu führen und sie anzuleiten, sich durch ihr Gebets- und Bußleben in den Dienst des Apostolats der Seelenrettung zu stellen.

Der Konvent der Dominikanerinnen St. Katharina wurde »zum

beherrschenden Frauenkloster der Stadt, das sich bereits früh St. Moritz und dem Dom an die Seite stellte«. St. Katharina galt als die Versorgungsstätte für patrizische Bürgertöchter. Es wurden zwar ab etwa 1400 auch »zünftische Töchter« aufgenommen, doch blieben Töchter aus dem einfachen Zunftbürgertum und aus Ratsfamilien eine Seltenheit – sie werden selbst vom Landadel noch übertroffen. Bis zum Ende des 16. Jahrhunderts durften die Nonnen über ihr mitgebrachtes Gut selbst verfügen, mußten also kein strenges Armutsgelübde ablegen. So war es möglich, daß die Töchter aus wohlhabendem Hause auf eigene Rechnung Kunstwerke für die Ausschmückung ihres Klosters stiften konnten. Die bekanntesten Stiftungen der Nonnen im 16. Jahrhundert sind die heute noch im säkularisierten Kloster befindlichen großartigen Werke altdeutscher Malerei, die »Basilikenbilder«, geschaffen von Hans Holbein d. Ä., Hans Burgkmair und einem Monogrammisten. Die Klosterfrauen leisteten nicht Unerhebliches für die Wohltätigkeit in der Reichsstadt. Sie übten die Werke der Nächstenliebe nach dem Vorbild der Heiligen Katharina von Siena. Die Schwestern trugen keinen Schleier, ihre Kleidung war fast weltlich. Die Klosterkirche diente als Hauskirche für hohe Gäste des Hauses Fugger. Vom Fuggerhaus an der Maximilianstraße aus wurde ein direkter Verbindungsweg zur Klosterkirche geschaffen.

Wenn bei adeligen Familien immer wieder anzutreffen ist, daß unverheiratete Töchter aus finanziellen Gründen in ein Kloster eintreten mußten, weil die Familien verarmt waren und sich deshalb kein Ehemann fand, so scheidet dies als Grund für einen Klostereintritt bei den Damen des Hauses Fugger wohl im 16. Jahrhundert, nicht aber im 17. Jahrhundert, aus.

Im 16. Jahrhundert sind nur vier Töchter aus Fuggerschem Hause als Nonnen nachweisbar. Die erste in ein Kloster eingetretene junge Frau war Felicitas Fugger, dann folgten, wie schon berichtet, die vier Töchter der Ursula Fugger-Lichtenstein: Mechthild, Maria, Maria Secunda und Anna Jacobäa. Doch nur Anna Jacobäa legte Profeß ab; ihre Schwestern starben im Kindesalter. Gräfin Maria Fugger, Tochter des Octavian Secundus Fugger, weihte ihr Leben Gott ebenso wie Helena, die jüngste Tochter der Sibylla Fugger-Eberstein.

Im 17. Jahrhundert fällt der Familienzweig Fugger-Hohenzollern-Sigmaringen auf, aus dem fünf der acht Töchter den Schleier nahmen und die verwitwete Mutter ebenfalls das Ordengelübde ablegte. Eine dieser Töchter, Maria Maximiliana, zählt zu den »bedeutenden Ordensfrauen aus der Periode der Erschöpfung« und ist als eine der »bedeutendsten Dominikanerinnen ihres Jahrhunderts« anerkannt.

FELICITAS FUGGER
*1495 †1539
Nonne im Dominikanerinnenkloster
St. Katharina zu Augsburg
Tochter des Ulrich I. Fugger (1441–1510)
und der Veronika Lauginger (†1507)

Felicitas war die erste Tochter aus dem Hause Fugger von der Lilie, die Nonne wurde. Sie trat 1508 mit 13 Jahren in das Katharinenkloster zu Augsburg ein. Nach dem Tod ihres Vaters erhielt sie keinen Anteil am väterlichen Erbe, statt dessen wurden ihr »1000 Gulden an die Kirche zu St. Katharina zu verbauen zugesagt«. 1517 wurde mit dieser Summe der Neubau der Kirche des Klosters begonnen. Als Felicitas im Gewölbe des Chores einen Schlußstein mit dem Fugger-Wappen anbringen ließ, nahmen ihre Mitschwestern dies sehr übel, »dan über vil jar so mecht man mainen, dieselb Fuggerin hab die kirchen gar lassen machen«, berichtet der zeitgenössische Chronist Rem. Aus dem von den Mitschwestern dem Kloster eingebrachten Vermögen wurden insgesamt 1355 Gulden für den Neubau verwendet. Seit 1835 dient die frühere Klosterkirche als Museum »Altdeutsche Galerie«. Das ebenfalls säkularisierte Kloster ist heute das Holbein-Gymnasium.

Jakob Fugger der Reiche erwähnte in seinen Sonderbestimmungen vom 30. Dezember 1512 über die ungarischen Bergwerke und die liegenden Güter seine Nichte Felicitas »Fuggerin in Closterjungfrau in Sant Chatharinen (die mein brueder Ulrich seliger als seine tochter in seinem leben auch genzlich und gar hindran gericht und sich mit derselben vertragen hat)«: sie solle wie alle anderen Familienmitglieder an den Liegenschaften teilhaben.

In seinem ersten Testament von 1521 wurden der Nonne »300 gulden, die ihr in jarsfrist … bezahlt werden sollen« vermacht. Im zweiten Testament vom 22. Dezember 1525 erhöhte er die Summe auf 400 rheinische Gulden. Am 3. September 1532 bezahlten die Fugger die fällige Nachsteuer für das 400-Gulden-Legat, das Felicitas mit einem Geldlegat von 200 Gulden bedachte. Als Felicitas 44jährig starb, hinterließ sie dem Kloster 1806 Gulden und 38 Kreuzer. In der Tracht des Dominikanerinnenordens wurde Felicitas von Jörg Breu im »Geheimen Ehrenbuch des Fuggerischen Geschlechts« dargestellt. Am Gürtel ihrer Kutte hängt ein Lederbeutelchen, in dem sie wohl Geld aufbewahrt. Taschen in der Kleidung gab es damals noch nicht. In der rechten Hand hält sie ein Buch, dessen äußerer Ledereinband in einen Tragegriff ausläuft. Mit der linken Hand trennt sie sich von ihren irdischen Gütern, den ihr von ihrer Familie übereigneten Goldgulden. Hier scheint der Künstler auf die Stiftertätigkeit der Nonne hinweisen zu wollen (siehe Bildteil).

MARIA FUGGER
✳ 1583 † 1646
Nonne im Benediktinerinnenkloster in Kühbach
Tochter des Octavian Secundus Fugger (1549–1600) und der Maria Jacobäa Fugger (1562–1588)

Der Klostereintritt der Maria Fugger erfolgte am 8. Mai 1600. In der Konventsliste von 1606 findet man sie als Chorfrau Maria Fugger, Freiin zu Kirchberg, in den Konventslisten von 1617 wurde sie als Kastnerin ausgewiesen.
Dem Nachlaßinventar ihres Vaters ist zu entnehmen, daß er seiner Tochter Maria im Januar 1602 folgende Besitztümer nach Kühbach geschickt hat (aus dem Erbteil ihrer Mutter): »Inn ainem Leffelfuetter, ain silberin Leffelin mit dem Fuggerischen Wappen, ain Piron sambt ainem schwaczen messer, so alles der Frawen seeligen gewesen ist«. In einer undatierten Rechnung des Zinngießers Hieronymus Hamburger erscheint in der Auflistung: »Das Zinngeschirr gericht (so gen Kühbach geschicht worden ist) 12 Kreuzer«.
In der Zeit von 1637 bis 1644, also während der Wirren des 30jährigen Krieges, hielt sich die Nonne in Schwaz in Tirol auf, wie aus noch erhaltenen Briefen an Friedrich und Hans Ernst Fugger zu

schließen ist. »Am 11. November 1644 bin ich gottlob aus Tyrol froh und glücklich in mein armes verderbtes Kloster kommen...«

 *ANNA JACOBÄA FUGGER, SPÄTERE GRÄFIN ZU ORTENBURG*
✳ 1547 ✝ 1587
Nonne und Subpriorin im Dominikanerinnenkloster St. Katharina, Augsburg 1561–1582
Gemahlin des Heinrich Vll. Graf zu Ortenburg (1556–1603)
⚭ 1585 Amberg
Kind: 1

Die Taufe

Anna Jacobäa kam am 27. Februar 1547 in München zur Welt. Da ihre Eltern sehr gute Kontakte zum herzoglichen Hause Wilhelms IV. pflegten, übernahmen die Herzogin Jacobäa Maria und ihre junge Schwiegertochter Anna von Österreich die Patenschaft für das kleine Mädchen. Georg Fugger teilte seinem Bruder Hans Jakob in Augsburg mit: »... hab das Kind zue hof taufen lassen und weil paid fürstin gefatterin, nach inen paiden das kind Annam Jacobam genannt«.
Die Markgräfin Jacobäa Maria weilte auf ihrer Brautfahrt nach München einen Tag in Augsburg »anno 1522 auf aftermontag nach Maurici (23. September)«. Sicherlich war sie Gast im Fuggerhaus. Als Herzogin von Bayern ist sie zusammen mit den Eltern des Täuflings in Augsburg am Canisius-Altar dargestellt. Für das 16. Jahrhundert ist die Nennung der Taufpaten der Anna Jacobäa die einzig archivalisch belegbare.
Es fällt auf, daß zwischen der Geburt und der Taufe der kleinen Anna Jacobäa fast fünf Wochen lagen. Das ist ungewöhnlich, denn die Kinder wurden üblicherweise am Tag der Geburt oder am darauffolgenden getauft. Die Taufe einen Tag oder gar eine Woche hinauszuschieben, weil das Taufhäubchen noch nicht fertiggestellt war oder die Paten noch nicht angekommen waren,

hielt Berhold von Regensburg für eine vom Teufel eingegebene Entschuldigung. Bei der verspäteten Taufe des kleinen Mädchens aus Fuggerschem Hause könnte wohl zutreffen, daß die Patinnen erst zu dem angegebenen Termin das Kind zur Taufe tragen konnten. Der Ort der feierlichen Taufspendung war allemal die Kirche. Noch im 15. Jahrhundert wurde die Taufe in Augsburg durch dreimaliges Untertauchen vollzogen, doch sollte seit 1478 mit Rücksicht auf die wesentlich geringeren gesundheitlichen Gefahren für die Neugeborenen das Sakrament nur noch durch Benetzung gespendet werden. Die Sitte, dem Kind den Namen eines Heiligen bei der Taufe zu geben, kam in Schwaben nicht vor dem 13. Jahrhundert auf und erfolgte wohl unter dem Einfluß der Bettelorden. Der beliebteste Mädchenname war nicht Maria, sondern Anna. Nach der Taufe trugen die Paten das Kind um den Altar herum oder ließen es den Altar berühren. In Augsburg galt das weiße Taufkleid als Symbol des Priestertums und das Taufhäubchen als Zeichen der königlichen Krone, der Würde des Neugetauften. Aus Ehrfurcht vor dem geweihten Chrisam, mit dem der Pfarrer das Taufkind auf dem Scheitel gesalbt hatte, setzten die Paten dem Täufling das Taufhäubchen auf, das eine Woche später vom Pfarrer wieder abgebunden wurde, um die Stelle der Salbung zu reinigen. Der Priester tauchte dann einen Finger des Kindes in den Meßwein und ließ das Neugeborene daran saugen als Zeichen, daß es nunmehr zur kirchlichen Gemeinschaft gehörte. Dieses »Witzen« (weiß machen) war in Schwaben eine weit verbreitete Sitte. Zur Segnung der Mutter nahm der Geistliche das Kind in seine Arme und machte mit ihm ein Kreuz.

Über die weltlichen Tauffeierlichkeiten in München am herzoglichen Hof ist nichts überliefert. Allgemein ist zu sagen, daß derartige Festlichkeiten für Säuglinge anstrengend waren. Es gab »schärfste amtliche Verordnungen, nach vollzogener Taufe den Säugling zunächst nach Hause zu bringen und ihn nicht aus Bequemheit gleich in das Wirtshaus mitzunehmen«. Denn dort wurde im 16. Jahrhundert neben der sprichwörtlichen Völlerei das Trinken als Nationallaster geübt.

Angesichts der eingerissenen Trinkfreudigkeit und ihrer verheerenden Folgen sei an Kaiser Karl V. das Ansinnen gerichtet worden, den Deutschen das Vollsaufen bei harter Strafe zu verbieten. Darauf habe der Kaiser erwidert: »Das ist mir ebenso unmöglich, als den Spaniern das Stehlen abzugewöhnen.«

Der erzwungene Klostereintritt
und die Flucht aus dem Kloster

In der Fugger-Chronik von 1599 steht zu lesen, daß 1561 Ana Jacobäa »durch ir fraw muetter durch den jesuiten Peter Canisius in das closter zu sant Catharina in Augspurg komen und mit ihrem unwillen darein gethon«. Obwohl Canisius durch seine intensive Predigtätigkeit in Augsburg (1559–1562) und durch seine hohe Wertung der Jungfräulichkeit den jungen Augsburgerinnen das klösterliche Leben nahelegte, betonte er aber auch, daß die »Eltern sündigen, wenn sie die Kinder zwingen … in einen Orden einzutreten«. Bei der zweitältesten Tochter seiner großen Gönnerin Ursula Fugger-Lichtenstein indessen kannte er sichtlich kein Erbarmen; denn Anna Jacobäa wurde 1561 gegen ihren Willen zunächst in das Benediktinerinnenkloster Kühbach gebracht. 1562 durfte sie zwar nach Augsburg zurückkehren, sie kam aber nicht, wie sie annahm, heim zu den Eltern, sondern in das St. Katharinenkloster. Erst am 4. Oktober 1582, am Franziskustag, gelang ihr nach 21jährigem Klosteraufenthalt die Flucht. Sie habe »aber neben ihre kutten in ihrem gezell auf den Tisch geschrieben mit disen worten also lautend: got allain die ehr, in dise kutten komb ich nicht mehr«. Sie floh nach Heidelberg zu ihrem Onkel Ulrich Fugger.
Der Jesuitenpater Braunsberger sah den Anlaß zum Verlassen des Klosters darin, daß sich Anna Jacobäa angeblich »von Heiratsgelüsten übermannen« ließ. Die Behauptung der Nonne, sie sei von Petrus Canisius und ihrer Mutter durch falsche Vorspiegelungen und Drohungen zum klösterlichen Leben gedrängt worden, wies er daher entschieden zurück. Canisius sei zu seinen Lebzeiten viel geschmäht worden, »aber die Worte jener bedauernswerten Frau ernst zu nehmen, das ist unsers Wissens keinem in den Sinn gekommen«. Der beste Beleg gegen Braunsbergers versuchte Rechtfertigung des Petrus Canisius ist freilich ein von Anna Jacobäa am 30. November 1582 in Heidelberg verfaßter Brief an ihre Brüder Philipp und Octavian Fugger. Da diese Quelle von zentraler Bedeutung für die Beweisführung ist, wird sie vollständig zitiert:
»Uf meiner Brüeder Philipp und Octavians Fugger Schreiben, so sy an den Erzherzog Ferdinand etc. somentlich gethon, meinen grundtlichen Bericht von Puncten zu Puncten anzuzeigen, wie die Sachen beschaffen.
Zeigen sy gedachte meine Brüder in ihrem Schreiben erstlich an, das

ich nicht wider Willen in das Closter gegangen und getrungen, sondern bei meiner lieben Eltern seligen Lebzeitten ungeverlich vor 20 jarn, als ich damals sollte 16 Jar alt geweßen sein, mich in das Closter geben etc. Hieruf berichte ich und zeig an, das woll nicht ohne das sy meine Brüder wenig oder woll gar nichts darumben Wissens gehabt, da ich in das Closter anfenglich komen, sintemal sy zur selben Zeitt noch jung, auch dise zwen meine Eltern Kinder damals verschickht gewesen. Dieweill aber von mir die Warhaitt zu bekhennen, wer oder von wem ich erstlichen in das Closter getrungen, begeret würdt, So zaige Jch an, dass demnach Jch in Anno 1547 geborn, bin Jch volgends im 60. Jar, als ain junges noch unuerstendig Megllein von dreysehen Jaren altt von dem Doctor Canisio Jesuitern beredt, vnd durch seine heele wortt vnd Lüsten eingenommen worden dass Jch gott vnd Jme geloben vnd ain gelübdt thuen wölle, mich mein lebtag nit zuverheyraten. Darüber Jch dessen zu wahrer zenckhnuss (= Zeugnis) ainen ring anstehen müessen. Zu diesem hatt Er mich gebracht, one wissen meiner Eltern, wie Jch achte. Nach solchem hatt gedachter Jesuiter meiner Muetter seligen, dass Sy mich solte in ain Closter thuen, hart zuegesetzt, vnd Sy vberredt, und ob wol anfenckhlich Jch hart daran khommen, vnd es nit eingeen wellen, so doch endtlich khindtlicher forcht halben vnd meiner Muetter zugefallen, sonderlich auch weil ich gesehen, dass sy mich auf mein verwaigern hat gehalten vnd angefaindet, nit aus der Handt geehn wöllen, vnd Jr hierinn als ein Kindt gehorchet. Auf dise mein bewilligung hat mein Muetter mich in Anno 1561. in das Closter Küebach im Bayerischen ligendt gefüert. Aber wie gern, vnd mit wainen vnd hayllen Jch mich dahin begeben, vnd gebliben, werden die Closter Frawen bekhennen, sonndern hatt dessen die allt verstorbene Hertzogin, Hertzog Albrechts in Bayrn etc. frau Muetter, so damals vbernacht im Closter gelegen, samt Jrem Frawen Zimmer ain guett wissenschaft gehabt, mir auch damals verhaissen, daran zesein, mich widerumb aus dem Closter zuerledigen, aber aus forcht meiner Muetter hab Jch die hochdachte Hertzogin dafür gebetten, dass sy es auf diessmal einstelle, Dann Jch mich sehr fürchte vor meiner Muetter. Nachdem aber Jch nach verlauffenem halben Jar nit lenger im Closter zebleiben mir fürgenommen gehabt, ist obgedachter Canisius abermals zu mir khommen, vnd mich desswegen mit hartten wortten vnd troen angefahren, mich meiner gethanen Pflichten erinnert, vnd vil von meiner Eltern vngnade geprediget, mich also laider eingenommen, dass Jch wider bewilligt, wo Er mir aus diesem Closster in St. Catharina Closster gen Augspurg verhelffen wolte, so wölle Jch mich darin bereden, vnd Jme volgen, aber nit aus guettem willen, sonder aus forcht. Hernacher bin Jch wider nach Augspurg gefüert worden, aber nit für meine Muetter dörffen khom-

men, sonder bin alssbaldt in Anno 1652 (meines Alters damals 15 Jar) in St. Catharina Closter waynnent und ungern wider meinen Willen gestossen worden, vnd 20 Jar lang leid verblieben, vnnd diß obwol nit ohne, das mein lieber Vatter Seliger zu mir ainmal ins Closter khommen, vnd mich gefragt, wie es im Closster gefalle, ob Jch da vermein zubleiben. So hab Jch doch gegen Jme khindtlicher forcht halben, sonnderlich weill die Muetter mir zuvor sehr gedroet, was Jch dem Vatter, wo Er mich fragt, antworten soll, mich nit dörffen vernemmen lassen, das ich wider meinen willen vnd herzen getrungen von meiner Muetter werde in dem Closter zerbleiben. Jst auch dise frag von meinem Vatter erst geschehen, da Jch schon ain Jarlanng in der Kutten gegangen. Hernacher hab Jch in beysein der Closter Frawen vnd aines Münichs ainen Zettl verlesen müessen, oder wie mans haist, Profess gethan, mit was für ainer mainung Jch disen Zettl gelesen, vnd wie der gehalten wirdet, auch was solches Gelübdt vor Gott dem herrn gült, gib ich ainem yeden verstendigen, dem solche sachen bewüsst, zuermessen.

Betreffent dan meine Brüder, das in inen deswegen nichts geclaget, auch weder Hilff noch Rath bei inen gesuchet, sendern frembden Leuten vertrawet etc. Hieruf zeige ich an, das zu Lebzeitten meiner Fraw Mutter ich einigem Geschwisterigen deshalben was zu clagen oder zu trawen, niemals so khön geweßen. Dan was ich bewilligt, habe ich meiner Mutter seligen, die es nicht anderst gewusst und von den Jesuitern sehr eingenommen worden ist, zu kindtlichem Gefallen thon und sy nicht wöllen ..., denn hette ichs meinen Brüdern vertrawet und inen zu entbotten, hette ich mich woll was anderst und grössers miessen befahren.

Dan wi sy sich meiner haben angenommen, scheintt darauß, als ich uf ein zeitt im Closter sehr krankh gelegen und mir der Doctor gerathen, ich soll in ein Bad meiner Leibsschwachait halben ziehen, welches ich zwar gern gethon hette, in Mainung nachgehentts nicht mehr in das Closter zu komen. Aber meine Brüder, obwoll sy des Doctors Rath gewisset, doch nichts haben wollen zur Sachen thon, sondern mich sitzen und woll sterben lassen. Wan dan sy meine Brüder sich damals meiner Leibsschwachhait nicht oder gar nichts angenommen, wie hett ich inen dan sollen und können meine Sell und Gewissen vertrawen, da sy erfahren hetten, das ich mich auß dem laidigen Bapstumb zu der waren rainen Confession begeben wollte? Sintemal sy hefftig baptistisch unnd zum Theill hard von den Jesuitern eingenommen, dahero woll zu vermutten, wie sy mir hetten mögen auß dem Closter verhelffen, sonderlich da sy mir auch Underhaltung zu geben angehalten weren worden.

Daruf zeige ich an, das ich nach der gaistlichen Sazung nicht under dem Rath gewesst bin, und sy mitt dem Closter nichts zu thon haben. Derwegen war ein Rath darumb zu begrüeßen nicht von Nötten.

Letstlich das mein Austretten wider Recht, Erbar und Billichaitt sey und das ich durch heimlich böse Practiken auß dem Closter solle gefürtt worden sein etc., bin ich nicht gestendig, dan ich durch keine Zauberey oder Teufelsgespenst, sonnder durch die algewohnliche geöffnete Thür und durch den freyen Hoff gegen abents auß dem Closter gangen. Unnd können die Closterfrawen nicht sagen, das sy nicht sollen an mir vermerckht haben, das ich keinen Lust in dem Closter zu bleiben gehabt, dan ichs nicht allain inen, sondern auch damals meinem gewessenen Beichtvattern offtermals gesaget, aber das sy es verschwigen oder nur für einen Scherz verstanden, kan ich ime nicht thon, dan es jederzeit mein Ernnst gewesen und derwegen uf Mittel und Weg etlich fahr hero gedacht, wie ich mich mitt redlicher, ehrlicher unnd in der waren Religion Hoffnung, vertrawen, Hilff und Rath von dem leidigen Bapstumb und unchristlichem schandlichen Closterleben mechte erledigen. Darzu dan der liebe Gott sein Gnad verlihen, dem ich billich zu forderst, das er mich auß der Fünsternuß an das Liecht hatt bracht, auch allen denen, so mir dazu gerathen und geholffen, auch noch teglichs rathen, helffen, beschirmen und beschützen vill zu danckhen hab. Ob aber ich wider mein Pflicht und Gwissen soltte gethan, so halte ich nein darfür, den Glauben und Gwissenssachen sindt frey, binden niemandt und mueß einmal ein jeder seines Glaubens allein Rechenschafft geben. Item das wider Recht, Erbar und Bilichait diejenigen, so mir dazu geholffen, sollen gehandlet haben, wirdt meines Erachtens niemand sagen können, dan ich nicht allein sy darzu verursachet und flöhlich gebetten, sondern auch mein arme Seell zu verrathen sy schuldig gewessen, sintemal ich in niemals treuherzigen gottesförchtigen … mein Norr unnd Bekhümernuß … beclaget, biß das ich … vermöget hab.

Derwegen meine ich nich Unerhrlichs oder Unbillichs und wider Recht (wie sy damit von meinen Brüdern bezüchtigt) gehandelt, sonnder ist alles auß einem christlichen gottseligen Eyffer geschehen.

Diß habe ich uf meines freundtlichen lieben Herr Vettern Bergern, auch der Warhaitt zu Stewr und dieweill ich auch der ganzen Sachen kein Schewerns trag, uf meiner beider brüdern schreiben treulich und warhaftig berichten sollen.

Geben in Heidelberg den 30 Novemb. Anno 1582

Anna Jacobe Fuggerin

Der Klostereintritt war demnach, wie sie sagt, durch »blanditiis, minis« (Täuschungen, Drohungen) der Mutter erzwungen worden, und das Mädchen litt unsäglich unter der Trennung vom Elternhaus. Es liegt hier also ein ähnlicher Fall vor wie bei der späteren Nationalheiligen Spaniens, Teresa von Avila, die in ihrer Autobiographie schrieb: »Der Augenblick, in dem ich das väterliche Haus verließ, schwebt noch in meinem Gedächtnis. Es war mir damals nach meinem ganzen Dafürhalten und in Wahrheit so zumute, daß ich glaubte, der Tod könne nicht furchtbarer für mich sein, denn es kam mir vor, als würden mir alle Gebeine aus den Gelenken gerissen.«

Bis zum Klostereintritt der Anna Jacobäa 1562 herrschte im Katharinenkloster freilich ein recht beschauliches Leben: die Schwestern hatten Kontakt zu ihren Familien und zur Außenwelt. Das Kloster »ist in der Tat eine Art Damenclub geworden, der befreundeten Personen und dona ferentes ohne irgendwelche Rücksicht auf die Klausur gastlich offenstand, und die Damen von oft hoher Geburt hätten sich wenig um die Ordensregeln gekümmert«.

1563 wurde die Priorin des Katharinenklosters Susanne Ehinger aus Ulm »durch vil und heftiges anhalten des Jesuiters doctor Petri Canisii, thumpredigers allhie, dahin beredet«, daß sie strengste Klosterregeln einführte. So durften die Nonnen keinerlei Gaben von Verwandten mehr durch das sogenannte »Rad« entgegennehmen, und das eiserne Gitter, durch das die Nonnen mit Verwandten reden durften, mußte zugemauert werden, um jeden Kontakt zur Außenwelt abzubrechen. Canisius rief sogar den Beistand des Kaisers an mit der Bitte um eine Visitation und »Reformation« des Klosters, um die totale Absperrung zu erreichen. Es scheinen damals viele junge Mädchen unter dem Druck ihrer Eltern, die im Banne des Canisius standen, in das Kloster eingetreten zu sein, keineswegs jedoch mit der Absicht, dort ein Leben lang zu bleiben. Als Anna Jacobäa erst kurze Zeit im Kloster in Augsburg war, entwichen zwei Nonnen, nämlich »die ain, ain Rennerin, aine von adel, die ander, Magdalena Rehlingerin«.

Nachdem »die Jesuiter zu s. Katharina vil enderungen fürgenommen«, wurde das Klosterleben für Anna Jacobäa noch unerträglicher. Sie harrte aber immerhin bis 1582 aus und bekleidete achtzehn Jahre lang das Amt der Subpriorin. Wie sie schrieb, war sie aus Rücksicht auf ihre verwitwete Mutter, die 1579 starb, so lange im Kloster geblieben.

Am Tage der »Flucht« (4. Oktober 1582) weilte lediglich Bruder

Philipp Eduard in Augsburg, der wie sein Bruder Octavian Secundus von einer tiefen Religiosität im Sinne der Reformatio catholica geprägt war. »Das innere Erbe stammte vor allem von der Mutter, die Gesellschaft Jesu festigte seine Liebe und Anerkennung ... zu wahrer christlicher Religion.« Für ihn brach sichtlich eine Welt zusammen, als der in Augsburg als Sensation empfundene spektakuläre Klosteraustritt einer Fuggerin bekannt wurde.

Philipp Eduard unterrichtete unverzüglich seine Brüder Octavian Secundus in Weißenhorn und Anton, der in Heidelberg weilte. Der verletzte Stolz eines reichsstädtischen Patriziers im standesherrlichen Rang ist in seinem Brief vom 6. Oktober 1682 an vielen Stellen nicht zu überhören:

»Nämblichen ist uff 4 diß abends vnsere schöne Schwester anna jacobe die suppriorin aus dem Kloster gesprungen wie daz zugangen liesst du aus beiliegenden copijs an den vlrichen und sonderlich an den Anthoni fuggern, denen hab Jch heut mittags geschrieben dann also ist es mir von herrn stattpfleger geraten worden, damit geeilt werde ehe diese große schand außbrech, ... geschrieben hatt mir der prior copi zettels geschickt ihr schändlich verlassen der last hiermit beneben war er mir dazu schreibt bitte dich wollst mir meiner copias wie dann die Zettl wiederschicken, dann ich nichts wergen der Eil abschreiben konnte. Wann mir ainer gesegt gantz Hisp. (Spanien) wer versunckgen hette Iches eher dann sollches von ihr die schon 18 Jar im Closter geweßt geglaubt ... Dieser Handel ist lang angespunnen und hat der prior gantz unrecht in der Zeit ihre Reden nit entdeckt ... dieser schendlich handl der dem gantzen fuggerischen stamen zu nachteil vnd schmach raicht fürkommen konnte aber das können die calvinischen.«

Sehr ungehalten war Philipp Eduard über den Prior des Dominikanerklosters St. Magdalena, dem das Kloster St. Katharina zur seelsorgerlichen Betreuung unterstand. Philipp Eduard beklagte sich darüber, daß ihm die offenbar häufigen Äußerungen seiner Schwester über einen geplanten Klosteraustritt nicht früher mitgeteilt wurden, sondern erst am Morgen nach der Flucht. Da der Abschiedsbrief der Anna Jacobäa an ihre Mitschwester Zieglerin in einem fuggerischen Kopialbuch erscheint, ist anzunehmen, daß alles Persönliche der Nonne vom Prior an Philipp Eduard übergeben wurde.

Im Abschiedsbrief der Anna Jacobäa an die Priorin Zieglerin wünschte sie ihr alles Gute und beteuerte, daß sie weder mit Mönchen noch mit Pfaffen mehr etwas zu tun haben wolle. Da sie ihrer Mitschwester Schaffnerin noch etwas schuldig sei, solle ihr die Priorin Anna Jacobäas samtenes Altartuch und eine Tafel geben. Falls dies noch nicht reiche, wolle Anna Jacobäa Geld an das Kloster schicken. Den Meßwein möge die Priorin verschenken, an wen sie wolle. »Allain begerr Ich den Schreibtisch und die Petstatt.«

Welche Bedeutung dem Klosteraustritt der Anna Jacobäa in ihrer Familie zugemessen wurde, läßt sich ersehen aus dem eigens dafür angelegten 83 Seiten starken Kopialbuch im Fugger-Archiv.

Anna Jacobäa und ihr Onkel Ulrich in Heidelberg standen in regem brieflichen Kontakt. Sie bat immer wieder, er »wolle ihr aus dem Kloster helfen und sie wohl aussteuern, daß sie nit betteln dürfe, auch zu einer ehrlichen Heirat verhelfe«. Auch die »glaubenseifrige« Kurfürstin Elisabetha in Heidelberg, Tochter des Landgrafen Philipp von Hessen, wünschte sehr, Anna Jacobäa aus dem Kloster zu erlösen, denn da sie »keine Lust im Kloster, kann sie daselbst nicht dienen«.

Bereits bei der Teilung des Christoph Fuggerschen Erbes im Jahre 1580 überbrachte der Diener Ulrich Fuggers Anna Jacobäa die Nachricht, sie solle das Kloster verlassen, da sein Herr sich ihrer annehmen werde. Während des Reichstages in Augsburg 1582 sei Herzog Ludwig von Württemberg verkleidet in das Kloster gegangen und am »Radt« stehend habe er Anna Jacobäa versprochen, ihr freies Geleit durch sein Land zu geben und sie durch Briefe dem Pfalzgrafen Ludwig VI. zu empfehlen.

Philipp Eduard verdächtigte nach der Flucht seiner Schwester von vorneherein seinen Onkel Ulrich, den »einzigen protestantischen Exponenten des Fuggerschen Hauses«, die Hand im Spiel zu haben. Es handelte sich hier um den Bruder der Ursula Fugger-Ortenburg, der nach seiner Konversion nach Heidelberg gegangen war. Angeblich »jubilierte Herr Ulrich und Pfalzgraf ob dieser that vast und meinen, haben ein gross Werckh verricht«.

Den Brüdern der Anna Jacobäa, Philipp Eduard und Octavianus Secundus, hatte dieser Klosteraustritt äußerst mißfallen. Um das Ansehen der Familie zu retten, versuchte sie mit allen Mitteln, den Klosteraustritt als »Raptus« (Entführung) zu tarnen. Vor diesem Hintergrund wird glaubwürdig, daß Philipp Eduard und Octavianus Secundus nicht nur Herzog Wilhelm V. von Bayern und Erzherzog Ferdinand von Osterreich, sondern auch Kaiser Rudolf II. das Geschehen in Augsburg mitteilten, beziehungsweise letzteren sogar bemühten, eine Restituierung ihrer Schwester beim Kurfürsten von der Pfalz zu erwirken.

An Ulrich Fugger in Heidelberg erging ein kaiserlicher Bericht des Inhalts, daß Philipp Eduard und Octavian Secundus klagend zu erkennen gäben, ihre Schwester Anna Jacobäa sei heimlich und ohne Wissen des Rates aus Augsburg nach Heidelberg weggeführt worden, ganz ohne ihr Zutun. Man habe nie vernommen, daß sie nicht gerne im Kloster war, sie habe sich auch nicht bei ihrem Vater über das Klosterleben beklagt, und ihre Brüder seien täglich bei ihr gewesen!

Rudolf II. schrieb an Ulrich Fugger nach Heidelberg: »Die Entführung Deiner Mummen im hl. Reich ein ganz bösen ärgerlichen exempel und beide in geistlichen und weltlichen Rechten höchlich verboten und ohne vorwissen geschehen solche Entführung zu merklich Schimpf und Beschwerung gereichen«, und befahl, Ulrich Fugger solle seine Nichte wieder nach Augsburg schicken und »sie wider willen keineswegs vorhalten.«

Kurfürst Ludwig antwortete auf das kaiserliche, erzherzogliche und herzogliche Anschreiben: »Anna Jacobäa habe sich in seinen Schutz und Schirm begeben und bisher so erbaulich und wohl verhalten, daß er nicht Willens sei, ihr denselben zu versagen«. Auf die Briefe ihrer Brüder hatte Anna Jacobäa mit dem zu Beginn dieses Kapitels in vollem Wortlaut zitierten Schreiben ausführlich geantwortet.

Herzog Wilhelm V. von Bayern war besonders aufgebracht über die Hilfe eines Goldschmieds bei der Flucht aus Augsburg: »Wann mir solches in meinem Lande täte, so müßte er mir ohne Mittel die scharfe Rechtsstrafe überstehen«, äußerte er sich gegenüber dem von den Fuggern zu ihm entsandten Hofkanzler und Geheimrat Dr. jur. Johannes Gailkircher. Dieser hielt von der ganzen Aufregung nicht viel, denn »man werde schließlich wegen einer ausgesprungenen Nonne keine Weiher anzünden können«!

Die Reise an den Hof zu Heidelberg

Wie hatte es Anna Jacobäa zuwege gebracht, aus dem Kloster zu fliehen? Nahe dem Kloster wohnte ein Goldschmied evangelischer Konfession mit Namen Hans Jakob Hörmann. Sein Garten stieß an die Mauer des Klosters. Hörmann hatte viel im Kloster zu arbeiten. Er lehrte die Nonnen Farben bereiten und Gold und Silber schmelzen. Heimlich brachte Hörmann den Schwestern ein Buch, in dem Luthers Leben und Predigten aufgezeichnet waren. Hörmann wußte, daß die Schwestern eine polemische

Schrift des Jesuitenpaters Johannes Naß besaßen, und er hatte sie deshalb mit der genannten Schrift über Luther versorgt, weil er ihnen »den rechten Grund und das Widerspiel weisen wollte«. Die Schwestern hatten zwar den Besitz der ketzerischen Schriften gebeichtet, aber sie wurden ihnen nicht weggenommen.

Anna Jacobäa war im Kloster längere Zeit krank gewesen und sollte eine Badekur verordnet bekommen, doch ihre Brüder kümmerten sich nicht um sie. Da sie wußte, daß Hilfe nur von ihrem Onkel Ulrich Fugger zu erwarten war, schickte sie durch Hörmann Briefe nach Heidelberg. Es wurde so der Plan geschmiedet, daß Hörmann für die Nonne weltliche Kleider von seiner Schwester besorgen sollte, und mit dieser als Reisebegleiterin und unter dem Reiseschutz von Konrad Heß, einem verkrachten Studenten aus Worms, sollte die Flucht nach Heidelberg angetreten werden. Einen Schlüssel des Klosters hatte sich Anna Jacobäa »abtrucken« lassen! Diese Angabe im Kopialbuch stimmt nicht mit der Schilderung des Klosteraustrittes durch die ehemalige Nonne überein. Sie schrieb ihren Brüdern, daß die Türen des Klosters nicht versperrt waren und sie somit ohne »heimlich böse Practiken ... und kein Zauberey oder Teuffelsgespenst« das Kloster verlassen habe.

Geplant war die Abfahrt am späten Abend des 4. Oktober 1582, doch der Fuhrmann weigerte sich, nachts zu fahren. So wurde die Reise erst am nächsten Morgen angetreten. Anna Jacobäa übernachtete bei einer Verwandten von Hörmann. Man verließ Augsburg durch das Jakobertor, dann ging es weiter nach Zusmarshausen; dort wurde Mittagsrast gemacht. Übernachtet wurde auf Pfalz-neuburgischem Gebiet bei einem Fuhrmann in der Nähe von Lauingen. Am 6. Oktober wurde die Strecke Heidenheim-Donzdorf bewältigt, am 7. Oktober reisten sie bis Eßlingen, am 8. Oktober war Ankunft in Stuttgart. Die Reisegruppe war Gast des Herzogs von Württemberg bis zum 13. Oktober. Dieser stellte ihnen, wie er es versprochen hatte, einen Geleitbrief aus. Die Reise führte dann über Vaihingen und Maulbronn nach Heidelberg. Dort wurde Anna Jacobäa von Ulrich Fugger und Kurfürst Ludwig von der Pfalz herzlichst aufgenommen.

Hörmann mußte seine Hilfestellung bei der Flucht der Fuggerin teuer bezahlen: Auf Antrag von Philipp Eduard wurde er am 10. Oktober 1582 in Augsburg gefangen genommen und verhört. Er stand zu allem Vorgefallenen. Damit gab man sich aber nicht zufrieden, man wollte Mitschuldige in Erfahrung bringen, wollte wissen, ob die Entflohene etwa in einem Liebesverhältnis gestanden habe. Wie aus dem Verhörprotokoll hervorgeht, wurde Hörmann auch gefoltert. Er wurde am 12. Oktober 1582 gefesselt mit einem über eine Rolle laufenden Strick in die Höhe gezogen. Am 17. Oktober wurden ihm vier Gewichte angehängt, weil er aber so schweren Leibes war, konnte man ihn nicht mehr hochziehen. Hörmann mußte auf die Streckbank; er blieb aber trotz des Streckens bei den gemachten Aussagen und hatte nichts mehr hinzuzufügen. Überzeugt, daß die Auslieferung ihrer Schwester nicht mehr zustande komme, wandten sich Philipp Eduard und Octavianus Secundus am 15. Januar an die Stadtpfleger, Bürgermeister und den Rat der Stadt Augsburg: »Das uns nunmehr an der gefänglichen Aufenthaltung des Hörmann nit mehr viel legen, so möge man ihn entlassen.« Nach einer Haft von über drei Monaten wurde er auf ewig aus der Stadt verwiesen. Als Schuld wurde ihm angelastet, von der Flucht gewußt, dem Rat der Stadt Augsburg aber nicht Meldung gemacht zu haben. Ulrich Fugger nahm sich seiner an und holte ihn nach Heidelberg.

Anna Jacobäa, die evangelische Gräfin zu Ortenburg

Anna Jacobäa fand liebevolle Aufnahme bei ihrem Onkel Ulrich Fugger. Er sorgte in wahrhaft fürstlicher Weise für seine Nichte, beschenkte sie unter dem 8. August 1583 mit einem Kapital von 20 000 Gulden, damit sie »Ihrem Stande gemäß sich unterhalten und ihrem Herkommen nach verheiraten möge«, und verheiratete sie schließlich mit dem um neun Jahre jüngeren Heinrich VII. (1556–1603), dem evangelischen Grafen zu Ortenburg.
Heinrich VII. Graf zu Ortenburg bat am 13. Januar 1585 die Großonkel seiner Verlobten, Marx, Hans und Jakob Fugger, um »freundliches Erscheinen« zum, hochzeitlichen Ehren- und Freudentag, der auf Sonntag Estomihi, den 21. Februar 1585 festgelegt wurde. Wer von den Verwandten der Braut wirklich an der Hochzeit teilgenommen hat, ist nach Durchsicht der Archivalien im Fugger-Archiv und im Ortenburger Archiv leider nicht mehr in Erfahrung zu bringen. Nach Aufzeichnungen im Schreibkalender des Joachim Graf zu Ortenburg fand die Hochzeit in Amberg im Schloß statt. Über den Ablauf der Hochzeitsfeierlichkeiten ist nichts überliefert. Im Ortenburger Archiv in Tambach ist aber eine vierzehn Seiten starke, in lateinischer Schrift verfaßte, gedruckte literarische Festgabe zur Hochzeit erhalten. In einem im Fugger-Archiv erhaltenen Hochzeitsbüch-

142

lein heißt es jedoch: »Herr Hainrich Graff zu Orttenburg verheiratet sich mit der ausgesprungenen Nonne Freylein Maria Jacobe Fuggerin, Herrn Georgen Fuggers und Frawn Ursula von Lichtenstain eheliche Tochter, war die Hochzeit in Heidelberg gehalten, auff 3. Martio 1585.« Außerdem die Briefe Heinrichs zu Ortenburg, in denen er nach Augsburg schrieb, daß die Vermählung mit Erlaubnis des Pfalzgrafen Casimir im Heidelberger Schloß stattfinden dürfe.

Die Braut war 38 Jahre, der Bräutigam 29 Jahre alt. Die fünf erhaltenen Konzepte von Briefen des Bräutigams an seine Braut sind leider unleserlich. Die Antworten der Braut, von ihr fein säuberlich selbst geschrieben, lassen auf eine große Zuneigung des ungewöhnlichen Paares schließen.

In der in dieser Zeit üblichen Anrede *wolgeborener sunderts fraindtlicher Graven* steht bei ihr noch zusätzlich *vertrauter hertzlieber Grave* zu lesen. »E. L. *(Euer Liebden) fraindliches Schreiben hab ich von Herrn doctor Heuberg mit sunders freiden wol empfangen und wiewol sich E. L. gegen meiner in allen lieb und fraindtschaft auß der ehrlichen meiner person halben bey dem durchlauchtigesten Hörtzog Johann Casimir pfalzgraffe meinem gnedigsten schutz und schirm herrn und auch bei mir selbst beschehenen ehrlichen Heuratswerbung genugsam verstanden, so habe ich doch solche E. L. gegen meinr habende naigung auß E. L. schreiben und dem darin vermelten Ehrlichen und ganz Christlichen erbieten mit viel Bewegnuß kummen, und gleich wie gegen E. L. ich mich solcher Ehrlicher lieb und fraindschaft und E. L. ganz fraindlichen Christlichen angedenken zum höchsten bedanken ...*

Die Tage meines Lebens mit hülff des Allmechtigen gegen E. L. als meinen kunfttigen hertzlieben Herrn und Ehegemahl, der maßen zu verweissen und mit aller christlicheem guttwilligen Gehorsam threue und lieb zuerhalten ist zuvorderst Gott der almechtig, und dann unser baider fraindshafft ain Sundes fried und wohlgefallen haben. In sunderst aber E. L. mit mir als E. L. kunftiger gehorsamer und getreuer Ehegemahl wol werden, content und zufrieden sein ...«

Die während ihrer Brautzeit verfaßten Briefe an ihren Verlobten unterzeichnete sie stets mit »Freylin« Anna Jacobe Fuggerin.

Anna Jacobäa hatte aber durch den erwähnten Dr. Heuberg nicht nur diesen Brief überbracht bekommen, sondern auch noch einen Ring als Geschenk des Bräutigams. Dies war der Beweis der ganz besonderen »ehrlichen Zunaigung« ihres zukünftigen Mannes.

Da auch sie ihm ihre Liebe bezeigen wollte, hatte sie in Amberg für ihren Bräutigam »ain Krantz sambt ainem anhangenden ringlein« bestellt und hoffte, daß er ihre »geringe gabe ... auff und annemen und meiner darbein ein bösten fraindlicher gedanke«.

Anfang Januar 1585 klagte sie ihrem Bräutigam, daß es in Heidelberg beschwerlich sei, die Stoffe zu bekommen, die sie für ihre eigene Kleidung und für die Kleidung der Edelleute benötige. Auch »Hauben weiß ich nit zu bekhommen ... denn sie weder hier noch zu augspurg noch zu bairlant gedragen werden«. Sie berichtete ihrem zukünftigen Mann auch über die Schwierigkeit, eine »Edle Jungfrau«, eine Kammermagd und eine gewöhnliche Magd für ihre Reise nach Amberg anzustellen. Weiter teilte sie mit, daß man aus Augsburg ihr eine Jungfrau geschickt habe, die sie in modischen Dingen beraten werde. Ihren Bruder Anton hatte sie beauftragt, in Augsburg eine »böttstatt zurichten« zu lassen, diese nach Nürnberg zu expedieren und von dort weiter nach Amberg.

Der Heiratsvertrag weist als Vermögen des »Freyleins« die beträchtliche Summe von 36000 Gulden auf. Dies machte Anna Jacobäa zu einer guten Partie für die längst nicht mehr wohlhabenden Ortenburger. Als »Schutzherren« der Braut waren Johann Casimir Pfalzgraf bei Rhein, Vormund und Administrator der kurfürstlichen Oberpfalz, und Ulrich Fugger benannt. Neben deren Unterschriften unter der Heiratsabrede finden sich die Unterschriften von Joachim zu Ortenburg, dem Gemahl der 1570 verstorbenen Ursula, und von Anna Jacobäas Bruder Anton (1552–1616). »Da Fräulein Anna Jacobäa-Fuggerin kein eigenes Siegel hat, wird sie eigenhändig unterschreiben.« Der Heiratsvertrag unterscheidet sich nur in einem Punkt wesentlich von dem des 1549 geschlossenen der Ursula Ortenburg-Fugger, nämlich beim Wittum: »Als Wittumsitz erhält das Freylein ein Haus im Markt Ortenburg kostenlos gebaut oder gemietet, dazu 4 Schaff Korn, 1 Schaff Weizen und 3 Schaff Hafer Ortenburger Maß, Wiesmahd für 4 oder 5 Rinder, ebenso was an Streu und Holz benötigt wird.«

In dem von ihrem Vater Graf Georg Fugger am Montag, dem 25. Mai 1563 um 2 Uhr nachmittags, errichteten Testament lautet der seine Töchter betreffende Passus wie folgt: Sie erhalten, »wie es auch sonst im Adel gebräuchlich ... eine ziemlich ehrlich Unterhaltung, Heiratsguet oder Haymsteuer.« Eine in ein Kloster eintretende Tochter bekam 3000 Gulden, von denen ihr 1000 Gulden als »Klostersteuer« mitgegeben wurden, während die restlichen 2000 Gulden den anderen Erben blieben. Sie mußten davon für ihre leibliche Schwester im Kloster den Zins und ein vierteljährliches Leibgeding von 25 Gulden aufbringen. Sollte sich eine Tochter »hinterrucks«, also ohne Wissen der Familie, verheiraten, erhielt sie nur 3000 Gulden, jede »folgsame« Tochter zusätzlich für ihren persönlichen Lebensbedarf 12 000 Gulden samt einer »ehrlichen Ausfertigung«. Als Nonne hatte Anna Jacobäa am 21. August 1564 auf ihr väterliches und mütterliches Erbe zu verzichten. Am 23. Oktober 1579 verzichtete Anna Jacobäa gegen eine Leibrente von 2000 Gulden auf die Erbschaft ihres Onkels Christoph Fugger. Nach ihrem Klosteraustritt forderte Anna Jacobäa am 9. März 1583 mit Nachdruck von ihren Brüdern Octavian Secundus und Philipp Eduard das gleiche Heiratsgut, wie es ihre verheirateten Schwestern erhalten hatten. Sie bittet ihre »freundlichen lieben Brüder in Augspurg« doch zu bedenken, daß sie weder freiwillig in das Kloster gegangen sei, noch freiwillig auf ihr väterliches und mütterliches Erbe verzichtet habe.

Aus den Urkunden des Fugger-Archivs geht hervor, daß die Brüder Raymund und Anton tatsächlich bereit waren, ihrer Schwester ein Heiratsgut auszubezahlen. Heinrich VII. zu Ortenburg und seine Gemahlin quittierten am 1. April 1585 3000 Gulden aus dem Aussteuergeld und 150 Gulden Zins aus dem zwischen Anton und Anna Jacobäa erstellten Vergleich, den Raymund am 9. Januar 1584 ratifizierte. Insgesamt standen der Gräfin 12 000 Gulden Heiratsgut zu. Nach der ersten Zahlung von 3000 Gulden mußten die Fuggerschen Schwäger von Heinrich VII. zu Ortenburg jedoch durch eine Klage gezwungen werden, weitere Zahlungen zu leisten. Nach dem Tod der Gräfin hatten die Augsburger Verwandten an deren Tochter Lucia Euphemia weiter zu zahlen. Von 1588 bis 1594 zahlten sie in vier Raten insgesamt fast 4000 Gulden aus dem »Spanischen Handel« an das Kind, zusätzlich 10 000 Gulden aus dem Heiratsgut der Mutter.

Wir wissen nichts darüber, wie sich Anna Jacobäa nach 21jährigem Klosterleben mit dem weltlichen Leben einer Ehefrau und Mutter zurechtfand. Ihre Tochter Lucia Euphemia, nach ihrer Schwiegermutter, der Gräfin von Spaur, benannt, wurde am 22. Mai 1586 geboren; somit mußte sich Anna Jacobäa im vorgerückten Alter von 39 Jahren mit Schwangerschaft, Geburt und Mutterschaft auseinandersetzen. Wie groß die Belastungen für Frauen in diesem Alter waren, wissen wir aus anderen Forschungen über Nonnen, die in der Reformationszeit ihre Klöster verließen, heirateten und Mütter wurden.

In den Wirren des 30jährigen Krieges erwies sich Gräfin Lucia Euphemia für die Bewohner Ortenburgs als »schützender und rettender Engel«. Ortenburg war während dieses Krieges, besonders 1624, eine Zufluchtsstätte für evangelische Prediger, die von Kaiser Ferdinand II. aus den österreichischen Erblanden vertrieben worden waren. Mehr als 200 geflüchtete Personen aus Oberösterreich fanden in dem Ortenburger Ortsteil Vorder- und Hinterhainberg ein neues Zuhause. 1646 hat Graf Casimir zu Ortenburg, der Stiefbruder der ledig gebliebenen Lucia Euphemia, für eine größere Summe bei Gericht in Vilshofen ihr »mehrere Grundunterthanen zu Weiersbach, Thal und Kettenheim« abgetreten. Sie veräußerte diesen Grundbesitz, »um damit die schweren, unerträglichen Kriegsbeiträge den armen Untertanen des Marktes und der Grafschaft für die Reichsheere zum Theil zu bestreiten, die angedrohte Belagerung mit Kriegsvolk zu verhindern und den bevorstehenden Untergang vieler guter Männer, Weiber und Kinder abzuwenden, die unfähig seien, die vielfältigen Ausgaben zu bestreiten, sondern nothwendig in Elend geraten müßten«. Da in Verkaufsurkunden üblicherweise kein Grund für die Veräußerung angegeben wird, ließ die Gräfin in einem Zusatzvertrag ihre Beweggründe des Verkaufs festlegen, um bei ihren Nachfahren nicht als mutwillige Verschwenderin des ererbten Gutes zu gelten.

Anna Jacobäa von Ortenburg starb bereits zwei Jahre nach ihrer Eheschließung und nur acht Monate nach der Geburt ihrer Tochter. Letzteres läßt den Schluß zu, daß sich die Gräfin vom Kindbett nicht mehr erholte. Daß sie während ihrer Klosterzeit schon über körperliche Beschwerden klagte, geht aus dem eingangs zitierten Schreiben an ihre Brüder hervor. Ob sie schon ahnte, daß sie nicht mehr lange zu leben habe, als sie bereits am 12. Januar 1586, also schon vor der Geburt ihres Kindes, ein Testament errichtete? Waren schon zur Hochzeit des Paares Fugger-Ortenburg die Festgedichte zahlreich, so waren auch zum Ableben der Gräfin dem Witwer zahlreiche, in lateinischer Sprache verfaßte Trauergedichte überreicht worden, die von humanistisch gebildeten Personen erstellt wurden und bis zu 14 Seiten Umfang hatten.

Die Grabstätte der Gräfin sucht man heute vergebens in Amberg. Sie wurde im Amberger Franziskanerkloster zur letzten Ruhe gebettet. Dieses wurde 1805 profaniert und zum Stadttheater umgebaut.

Den Text der Grabplatte für eine Tochter aus dem Hause Fugger, die nach so vielen Jahren der inneren Unfreiheit ihr weltliches Glück gefunden hatte, hat der Humanist Paulus Melissus, Bibliothekar in Heidelberg, verfaßt.

HELENA FUGGER
✳ 1572 † 1618
Priorin im Augustinerinnenkloster zu Inzigkofen

Die jüngste Tochter der konvertierten Sibylla Fugger, Helena, wurde Nonne im Augustinerinnenkloster Inzigkofen. Sie legte am 24. September 1590 Profeß ab und wurde 1608 Priorin.

In dem 1592 eigenhändig von ihrem Vater Marx Fugger geschriebenen Testament wurde Helena neben ihrer Mutter Sibylla und ihren Geschwistern bedacht, da sie »auß aigener bewegnus, ungezwungen und ungedrungen« in das Kloster gegangen sei. Sie hatte bereits 4000 Gulden Klostersteuer erhalten, außerdem waren ihr jährlich 100 Gulden zu bezahlen. Sollte es vorkommen, »wie laider der weltlauff vermag«, daß das Kloster abfiele oder sie vertrieben würde, so würde der jährliche Unterhalt auf 200 Gulden erhöht werden. Weiter heißt es wörtlich: »Dann so sy selbsten auß dem Kloster sprunge, dessen ich mich gleichwohl zu ir nit versihe, soll man ihr nichts geben.« In diesem Zusatz ist ein deutlicher Bezug auf den unfreiwilligen Klostereintritt seiner Nichte Anna Jacobäa, spätere Gräfin Ortenburg, zu spüren.

MARIA ELEONORA GRÄFIN FUGGER-HOHENZOLLERN-SIGMARINGEN
*1586 † 1668 ⊙ 1605
Ehefrau des Johann Fugger (1583–1633)
Spätere Nonne (1638–1668) im Dominikane-
rinnen-Kloster St. Katharina zu Augsburg
Kinder: 12

Johann Fugger, der Gemahl der Maria Eleonora, scheint für den geistlichen Stand bestimmt gewesen zu sein, denn Bischof Johannes Otto von Gemmingen verlieh dem erst 13jährigen Knaben am 7. November 1596 die »Lizenz zum Empfang der ersten Klerikertonsur«. Johann Fugger entschied sich gegen ein Verbleiben im geistlichen Stand: er wurde Kämmerer am Hofe des Erzherzogs Maximilian von Österreich in Innsbruck. 1605 heiratete er Maria Eleonore, Tochter Karls II., Graf von Hohenzollern, und der Gräfin Euphrosine von Oettingen-Wallerstein. Die Auslagen für die Hochzeit betrugen 22 460 Gulden. Das war die aufwendigste Vermählung im Hause Fugger. 1633 starb Johann Fugger. Seine Witwe entschloß sich 1638, zusammen mit ihrer jüngsten Tochter Maria Jacobäa, in das Katharinenkloster in Augsburg einzutreten. Von diesem Vorhaben berichtete Gräfin Maria Eleonora am 24. August 1638 an Hans Ernst Fugger (1590–1639) nach Hilgartsberg. Dem Antwortschreiben des »getreuen dienstwilligen Vetter und Bruder an meine freundliche geliebte Schwester Frau Basen Augsburg« ist zu entnehmen, daß er Marias Wunsch, ihren »gott wolgefällig Vorhaben wirklich genüge zu leisten« respektiere, sie aber bitte, bevor »sich Euer Lieb. im geistlichen Stand begeben«, erst noch alle finanziellen Dinge wie Erbschaft, Vormundschaft und so weiter in Ordnung zu bringen. Der Eintritt in das Dominikanerinnenkloster St. Katharina erfolgt am 10. Oktober 1638; Maria Eleonore legte 1640 Profeß ab. »Die hoch: und wohlgebohrene Maria Eleonora Gräfin Fuggerin hatte ihre letzte Widibzeith bieß auf 30. jahr aufbaulich und fromb god dem allmächtigen allein zu dienen zugebracht«. Die Gräfin war in das Kloster eingetreten, in dem schon drei ihrer acht Töchter Nonnen waren: Maria Jacobäa, Maria Sibylla und Maria Maximiliana. Zwei weitere Töchter legten ihre Gelübde in Kloster Holzen ab: Maria Euphrosina und Maria Margaretha.

Die älteste Tochter, Maria Eleonora, verstarb im Jahr ihrer Geburt, zwei Töchter verheirateten sich: Maria Anna mit Gottfried Freiherr von Salburg zu Aichberg und Maria Katharina mit Christian Graf zu Ortenburg.

Die frommen Töchter

Maria Katharina Gräfin Ortenburg-Fugger
✳ 1609 † 1685 ⚭ 1640
Ehefrau des Christian Graf zu Ortenburg (1616–1684)

Graf Christians Vater Georg V. zu Ortenburg war nach dem Tode von Joachim zu Ortenburg zur katholischen Konfession übergetreten, hatte aber seine Söhne Georg und Christian im evangelischen Glauben erziehen lassen, um ihnen in reiferen Jahren die Möglichkeit zu geben, ihre Glaubensrichtung selbst zu bestimmen. Die Entscheidung wurde den Knaben abgenommen; der ältere, Georg, besuchte das Jesuitenkolleg in Ingolstadt. Bereits 1624, im ersten Jahr seines Studienaufenthalts, wurde sein Übertritt zur katholischen Kirche von der Gesellschaft Jesu mit großem Gepränge in der Kirche zu Heilig Kreuz gefeiert. Seinem Beispiel folgte auch der jüngere, Christian, der spätere Gemahl der Augsburger Gräfin. Somit heiratete Maria Katharina Fugger einen katholischen Ortenburger. Die Ehe blieb kinderlos. Die Neffen der Gräfin nahmen wieder die evangelische Konfession an.

Maria Katharina blieb ihrer Familie in Augsburg sehr verbunden. Da fünf ihrer sieben Schwestern Klosterfrauen geworden waren und ihre Mutter, Gräfin Maria Eleonora, als Wittfrau auch noch den Schleier nahm, äußerte sie 1679 den Wunsch, im Augsburger Katharinenkloster zur letzten Ruhe gebettet zu werden, wo damals ihre Schwester Maria Jacobäa Priorin war. Eine seltene Rarität stellt das Dokument vom 9. Juli 1679 dar, das diese ihrer Schwester Maria Katharina Ortenburg-Fugger ausfertigte. Die Feierlichkeiten für die Beerdigung wurden genauestens festgelegt. So sollte bei der Bestattung ein »figuriertes Amt« mit acht gesprochenen heiligen Messen gehalten und zwanzig Gulden unter die armen Leute aufgeteilt werden. Weitere 50 Gulden sollten aufgeteilt werden in zwanzig Gulden für Almosen und die übrigen dreißig Gulden für die Kosten des Begräbnisses. Der größte Betrag, der an das Kloster zu bezahlen war: »ein Tausendt gulden paarem gelt von Silber mit dem Ortenburgh: und Fuggerischen wappen«, allerdings erst nach dem Ableben des Ehegatten in Ortenburg.

Der Grund für den Wunsch der Maria Katharina Gräfin Ortenburg-Fugger, in Augsburg im Dominikanerinnenkloster bei ihrer Mutter und ihren Schwestern zur letzten Ruhe gebettet zu werden, könnte letztlich damit zusammenhängen, daß sie wußte, daß nur das Herz und die Eingeweide ihres Gatten Christian in der Stadtpfarrkirche St. Martin zu Amberg, sein Körper jedoch im alten katholischen Erbbegräbnis der Ortenburger in der Sixtus-Kapelle am Passauer Dom beigesetzt werden würden. Graf Christian verstarb am 11. September 1684. In den Kirchenrechnungen der St. Martinskirche steht für 1684 eine Einnahme von 80 Gulden für das Begräbnis. Seltsamerweise werden der Graf und sein Kammerdiener gemeinsam ausgeläutet. Bei der Beerdigung des Statthalters blieb der Kirche soviel Wachs übrig, daß man es beim Kondukt für den verstorbenen Regensburger Bischof verbrauchen konnte. Die Gräfin hatte 1685 zum Gedächtnis ihres Mannes eine Ampel im Wert von 50 Gulden für St. Martin gestiftet.

Gräfin Maria Katharina überlebte ihren Gemahl nur um ein Jahr. Überraschenderweise ruht sie an der Seite ihres Mannes in Amberg und wurde nicht in Augsburg beigesetzt. Die ursprünglich großartig gestaltete Grabplatte aus Kalkstein mit dem Doppelwappen Fugger-Ortenburg mit ornamentaler Umrahmung ist in St. Martin leider nicht mehr erhalten. Die Inschrift auf der Platte lautete: »Maria Catharina S. R. I. Comitissa in Ortenburg, Domina in Neudegg, Oggenheim, Seldenau &c. nata Fuggerin S. R. I. Comitissa in Kirchberg et Weissenhorn &c. Gubernatoris relicta vidua Anno 1609. nata, piissime obiit virtutum Exemplar in Domino 9. Julii 1685. †«. Der Todestag der Gräfin war der 9. Juli 1685, unterm Läutgeld vom 3. September 1685 steht der Name der Gräfin, und in den Kirchenbüchern von St. Martin findet sich für 1686 eine Jahrtagstiftung für sie in Höhe von 500 Gulden, von den Zinsen in Höhe von 25 Gulden sollten jährlich 15 Gulden an arme Leute gegeben werden.

Mit Maria Katharina starb die letzte Gräfin aus dem Hause Fugger, die in das Geschlecht der Grafen von Ortenburg eingeheiratet hatte. Aus keiner der drei ehelichen Verbindungen gab es Nachfahren, die diese Linien des gräflichen Hauses Ortenburg fortsetzten. Der einzige Sohn der Ursula Ortenburg-Fugger verstarb 23jährig, die einzige Tochter der Anna Jacobäa blieb ledig, und Maria Katharina blieben Kinder versagt. So trugen diese Verbindungen nicht zur numerischen Stärkung der Dynastie Ortenburg bei.

Von zwei Schwestern der Maria Katharina, die Nonnen wurden, gibt es Interessantes zu berichten.

Maria Maximiliana Fugger
✳ 1615 † 14. 8. 1687
Nonne im Dominikanerinnenkloster
St. Katharina zu Augsburg
Novizenmeisterin und Priorin in Mariental bei Luxemburg

In der »Geschichte der Dominikanerinnen« wird Maria Maximiliana eine bedeutende Klosterfrau genannt. Sie trat am 11. August 1631 als Sechzehnjährige in das Augsburger Katharinenkloster ein.

Während des Dreißigjährigen Krieges hatten die Schwestern im Kloster schwere Zeiten durchzustehen. Als die Stadt 1632 von den Schweden besetzt wurde, durften die Nonnen im Kloster bleiben. Die Schweden hatten es aber nicht nur auf die reichen Besitztümer des Klosters abgesehen, sondern auch auf die Klosterfrauen. Im Oktober 1633 drangen einige Soldaten in das Katharinenkloster ein. Ein gewisser Oberst Förbus verliebte sich auf den ersten Blick in eine Novizin und erklärte, sie heiraten zu wollen. Diese Novizin war keine andere als Maria Maximiliana Fugger. Die Priorin Magdalena von Senftenau vertrieb mit Hilfe des Statthalters erfolgreich den unerwünschten Freier.

1642, mit 27 Jahren, bekam Maria Maximiliana die ehrenvolle Aufgabe, als Novizenmeisterin nach Mariental zu gehen. Im dortigen Kloster waren bis auf sechs alle Ordensfrauen an der Pest gestorben. Auf Wunsch des Ordensgenerals sollte sie dort nicht nur die Zahl der Ordensfrauen mehren, sondern sich auch verstärkt um die Einhaltung der Ordensregeln kümmern. 1663 wurde sie Priorin und verwaltete dieses Amt bis 1686.

Der Jesuitenpater Alexander Wiltheim veröffentlichte 1674 ein Buch über das Leben der »gottseligen« Dominikanerin Yolande von Vianden. Maria Maximiliana erhielt es von Pater Wiltheim mit einer Widmung, wie sie aus dem barocken Zeitgeist zu verstehen ist und aus der einige Ausschnitte wie folgt lauten:

»Ich schreibe ihnen nämlich von Ihrer Yolande, zu der Sie nicht nur durch den Adel der Geburt, sondern auch durch Ihren gegenwärtigen Stand und die Makellosigkeit Ihres Wandels emporreichen. Durch Sittenähnlichkeit und tugendreichen Wandel sind Sie an derselben ehrwürdigen Stätte in deren Fußstapfen getreten. Nachdem Sie die Genüsse der Welt und den Glanz Ihres Adels verschmäht, haben Sie sich dem Dienste Gottes und der Nachfolge dieses erhabenen Vorbildes geweiht. Und dieses taten besonders Sie, edle Frau Maximiliana! ... Sie stammen durch die Grafen von Nassau in mannigfacher Verzweigung von denen von Vianden ab, so daß sie durch eigentliche Familienbande mit Yolande in noch innigerer Verbindung stehen ... Daher hat es Gott in seiner weisen Vorhersehung gefügt, daß Sie aus Bayern nach Mariental geschickt wurden, um hier fromme Sitte und klösterliche Zucht in ihrer bisherigen Höhe zu erhalten. Dazu haben Sie durch Ihre Bescheidenheit, Ihre Frömmigkeit und Klugheit es verdient, das Vorsteheramt Yolandes zu verwalten und deren geistige Familie zu leiten. So wie endlich die Mutter Yolandes, das Beispiel ihrer Tochter nachahmend, in Mariental Klosterfrau wurde, so nahm auch Ihre erlauchteste Mutter, Maria Eleonora von Hohenzollern, den Schleier im Orden des heiligen Dominikus und beschloß im geweihten Klostergewande in größter Frömmigkeit ihr Leben.«

Maria Maximiliana erhielt vom Ordensgeneral Antonius de Monroy die Erlaubnis, ihren Lebensabend in ihrem Profeßkloster in Augsburg zu verbringen. Als sie nach Mariental berufen wurde, begleitete sie die ehemalige Mutter Priorin Magdalena Kurz von Senftenau und die Augsburger Patrizierin Mutter Juliana Welser; als sie nach Augsburg zurückkehrte, kam sie in Begleitung vieler hochadeliger Befreundeter und wurde mit großer Freude aufgenommen.

In der Klosterchronik wurde über diese bedeutende Dominikanerin folgendes niedergeschrieben: »Sie war eine gar liebreiche Person, die sich viel bemühte, die geistliche Zucht und Observanz einzuführen und zu erhalten. Sie mußte aber wegen der steten Unruhen des französischen Krieges vieles erdulden und manchmal durch die Finger sehen ... Sie starb ... 1687 den 13. August gottselig im 72. Jahre ihres Alters, da ihre jüngere liebste Schwester Frau Ludovica Jacobaea Elisabeth im Kloster Priorin war.«

Maria Jacobäa Fugger, Klostername
Maria Ludovica Jacobaea Elisabeth
✳1626 †11. 1. 1693
Priorin im Dominikanerinnenkloster
St. Katharina zu Augsburg

Im Jahr 1639 trat Maria Jacobäa, dreizehnjährig, mit ihrer Mutter in das Kloster St. Katharina ein. Die Novizin litt an einer schmerzlichen Gliedersucht, von der sie nach fünfzehn Jahren auf »wunderbarliche Weise« genas. 1670 wurde sie zur Priorin gewählt. Nach 22jähriger Tätigkeit erneuerte sie ihr Profeßgelübde in Anwesenheit des Bischofs Alexander Sigismund: »4. Mai 1692 Ich Schwester Maria Jacobe Ludovica Fuggerin, thue Profession, gleichwie ich vor 50 j. gethan habe, und gelobe Gehorsam Gott dem Herrn, der hl. Jungfrau Maria, dem hl. Vater Dominicus, Ihro Hochwürden Patri Fratri J. Mayr, der ganzen deutschen Provinz dermal Vicario Generali, anstatt des Hochwürdigsten Patris gen. Glosch, und nach der Regel S. Augustini und den Satzungen der Schwestern, die gemeldten Orden angefohlen sind, dass ich ihnen und ihren Nachfolgern will gehorsam sein bis in den Tod.«
Nach diesem erneuerten Profeßgelübde legte die Priorin ihr Amt nieder, »nahm an Leibes- und Geisteskräften zusehends ab, erkrankte noch an den Kindsblattern und †14. Jäner 1693«. Maria Ludovica Jacobaea Elisabeth ließ als Priorin unter finanzieller Mithilfe ihres Vetters, des Grafen Paul Fugger, das Innere der Klosterkirche, den Chor und die Sakristei renovieren, den Klosterturm erneuern und mit einem Kreuz mit zwei vergoldeten Knöpfen versehen, sowie eine neue Orgel setzen und schaffte neue Ornate an.
Da es vor allem Frauenklöstern erlaubt war, Vermögen und Grundbesitz zu haben, versuchte sie als Priorin dieses Klostergut zu mehren. Ihre Tüchtigkeit in weltlichen Geschäften ist in der Klosterchronik festgehalten. »Die Priorin kaufte, verkaufte und tauschte Grund und Immobilienbesitz zum guten finanziellen Nutzen ihres Klosters.«

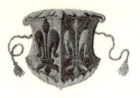

SIBYLLA GRÄFIN LODRON-FUGGER
* 1585 † 1663 ⚭ 1602
Ehefrau des Maximilians Grafen von Lodron
(1576 – 1636)
Stifterin des Klarissenklosters San Carlo in
Rovereto und spätere Terziarschwester
Anna Maria di Gesù

Die Eltern der Sibylla: Gräfin Helena von Madruzzo und Georg Fugger (1560 – 1636)

In Genealogie des Hauses Fugger von 1904 erscheint bei Sibylla Lodron-Fugger die Bezeichnung »Heilige«. Im fürstlichen Fugger-Museum auf Schloß Babenhausen wird ein Bildchen von Sibylla gezeigt und diese als eine »Heilige« im Hause Fugger benannt. Wer war nun diese »Heilige«? Sibylla stammte aus der kinderreichsten Familie des Hauses Fugger: sie hatte 20 Geschwister! Ihre Eltern waren Georg Fugger (1560 – 1634), ein Sohn der Reichsgräfin Sibylla von Eberstein und des Marx Fugger, und Helena, Tochter des Freiherrn Fortunat von Madruzzo und der Margarethe Gräfin von Hohenems, Nichte des Papstes Pius IV. Die Großmutter mütterlicherseits war Chiara de Medici aus Mailand. Einer ihrer Brüder, Gian Giacomo de Medici, Marchese von Marignano, war der gefürchtete Kastellan von Musso am Comersee, ein weiterer Bruder, der Geistliche Gian Angelo de Medici, wurde 1549 zum Papst gewählt, als Pius IV.

Georg Fugger heiratete somit in eine der angesehensten Familien ein. Die beiden Onkel der jungen Braut wurden erfolgreiche Persönlichkeiten: Jakob Graf Hannibal von und zu Hohenems (1530 – 1587), Heerführer auf vielen Kriegsschauplätzen, war 1565 von seinem päpstlichen Oheim, Pius IV., zum Generalgubernator von Rom und dem Kirchenstaat ernannt worden. Doch der Nepotismus war noch zu steigern durch die vom Papst in Rom eingesegnete Ehe Jakob Hannibals mit Hortensia Borromea, Gräfin von Arona, der jüngsten Stiefschwester des später heiliggesprochenen Karl Borromäus. Mark Sittich von und zu Hohenems (1533 – 1595), ursprünglich ein Haudegen wie sein älterer Bruder, wurde 27jährig Kardinal und 1561 Fürstbischof von Konstanz. Der Vater der Braut, Fortunat Freiherr von Madruzzo, entstammte »einem angesehenen Geschlecht aus den welschen Konfinen, das sich stets ein gewisses Maß an Selbständigkeit gegenüber den Landesherren bewahrt hatte«. Die Herren von Madruzzo, schon reich begütert, verstanden es, durch vorteilhafte Heiraten weiteren Besitz im Aostatal, in Savoyen, Spanien, Piemont und Lothringen zu erwerben. Die Familie Madruzzo stellte 119 Jahre lang die Fürstbischöfe von Trient (1539–1658)! Somit war die weltlich-geistliche Regierung in der Hand der Familie Madruzzo. Der Bruder des Brautvaters, Fürstbischof Ludovico, der einer dieser zeitüblichen Protektionskarrieren seinen Aufstieg verdankte, gilt heute als der Mann, ohne den die Fortschritte der Gegenreformation in Deutschland im späten 16. Jahrhundert nicht denkbar gewesen wären.

Der junge Augsburger Georg Fugger ist bereits ab 1580 in Trient nachweisbar. Dort wurde am 31. Januar 1581 der Heiratsvertrag unterzeichnet durch Cristofo Wolkenstein, Baldassare Trautson und Giovanni Gaudenzio di Spaur. Familiäre Beziehungen bestanden zu allen drei genannten Familien. Veronica (1545–1590), die Tante des Bräutigams, war seit 1566 mit Graf Gaudenz zu Spaur verheiratet, deren Schwester Susanne (1539–1588) seit 1555 mit Balthasar Trautson, Freiherr von Matrei, Kaiserlicher Mundschenk, und die Schwester des Bräutigams, Johanna (1558–1597), seit 1576 mit Karl Graf von Wolkenstein. Im Heiratsvertrag wurde festgelegt, daß die Hochzeit selbst erst nach vier Jahren stattfinden solle, um dem Bräutigam die Möglichkeit zu geben, viel zu reisen, um Land und Leute kennenzulernen, da das junge Mädchen Helena nicht bereit war, Eltern und Heimatland zu verlassen. Das Fräulein werde ihre Hand dem reichen Bankier aus Augsburg nur reichen, wenn dieser in Trient ansässig würde.

Als am 3. Februar 1583, also zwei Jahre früher als ursprünglich festgelegt, die Vermählung des Georg Fugger mit der »wälschen Gräfin Helena von Madruzzo« unter großer Prachtentfaltung in Trient gefeiert wurde, hatte der Name des Gesamthauses Fugger noch einen guten Klang. Doch es dauerte nicht lange, bis sich herausstellte, daß die Trientiner Braut einen der schillerndsten Fuggersprößlinge als Bräutigam bekam, für sie ausgewählt von ihrem Vater Fortunat Freiherr von Madruzzo in Übereinstimmung mit Georg Fuggers Vater Marx. Es mag sein, daß die bedeutenden verwandtschaftlichen Beziehungen erdrückend auf Georg Fugger lasteten. In seiner beruflichen Laufbahn mißlang ihm, was immer er begann. Er brachte es zwar zu einigen wohlklingenden Titeln und Ämtern wie Ratsherr von Augsburg, kaiserlicher Rat, Hofratsvizepräsident und kaiserlicher Orator bei der Republik von Venedig (1608–1610), doch am Ende seines Lebens besaß er nichts mehr; weder Amt noch Würden, weder Gut noch Geld, und seine Familie hatte entsprechend zu leiden. Dabei begann das gemeinsame Leben des jungen Paares sehr harmonisch. Nach der Hochzeit in Trient zog es nach Augsburg und wohnte in einem der Häuser am Weinmarkt, dem Siegelhaus gegenüber. Der junge Mann wurde in den Kleinen Rat der Stadt berufen, seine Frau Helena war eine der zahlreichen großzügigen Stifterinnen des Hauses Fugger zur Ausstattung der Kirche St. Salvator des Jesuitenkollegs. 1593 verließ die junge Familie mit drei Kindern Augsburg »um etlicher Ursachen willen«, die uns aber der Fugger-Chronist Meyer verschweigt. Er kannte sicher den Trientiner Heiratsvertrag nicht, nach dem Gräfin Helena weder ihre Eltern noch ihr Land verlassen wollte. So erstaunt es um so mehr, daß das Paar doch in Augsburg Wohnsitz genommen hatte und dort zehn Jahre blieb. Möglicherweise wünschte die Gräfin nun nach Trient heimzukehren.

Das Ableben von Georgs Bruder Philipp im Jahre 1601 gab Anlaß zur kurzen Rückkehr nach Augsburg. Obwohl der Vater Marx Fugger in seinem Testament von 1592 ausdrücklich festgelegt hatte, daß innerhalb der folgenden 24 Jahre nach seinem Tod keine Gütertrennung unter den Brüdern erfolgen solle, wurde eine solche am 9. Juli 1601 vorgenommen. Es ist wichtig, hier zu erwähnen, daß damit genau gegen das verstoßen wurde, was das Anliegen der vorangegangenen Generationen war, nämlich den »fuggerschen Grund- und Herrschaftsbesitz in den Händen der männlichen Angehörigen der Familie gewissermaßen Ewigkeitsdauer zu verleihen«. Schon 1602 fing Georg an, seine in den Landgerichten Höchstädt und Graisbach gelegenen Güter an Pfalz-Neuburg zu verkaufen. Bei der Übernahme der väterlichen Güter verfügte Georg mit seiner Familie über eine jährliche Rente von 20000 Gulden. Diese Rente ließ er sich gegen eine Summe von 194750 Gulden ablösen. 1606 verkaufte er sein Augsburger Haus am Weinmarkt an die Vormünder der Söhne seines Bruders Philipp.

In Trient erwarb das Ehepaar Grundstücke und Häuser für ca. 40000 Gulden. Dort widmete sich Georg Fugger einer fesselnden Beschäftigung: er ging mit dem »Goldmachen schwanger«. Es gab kaum einen Gebildeten, der sich der Mode seiner Zeit folgend nicht mit der Alchemie und Astrologie beschäftigt hätte.

Das Interesse an der Alchemie entsprang zwar oft einem Forschungstrieb, andererseits war die Beschäftigung damit eine Quelle von Täuschungen und Betrügereien. Deutsche Landesfürsten, der Tiroler Gubernator Erzherzog Maximilian, auch Ferdinand II., hatten eigene chemische Küchen. In Tirol trieb ein Medicus Dr. Daniel Keller mit seinem angeblichen Arcanum der Goldmacherkunst sein Unwesen, der selbst »einem berechnenden Fugger Tausende aus der Tasche zu locken vermochte«. Der Moralist Guarinonius sollte mit seiner Aussage recht behalten, daß die Alchemie »nichts als bettel und armuth ..., offentliche schand mit sich bringe«. Georg Fugger gab in seinen Briefen nach Augsburg fortwährend Bestellungen für teuere chemische Utensilien auf.

1602 beauftragte Georg Fugger den aus Brescia stammenden Architekten Pietro Maria Bagnadore (1550–1619), einen mächtigen dreigeschossigen Palast zu Trient an der Via Lunga, damals am Ufer der Etsch, zu erbauen, der im Volksmund bezeichnenderweise »Palazzo del Diavolo« genannt wurde; es ging nämlich die Sage, daß der Teufel den Palast in einer Nacht erbaut und Georg Fugger ihm dafür seine Seele verschrieben habe.

Der Palast ging 1642 in den Besitz des Matthias Gallas, Oberbefehlshaber des Heeres von Ferdinand II., über. Johann Wolfgang von Goethe, der 1786 in Trient übernachtete, sagte von dem Palazzo, daß er »das einzige Gebäude von gutem Geschmack« sei, das er in Trient gesehen habe. Die im palladianischen Stil erbaute Villa heißt heute Palazzo Galasso beziehungsweise Palazzo Fugger-Galasso. Besonderes Interesse verdient die reich mit Stuck versehene Hauskapelle.

Bereits 1596 forderte Georg Fugger im Namen seiner Brüder Anton, Philipp und Albert von Ludovico Madruzzo als Lehen die Villa Margone, die nach 1580 aus dem Besitz der noblen Familie Bassa wegen nicht vorhandener männlicher Erben in den Besitz der Kirche von Trient übergegangen war. Ludovico gab angesichts der außergewöhnlichen Verdienste des Georg Fugger dem Gesuch statt! Seine Frau Helena war schließlich die Nichte des Ludovico Madruzzo! Solange Georg Fugger der Besitzer der Villa war, kam aus dem Schornstein »farbiger Rauch«, der auf chemische Experimente zur Goldherstellung schließen ließ. Die schöne Villa, heute im Privatbesitz einer Trientiner Familie, erreicht man über Ravina. Sie steht auf einem hoch an der Flanke des Monte Bondone gelegenen Plateaus.

Am kaiserlichen Hofe stand Gerog Fugger anfänglich in großer

Gunst, denn er wurde zum kaiserlichen Rat und Reichshofratvi-
zepräsidenten ernannt. Doch wie wenig er dazu geeignet war,
zeigt u. a. folgende Tatsache: Im Jahre 1606 gewährte er Kaiser
Rudolf II., der sich in großer Finanzverlegenheit befand, ein Darlehen von 50 000 Gulden zu sechs Prozent Zinsen. Dazu mußte
Fugger selbst bei einem Bankier in Frankfurt Geld zu sieben Prozent aufnehmen. 1608 bewarb sich Georg Fugger um die Stelle
eines kaiserlichen Orators bei der Republik Venedig, ein verant-
wortungsreicher Posten, allerdings ohne jegliche Vergütung.
Nach zweijährigem Dienst als kaiserlicher Gesandter bat er um
seine Entlassung, da er den erwarteten Aufwand für diesen Posten nicht mehr aus eigener Tasche bestreiten konnte. Die Geldmittel waren erschöpft durch einen viel zu aufwendigen Lebens-
stil und durch den Kauf der beiden Pfandherrschaften Enn und
Kaldiff von Anton Trautson für 49 000 Gulden. Georg Fugger
hätte an Trautson sogar weitere 15 000 Gulden bezahlt, wenn
dieser eine Verlängerung der Pfandverschreibung beim Erzherzog für ihn erwirkt hätte. Hinter dem Rücken des Erzherzogs
Maximilian, des Regenten von Tirol, erreichte Fugger beim Kaiser die Verlängerung des von Trautson übernommenen Pfandes.
»Darin lag zunächst eine jener nicht seltenen Verletzungen des
Prager Rezesses, deren sich der Kaiserhof schuldig machte.«
Erzherzog Maximilian ließ die Güter wieder an die Erben Traut-
sons zurückgehen. Doch Fugger dachte nicht daran, die Burgen
zu räumen. Mit der Begründung, er könne in Tirol kein Recht
finden, wandte sich Georg Fugger an das Reichskammergericht
in Speyer, was eine Beleidigung der Majestät darstellte, denn die
österreichischen Freiheitsbriefe untersagten jeden Appell nach
Speyer. Der Freiherr Fugger »war förmlich erfinderisch in den
Mitteln, um den Erzherzog zu reizen«. Doch der Gubernator
war entschlossen, ein Exempel zu statuieren, und die strittige
Angelegenheit endete mit der Inhaftierung des unbeugsamen
Freiherrn, ausgeführt durch Fürstbischof Madruzzo! Dieser
wollte seinen Verwandten nicht ausliefern und hielt ihn auf dem
bischöflichen Stadtkastell Buonconsiglio fest. Doch Maximilian
ließ Fugger ergreifen und im Dezember 1614 in Innsbruck arre-
tieren. Mehrere Wächter hatten zu sorgen, daß er nicht ent-
komme. Die Kosten für den Transport in das Gefängnis, das
Kostgeld für den Gefangenen und den Lohn für die Wächter be-
stritt einstweilen die kaiserliche Kammer, hatte diese aber dem
Fugger in Rechnung zu setzen. In seinem Innsbrucker Arrest
dichtete Fugger folgendes Pasquill: »Ein Handelsmann ohne Sil-

bergeld, / Beraubt ohne Richterspruch, / Schuldlos angeklagt, / Ein Prozessierender, der keinen Richter findet.«

Die Inhaftierung eines Fuggers sorgte für entsprechendes Aufsehen, selbstverständlich nicht nur in Tirol. Die Erzherzöge Albrecht, Ferdinand, Max Ernst, Leopold und Karl wurden unterrichtet, da es durch Fuggers Anrufung des Reichskammergerichts in Speyer zu großen Widerwärtigkeiten zwischen dem Hause Österreich und den Reichsständen hätte kommen können. In Augsburg war man auf das peinlichste berührt. Sieben Mitglieder des Hauses Fugger richteten nach Innsbruck die Bitte um Freilassung. Erst als sich Fugger zur Revokation in Speyer bequemte, wurde er freigelassen, allerdings unter allerhand Auflagen, die er wieder nicht erfüllte. Die ganze Verwandtschaft aus Augsburg, die Verwandten seiner Frau und die Verwandten seines Schwiegersohnes Maximilian Lodron waren ständig bemüht, Georg Fugger aus allen Mißlichkeiten zu helfen. Seine Gattin Helena Fugger-Madruzzo und Erzbischof Paris von Lodron bestürmten den Erzherzog mit Bitten. Der in Innsbruck erfolgte Urteilsspruch wegen Privilegienverletzung brachte eine Geldstrafe von 18 000 Gulden. Fugger bezahlte nicht. Er verließ zu Beginn des Jahres 1616 den unsicheren Boden Tirols und zog nach Padua. Er nahm »neun Truhen, Hausgeräte, Seidenwaren und Tapetzereien« mit.

Erzherzog Maximilian ließ das Fuggersche Vermögen mit Sequester belegen. Wie Bischof Madruzzo an Maximilian schrieb, seien die Güter in Trient so belastet, daß man sie nicht »arrestieren« könne, denn Georgs Familie müsse doch auch etwas zum Leben haben. Außerdem bestätigte Bischof Madruzzo, was schon Oberst Gaudenzio Madruzzo als Fürbitter bei Maximilian vorgetragen hatte, daß nämlich Fugger »in sein alte vor jahren gehabte krankheit gefallen mit verlierung seiner vernunft«. Das Schlimmste am Verhalten Fuggers war die Tatsache, daß er nach seiner Flucht auf Venediger Boden nicht etwa versuchte, den Erzherzog zu begütigen, sondern Öl ins Feuer goß. 1621 wandten sich die Augsburger Verwandten an den Kaiser mit der Bitte, er möge zur Versorgung der Güter des Freiherrn, da er dauernd abwesend, einen Administrator einsetzen. Dies geschah denn auch. Georgs Sohn Nicolaus wurde mit der Aufgabe betraut.

Die Geschwister

Helena Fugger blieb in Trient wohnen. Sie hatte im Zeitraum von 1583 bis 1611 einundzwanzig Kindern das Leben geschenkt, darunter auch einem Zwillingspaar. Zwölf Kinder verstarben im Jahr ihrer Geburt! Von dem bekannten Tiroler Arzt Guarinonius erfahren wir die Ursachen für die Säuglingssterblichkeit ganz speziell auf Tirol bezogen. Er setzte diese mit 90 Prozent an. Von ca. 1000 Säuglingen in Nordtirol, die jährlich geboren wurden, überlebten nur ca. 100 Kinder. Eine der Ursachen war die Überfütterung der Säuglinge mit kochendheißem Brei, was zu Magen- und Darmbeschwerden führte und die Kinder kaum überleben ließ. Zudem nährten viele Ammen die Säuglinge bereits mit »Ordinari Wein«. Periodisch grassierenden Epidemien waren die geschwächten Kinder nicht gewachsen. Die hohe Sterblichkeit hing aber auch damit zusammen, daß durch die fast alljährlichen Geburten die geschwächten Frauen anfällige und schwache Kinder zur Welt brachten. Doch selbst der sittenstrenge Guarinonius hielt es für den Normalfall, daß die Männer ihre Frauen »mit ihrer jährlichen Frucht erfreuen«.

Das Kindbett war, so erfahren wir, für Tiroler Frauen ein Hauptanlaß für unmäßige Speisenaufnahme. So galt die Leibesfülle als beste Voraussetzung für Gesundheit und Fruchtbarkeit. Bei dem übermäßigen Essen ließen sich die »Weiber ebenso keck, und so starck als die Männer voll ansaufen«. Die Speisenfolge für eine ausdrücklich als maßvoll bezeichnete adlige Wöchnerin war folgende:

3 h. morgens: Suppe mit Eiern
5 h. morgens: Eiermus von Eiern und Hühnersuppe
7 h. morgens: einige frische Eier
9 h. morgens: Dottersuppe, »Streibeln«, 1 Glas Traminer
11 – 12 h.: 1 Kapaun, gebratene Vögel, 1 Wildhuhn, 1 Schale Traminer, Brot, Backwerk
13 h.: »Brandküchlen« mit Wein
15 h.: 1 Kapaun, 1 Schüssel kleiner Fische, Wein, Brot, Backwerk, Eierkuchen
17 h.: Eierkuchen
18 h.: 5–6 Gerichte (Gesottenes, Gebratenes, Fische)
19 h.: gute Hühnersuppe
21 h.: 1 Pfanne voll »Brandküchlein«, Wein, Brot, Backwerk
24 h.: Dottersuppe mit Beiwerk

Die Folgen dieser Exzesse sind bei der Gräfin an ihrer ungeheueren Leibesfülle am Ende ihres Lebens sehr wohl zu erkennen.

Zu den häufigen Geburten und Todesfällen im Hause Fugger kam auch noch, daß die finanzielle Lage immer schwieriger wurde. Das die Zeit vom 30. April 1610 bis 19. Juli 1614 umfassende Kopialbuch der Briefe des Georg Fugger läßt die jammervolle Lage der Familie erkennen. Viele Besitzungen in Trient und am Gardasee kamen unter den Hammer, die Pfandherrschaften Enn und Kaldiff waren längst an die Erben der Grafen Trautson gegangen, und Georg Fugger wurde nur der ursprüngliche Kaufpreis erstattet; die hohen Umbaukosten waren verloren. Es scheint, als hätten die wohlhabenden Verwandten der Helena Fugger, die Familien Madruzzo und Hohenems, immer wieder finanzielle Unterstützungen gewährt, um wenigstens dem Sohn Nicolaus Fugger ein ordentliches Studium in Bologna und Padua zu ermöglichen. Es war aber auch der Unterhalt aufzubringen für die beiden 1611 in das Mailänder Kloster St. Martha eingetretenen Töchter, Helena und Elisabeth, ebenso für den Sohn Ludwig, der dem Kapuzinerorden beitrat.

Doch es sollte noch schlimmer kommen: Das versprochene Heiratsgut für die Tochter Margaretha, das übermäßig hoch war, konnten die Brauteltern nicht aufbringen, und der Schwiegersohn, Franz Anton Caretto, Marchese von Grana und Millesimo, verklagte seinen Schwiegervater beim fürstbischöflichen Gericht in Trient. Erzherzog Leopold von Österreich wies die Burgauischen Beamten an, Marchese Caretto die in der Markgrafschaft Burgau liegenden Güter des Georg Fugger zu übertragen. Die Augsburger Verwandten liefen dagegen Sturm, und schließlich einigte man sich darauf, daß Nicolaus für das nichtbezahlte Heiratsgut seiner Schwester aufkam.

Der einzige überlebende Sohn Nicolaus (1596–1676) war, wie schon erwähnt, von Kaiser Ferdinand II. zum Administrator der stark verschuldeten Besitzungen seines Vaters bestimmt worden und damit in eine schwierige Lage gekommen. Der Kaiser ernannte den Augsburger Bischof Heinrich von Knöringen zum Vermittler zur Beilegung aller Schwierigkeiten und betraute ihn mit der Untersuchung der von Nicolaus geführten Verwaltung der väterlichen Güter, da von Trient fortwährend Klagen einliefen, daß die dortigen Gläubiger nicht befriedigt würden und Nicolaus seine Mutter und seine Schwestern darben lasse. Da Bischof Heinrichs Nachforschungen erfolglos blieben, wurde vom Kaiser 1626 zusätzlich der Propst von Ellwangen bemüht. Es kam zu der Einigung, daß die Trientiner Gläubiger mit dem Ertrag der Verkäufe in Trient befriedigt werden sollten, die deutschen Gläubiger mit den weniger belasteten deutschen Gütern. Nicolaus hatte nicht nur seinen eigenen Hausstand zu bestreiten, sondern auch den seiner Mutter und seines Vaters. Die Ehe der Eltern war längst zerbrochen; der Vater wohnte in Padua, und an ihn hatte der Sohn 100 Gulden monatlich zu überweisen. Die Mutter in Trient sollte 250 Gulden vierteljährlich erhalten. Es war zwar bestimmt worden, der Sohn solle die Mutter bei sich in Augsburg aufnehmen, doch sie war »wegen Leibesschwerheit und dergleichen nicht von Trient herauszubringen«. Graf Nicolaus war in erster kinderloser Ehe mit seiner Cousine Elisabeth, Tochter des Grafen Octavian Secundus Fugger und der Gräfin Maria Jacobäa Fugger, verheiratet. In zweiter Ehe vermählte er sich mit Juliana von Liechtenstein. Die Linie starb in der folgenden Generation aus.

Helena Fugger, geborene Madruzzo, hat trotz des reichen Kindersegens ihren Lebensabend in Einsamkeit verbracht. Die meisten ihrer Kinder waren gestorben und ihr Gemahl blieb Trient fern. Es ist nicht überliefert, wann sie gestorben ist und wo ihre sterblichen Überreste ruhen.

Sibylla Fugger, kinderlose Ehefrau des Grafen Lodron

Sibylla war am 14. November 1585 als 3. Kind des Ehepaares Helena und Georg Fugger in Riva am Gardasee geboren, einer Stadt, die dem Bischof von Trient gehörte. Dort hatte sich eine Schwester ihrer Mutter vermählt, und da in Augsburg um diese Zeit »die leidige Sucht sehr übel hauset«, blieb die schwangere Helena Fugger fort, bis sie »gleichwohl ihrer Bürde glücklich entbunden« war. Aus der Taufe hat das Mädchen die Schwester ihres »Ahn-Herrn Fortunati Madruzzi gehebt, eine Dame von ungemeiner Frommigkeit und Gottes Forcht«. Das Kind bekam eine gar sorglose Amme, die »nit allein ihre Ambts zimlich vergessen, sondern noch darzu gar hart und scharpf mit der Sibylla umgienge, also daß sie das Fräulein so gar auß der Wiegen hinauß warffe«. Sibylla war eines der Kinder, das in der Villa Margone aufwuchs, zunächst noch umgeben von Reichtum und Ansehen. Am 13. Januar 1602 ging Sibylla als die älteste überlebende Tochter des genannten Ehepaares Fugger-Madruzzo eine standesgemäße Ehe ein mit Maximilian Graf von Lodron, Herr zu Castelnuovo und Castellano, Römisch Kaiserlicher Kämmerer, sicher eine große Freude für die Mutter Helena Madruzzo, die unter der Obhut ihrer Großmutter aus dem Hause Medici zu einer äußerst gebildeten Dame erzogen worden war. Der Vater der Braut, Georg Fugger, war damals auch noch in der Lage, seine Tochter mit einem ansehnlichen Heiratsgut in Höhe von 12 000 Gulden auszustatten. Die Reichsgrafen von Lodron sollen vom »römischen Consul Plautius oder von den Lateransern abstammen, sie besaßen das Erbmarschallamt im Erzstift Salzburg und mehrere Güter in der Steiermark. Im Jahre 1452 erhob sie Kaiser Friedrich III. in den Grafenstand.« Die Grafen von Lodron haben »jahrhundertelang dafür gesorgt, daß in Judikarien keine Langeweile aufkam«, denn sie lagen ständig mit den Arco, Castelbarco, Agrest u. a. im Streit. Erzherzog Ferdinand erhob gegen die Herren Lodron Klage zweifacher Art: »sie störten durch ihr banditenhaftes Fehdewesen die so wünschenswerte Ruhe an der südlichen Landmark, und sie verweigerten für sich und ihre Untertanen jede Beteiligung an dem tirolischen Steuerwerk«. Die Lodron stellten kaiserliche Feldhauptleute, deren berühmtester, Ludwig Lodron, 1537 mit seinem Tiroler Fähnlein in der Schlacht von Esseg gegen die Türken den Heldentod fand. Später wandten sie sich nicht weniger erfolgreich den geistlichen Würden zu. Hier sei vor allem der Neffe der Sibylla Lodron-Fugger, Paris Lodron, Erzbischof von Salzburg genannt, der als einen seiner denkwürdigen Vorgänger den Augsburger Patriziersohn und Privatsekretär Kaiser Maximilians I., Matthäus Lang, hatte. Die Schwester des Fürstbischofs Lang, Appolonia, war mit einem Grafen Lodron vermählt.

Das Stammschloß Lodrone stand im Legertal zwischen Matterello und der Veroneser Klause. Noch heute wird das Tal durch die beiden Burgen der Lodron beherrscht, die sich im 16. Jahrhundert in die Linien Castelnuovo und Castellano teilten. Der Palazzo Lodron steht in Trient an der Via Calepina. Er wurde 1577 errichtet und 1583–85 von unbekannter Hand prachtvoll ausgemalt. Graf Maximilian Lodron, der junge Ehemann der Sibylla Fugger, trat in kaiserliche Dienste und gehörte später zu dem erlesenen Gefolge, das die schöne Claudia von Medici zur Vermählung mit Erzherzog Leopold von Florenz nach Innsbruck geleitete. Maximilian galt als ein sehr frommer und wohltätiger Mann. Das begüterte junge Ehepaar nahm seinen Wohnsitz in Villa Lagarina im Lagarinatal, wie das Etschtal zwischen Galiano und Ala genannt wird, heute ein Dorf, im 8. Jahrhundert dagegen als »Civitas Ligeria« oder »Lagare« der Hauptort des Beckens von Rovereto.

Sibylla von Lodron galt als sehr gebildete Dame, die fließend deutsch, französisch und italienisch sprach. Schon kurz nach der Hochzeit erkrankte Graf Maximilian von Lodron »mit einer beschwärlichen und unheylbaren Kranckheit«. Sibylla unternahm mit ihrem Gemahl eine Wallfahrt nach Loreto, von woher er angeblich völlig geheilt zurückgekommen sei. Während der folgenden jahrelangen Krankheit pflegte die Gräfin ihren Mann »Tag und Nacht, ... obwohl sie unter der Launenhaftigkeit ihres Gemahls viel zu ertragen hatte«.

Die Ehe des Paares war nicht mit Kindern gesegnet. Sibylla hatte sich eine Apotheke einrichten lassen, in der sie selbst tätig war. Bei ihr setzten sich wohl die naturwissenschaftlichen Neigungen des Vaters durch. Welche Art von Medikamenten damals in Tirol verabreicht wurden, läßt sich nicht mehr feststellen. Doch handelte es sich wohl vorwiegend um Medikamente auf pflanzlicher Basis. Auch in der Innsbrucker Hofapotheke fanden sich zur damaligen Zeit nur eine Menge von Heilkräutern und Heilkräutermischungen.

Gräfin Lodron nahm sich der Armen an, dabei ganz besonders der verwaisten Knaben der Stadt Rovereto. Sie ließ die Waisen in ihrem Hause einkleiden und sandte einige zum Studium. Sie gab den Knaben Empfehlungen mit auf den Weg für die Fürstbischöfe von Trient und Salzburg, die Sibylla sehr schätzten. Die kinderlose Gräfin besuchte die Kranken in der Stadt Rovereto und verhalf jungen Mädchen durch eine Aussteuer zur Heirat. Trotz guter Taten zweifelte Sibylla oft, ob sie ein gottgefälliges Leben führe. Als große Hilfe empfand sie den geistlichen Beistand des Franziskaner-Bußpredigers Bartholomeo Gambi, der sich als Mönch Bartolomeo da Salutio nannte. Mit ihm wechselte die Gräfin Briefe bis zu seinem Tode 1617. »Das beste Mittel zur menschlichen Beruhigung«, schrieb er ihr u. a., »ist die Betrachtung des Leidens Christi.« Um ihre Mitmenschen an dieser »Gnadenquelle« teilhaben zu lassen, ließ die Gräfin eine seiner zahlreichen Schriften, durch die er auch mittelbar gewirkt hatte, nachdrucken und in vielen Exemplaren unter das Volk verteilen.

Nach 32jähriger Ehe verstarb Graf Maximilian von Lodron. Er hinterließ seiner Frau sein ganzes Vermögen, bestehend aus Häusern, liegenden Gütern und Lehen. Wegen dieses Vermächtnisses kam es zu großen Auseinandersetzungen mit den angeheirateten Verwandten der Sibylla. Die Witwe galt auch als begehrenswerte Partie für eine neuerliche Eheschließung. Doch Sibylla hatte sich entschlossen, ihr Leben Gott zu weihen. Sie legte ein Keuschheitsgelübde ab und trug fortan nur noch Kleider aus schwarzem Wollstoff. Da die Verwandten wohl zurecht annahmen, daß Sibylla in ein Kloster eintreten könnte, strengten sie einen Prozeß nach dem anderen an, und es gelang ihnen schließlich, daß das Eigentum vom Lehensgut getrennt wurde – letzteres blieb bei der Familie Lodron – und Sibylla aus der Lodronschen Villa auszog, obwohl sie darin Wohnrecht bis zu ihrem Lebensende gehabt hätte.

Die Witwe Sibylla, Stifterin des Klarissenklosters S. Carlo in Rovereto und spätere Terziarschwester – Klostername Anna Maria di Gesù

Die seit 1635 verwitwete Gräfin sollte einer seelenverwandten Frau begegnen, die ihrem Leben wieder einen Sinn gab, nämlich Bernardina Floriani aus Borgo, die sich nach ihrem Klostereintritt Giovanna Maria della Croce nannte. Der Tiroler Benediktiner Beda Weber, der es vom Schustergesellen bis zum Domherrn und Stadtpfarrer von Frankfurt brachte und als eine der vielseitigsten Begabungen Tirols gilt, hat in seinem ansehnlichen literarischen Schaffen auch eine Lebensbeschreibung der Bernardina Floriani verfaßt, einer Nonne, die stigmatisiert war »gleich der niederdeutschen Katharina vom Emmerich und der Tirolerin Maris von Mörl aus Kaltern«. Der Name der Mystikerin Giovanna Maria della Croce, die nach Anna Coreth zu den »eindrucksvollsten religiösen Gestalten gehört, welche die kaiserlichen Erblande im 17. Jahrhundert hervorgebracht haben«, ist heute nur noch in der Stadt Rovereto ein Begriff. Dort wird sie unter dem Namen »la beata Giovanna« verehrt, ohne seliggesprochen zu sein.

Bernardina Floriani, 1603 geboren, entstammte einer frommen Malerfamilie aus Rovereto. Mit 14 Jahren lernte sie den Kapuzinerlaienbruder Thomas von Bergamo kennen, der von ihrer Frömmigkeit so beeindruckt war, daß er dem Mädchen nicht verhehlte, daß sie seiner Meinung nach zu Höherem bestimmt sei als zum schlichten Broterwerb. Weinend, betend und sich selbst geißelnd ließ sie sich von Tomaso dazu bewegen, aller Weltlichkeit abzuschwören, und faßte den Entschluß, ins Kloster zu gehen. Ihr geistlicher Beistand Thomas beschwor sie, nicht in ein fremdes Kloster einzutreten, sondern nach Gottes Willen in Rovereto selbst ein Kloster zu gründen. Bernardina fing an, junge Mädchen der Armen und Reichen in einer kleinen, von ihrer Mutter gegründeten Schule zu unterrichten und ihnen ihre glühende Verehrung für die Gottesmutter zu vermitteln. Es gab viel Geheimnisvolles um diese junge Frau, die in ihrer Liebe zu dem himmlischen Bräutigam in immer länger andauernde Ekstasen verfiel. Ihre innere Entwicklung war geprägt vom kapuzinisch-franziskanischen Einfluß. So trat sie immer mehr mit den Franziskaner-Observanten in Arco in Verbindung, deren »Geist bekanntlich stark der Mystik zuneigte«. Bernardina zog sich aus ihrem Elternhaus zurück und begann mit ihrer Freundin Veneria Simoncini ein kontemplatives Leben zu führen in der Hoffnung, doch noch das von Bruder Thomas so sehr gewünschte Klarissenkloster gründen zu können.

Der Mystiker Thomas von Bergamo war ein ständiger Gast im Hause Lodron. Noch zu Lebzeiten des Gemahls der Sibylla Lodron hatte er sie beschworen, nach dem Ableben desselben tatkräftig mitzuhelfen, in Rovereto ein Frauenkloster zu gründen.

Bereits 1631 hatte Bernardina an Sibylla Lodron geschrieben. Um das Charakteristische der damaligen Frömmigkeit und der religiösen Liebe, die beide Frauen verband, zu dokumentieren, steht der folgende Briefauszug: »Der himmlische Bräutigam versetzte Ihre Seele in sein weitgeöffnetes Herz, und lass Sie schauen seine Schönheit und Lieblichkeit, besonders die fünf strahlenwerfenden Rubine, die an seiner heiligen Menschheit leuchten. O gewiß dieser Anblick macht Sie verzückt, Sie werden völlig berauscht von seiner unendlichen Liebe, wie eine verwundete Hirschin laufen Sie, nicht zu den fünf reichströmenden Brunnen seiner Kreuzesliebe … o Freundin! eilen Sie wie die Braut im hohen Liede durch die Gassen schmerzlicher Liebesangst … O meine geliebte Freundin! während ich das schreibe, glüht mir und brennt mir das Herz, daß auch Ihr Herz beim Lesen aufwalle in glühender Liebe! O meine Geliebte! ich lade Sie ein zum Herzen Jesu … O Sibilla! gib mir dein ganzes Herz! Ich will darin wohnen! Du bist meine besonders erlesene Braut! Wohnend in Dir, will ich dich überströmen mit himmlischer Gnade, daß du sogar allen Teufeln furchtbar werdest. Ich bitte Sie kniend, verzeihen Sie diesen unzweckmäßigen Brief, die Liebe hat mich überwältigt, ich war berauscht von meinem Gott, als ich Ihnen schrieb.«

Über die Bedeutung dieser im Brief geäußerten Visionen soll

hier nur gesagt werden, daß den »fünf strahlenden Rubinen« oder Diamanten als den Wundmalen Christi in der Verlobungsmystik Bernardinas eine zentrale Bedeutung zukommt, und wie die Braut im Hohen Lied sieht sie sich in »einen Garten geführt und mit den keuschesten Umarmungen liebkost – denn das Herz Jesu gehörte nun ihr«.

Sibylla konnte sich wohl nicht mehr der glaubenseifrigen, ekstatischen und ständig von Visionen und Zweifeln geplagten jungen Frau entziehen. Es dauerte dann bis 1642, bis sich Sibylla für den Ankauf des Anwesens der geistigen Freundin Simonici entschloß. Für das Haus waren 7900 Gulden und für die nahe dem Hause stehende Kirche San Carlo weitere 950 Gulden aufzubringen.

1642 wurde eine provisorische klösterliche Gemeinschaft gebildet. Voll Vertrauen auf den göttlichen Beistand und die weiteren Zuwendungen ihrer hochherzigen Stifterin, ließ Bernardina die Kirche instandsetzen. Am 13. Juli 1642 trat Sibylla Lodron-Fugger zusammen mit der verwitweten Mutter der Bernardina in das Regelhaus ein. Achtzehn Frauen lebten nun acht Jahre lang in dieser klösterlichen Gemeinschaft.

Zum Unterhalt der religiösen Gemeinschaft steuerte die Witwe Lodron jährlich 500 Gulden bei, was ihr einige Schwierigkeiten bereitete, da die Erb-Auseinandersetzungen mit den Verwandten immer noch andauerten und die verpachteten Besitzungen unterhalten werden mußten. In ihrer Entscheidung, in die Ordensgemeinschaft einzutreten, war die inzwischen 57jährige Gräfin nicht ganz frei; denn da sie einen beträchtlichen Teil ihres Vermögens zur Klostergründung gestiftet hatte, verfügte sie über keine ausreichenden Mittel mehr, ein standesgemäßes weltliches Leben zu führen. Außerdem war es ihr nicht entgangen, daß weder der fürstbischöfliche Hof noch die Stadt Rovereto ihr Einverständnis zur Gründung eines Klosters geben wollten. Durch die Gründung des Regelhauses zog Bernardina geradezu den Zorn des Fürstbischofs von Trient auf sich. Trotz der Intervention der Landesherrin Claudia, der auch Sibylla geschrieben hatte, wurde allen Ordensgeistlichen der Franziskaner verboten, in der Kirche San Carlo die Beichte zu hören. So ersannen Bernardina und die alte Gräfin folgenden Plan: Die achtzehn Frauen zogen jeden Sonntag nach Rocco in das dortige Franziskanerkloster. Alle Schwestern trugen einen schwarzen Schleier, und die Gräfin und Bernardina führten den merkwürdigen Zug an. Bei übermäßigem Schnee oder bei Überschwemmungen in den Gassen fuhren die geistlichen Schwestern oft zu elft auf einem Wagen. In Rovereto war man längst der Meinung, daß die Gräfin Lodron unter dem Einfluß von Bernardina den Verstand verloren habe, da sie sich solchen Lächerlichkeiten preisgab. Am 7. August 1646 wurde endlich die päpstliche Erlaubnis zur Klostergründung von Innozenz X. erteilt.

Sibylla war damals krank, doch sie wurde auch dieses Mal, wie schon einige Jahre vorher, durch Auflegung des Rosenkranzes an der schmerzenden Stelle und durch die unablässigen innigen Gebete Bernardinas wieder gesund. Von der Krankheit genesen, stiftete Sibylla für das Kloster 50 000 Gulden. Die Grundsteinlegung war im April 1647.

Die Klosterinsassinnen beschränkten sich auf das Allernotwendigste in Speise, Trank und Kleidung, da die finanziellen Mittel durch den Klosterbau immer knapper wurden. Als erstes war die Loreto-Kapelle des Klosters fertiggestellt. Ende 1649 brach eine Flutwelle des Flusses Leno über die Stadt herein und unterspülte das begonnene Kloster so stark, daß die Kapelle zusammenbrach und kein Stein auf dem anderen blieb. Bernardina und Sibylla waren mehr als bestürzt. Sibylla standen zu diesem Zeitpunkt keine Geldmittel mehr zur Verfügung. Doch keine der Frauen wollte das Haus verlassen, und mit unendlicher Mühe und unter großen Entbehrungen wurde das Kloster nach dreijähriger Bauzeit vollendet.

Um nun das Kloster regelfest zu ordnen, waren zwei Lehrfrauen aus einem anderen Klarissenkloster erforderlich. Aus Trient und Verona wurde der Wunsch nach Lehrfrauen abschlägig beschieden. Von Rom wurde auf das Klarissenkloster in Brixen hingewiesen, das angeblich 1221 gestiftet worden war, zu einer Zeit, da der heilige Franziskus und die heilige Klara noch lebten. Die Witwe Lodron hatte verwandtschaftliche Beziehungen zum Kloster in Brixen durch die ebenfalls aus der sogenannten Antonius-Linie der Fuggerschen Familie stammende Anna Maria Fugger (1612–1672), die 1643 im Brixener Klarissenkloster Profeß abgelegt hatte und 1661 Äbtissin wurde.

Aus Brixen kamen nun die beiden Klarissinnen Francesca Carrara di Bassano und Elisabeth Spaur. Gräfin Lodron hatte selbst nach Brixen geschrieben, um die Nonnen zu bitten, nach Rovereto zu kommen: »O kommen Sie bald im Namen Gottes, im Namen der allerseligsten Jungfrau Maria! Gott ist Ihr Lohn für diesen Liebesdienst, unsere innigste Liebe und Herzensfreude erwartet Sie!«

Doch die Brixener Lehrfrauen wirkten mit einer Strenge und Entschiedenheit, daß jedes freundschaftliche Gefühl unter den Nonnen erstarb. Ekstatische Erscheinungen wurden von vornherein verworfen, und bei Nichtbeachtung der Klosterregeln gab es schwere Strafen. Bernardina und Sibylla wurden von den übrigen Klosterinsassinnen streng gesondert und mehr geduldet als geachtet. Sie durften nur mit der Hausmagd sprechen.

Acht Jahre nach der Gründung des Regelhauses sollten alle Schwestern das Ordenskleid erhalten. Am 8. Mai 1650 erhielt die 48jährige Bernardina den Klosternamen »Giovanna Maria della Croce«.

Sibylla fühlte sich zu schwach, im fortgeschrittenen Alter von 65 Jahren einem so strengen Orden beizutreten, und sie bekam deshalb von Rom die Erlaubnis, als Schwester des Dritten Ordens des heiligen Franziskus im Kloster zu leben. Zum Klostereintritt der Sibylla, die den Namen Anna Maria di Gesü annahm, hat der Jesuit Jacob Schmid in der Sprache seiner Zeit folgendes geschrieben: »Und obschon Anna Maria das Jungfrau=Cräntzlein in der ewigen Glori nit zu erwarten indeme sie verehelicht gewesen, nichts destoweniger weilin sie eine Stüffterin eines Jungfrau=Closters so wird ihr eine andere Jungfräuliche Neben=Glori zu Theil werden«!

Zur Feier der Einkleidung von Giovanna Maria della Croce und zur Feier der Aufnahme von Gräfin Sibylla Fugger-Lodron in den Dritten Orden wurden Gedichte vorgetragen, die später in gedruckter Form von Hand zu Hand gingen und weiterverarbeitet wurden. Das für Sibylla bestimmte Gedicht lautet übersetzt:

> »Die Königslilien stecken weiße Kränze
> In Gärten aus, der Herd entzogene Weide,
> Verschonet von des Pfluges scharfer Schneide,
> Und Erd und Himmel küßt die lichten Glänze.
> So ihr versteckt in heil'gen Klosterräumen,
> Bewahrt, o Gottesbräut', im Liebesbunde
> Den keuschen Flor, zu jeder Stunde
> Dem Lamme folgend zu des Lebens Bäumen!
> Viel andre strahlen, gottgeliebt und theuer,
> im Jungfrauenkranze, rein wie Frühlingssonnen,
> Tirannenhand hat sie geknickt im Jugendfeuer
> Mit Schwert und Beil in heißen Blutesbronnen.
> Euch zeigt Sibilla strahlender und freier
> Den Weg zu Gott in stillen Unschuldswonnen!«

Die Tatsache, daß bei der offiziellen Einweihung des Klosters in Gedichten jedoch nur der beiden Gründerinnen, nicht aber der Brixener Ordensfrauen gedacht wurde, brachte Unzufriedenheit hinter die Klostermauern. Es entstanden Mißhelligkeiten zwischen den deutschen und italienischen Schwestern, die zum Teil auch aus Sprachschwierigkeiten resultierten. Die Äbtissin hatte große Schwierigkeiten bei dem Erlernen der Mundart von Rovereto, und die Novizenmeisterin Elisabeth von Spaur sprach nicht gut italienisch.

Nur Sibylla war in der Lage, in Deutsch und Italienisch ohne jede Schwierigkeit zu sprechen, und so wurde sie ständig als Vermittlerin zwischen den deutschsprachigen Brixener Schwestern und den italienischen Schwestern eingesetzt, was ihr aber nicht immer nur Freundlichkeit eintrug.

Seit die Brixener Schwestern die Führung des Klosters übernommen hatten, ging es mit dem Kloster bergab. Sie waren die Wohlhabenheit des Mutterklosters in Brixen gewöhnt und trieben das Kloster immer mehr in Schulden. Giovanna Maria della Croce hatte keinerlei Mitspracherecht. Sie wurde immer mehr in dem Entschluß bestärkt, das Kloster zu verlassen, da sie als 48jährige Nonne nicht mehr für den strengen Orden tauge, ihr Gelübde aber, ein Kloster zu gründen, erfüllt habe. Da ihre Mitschwestern sie völlig ignorierten, war Sibylla ihr einziger Trost, die ihr den Vorschlag machte, wie sie selbst »Drittordensschwester« zu werden. Doch Giovanna wollte lieber aus dem Orden austreten. Sibyllas Antwort darauf: »So muß ich mit dir austreten, ich kann ohne dich nicht leben und gedeihen!«

In der Nacht vor dem Verlassen des Klosters soll Giovanna Maria della Croce einen schrecklichen Kampf mit teuflischen Wesen geführt haben, der zwar mit einem von blauen Flecken und Wundmalen übersäten Körper endete, aber auch mit dem Wunsch, im Kloster zu bleiben. Sie legte am 8. Mai 1651 ihr Ordensgelübde ab und wurde am 18. Oktober zur Verwalterin des Klosters bestimmt, nachdem die Brixener Klosterfrauen wieder in ihr Mutterkloster zurückgekehrt waren. Sie, die während ihres Aufenthalts so weniggeliebten deutschen Klarissenschwestern, wurden nach ihrem Weggang hochgelobt. Nun stand einer Wahl zur Äbtissin für Giovanna Maria della Croce nichts mehr im Weg, die am 29. Oktober 1654 stattfand. Die neue Äbtissin hatte ein Kloster mit vielen Schwestern, aber ohne Geld übernommen. Sie führte strenge Regeln der Armut ein, und durch reiche Mitgift neueingetretener Schwestern wurde das

Kloster wieder zu Wohlstand geführt, so daß die Nonnen auch in der Armenfürsorge tätig werden konnten.

Wie schon eingangs erwähnt, war es Fra Tomaso, der zeit seines Lebens auf einer Klostergründung für Klarissen in Rovereto bestand. Er hatte noch zu seinen Lebzeiten 1630 ein kostbares Kreuz mit einer Reliquie vom Blute Christi der Stadt Rovereto geschenkt, mit dem ausdrücklichen Wunsch, dieses Kreuz für das Klarissenkloster aufzubewahren. Das Kreuz war ein Geschenk des Kurfürsten Maximilian I. von Bayern und seiner frommen Gemahlin Elisabeth, welche Fra Tomaso dafür danken wollten, daß er in Bayern zur Aufrechterhaltung der katholischen Religion mit so großem persönlichen Einsatz waltete. Dieses Kreuz befindet sich heute in der Kirche San Marco.

Giovanna Maria della Croce entwarf für ihren Orden immer strengere Regeln, die allmählich auch in den übrigen Klarissenklöstern in Deutschland und Italien Einzug halten sollten. In vielen Briefen gab sie ihre Anweisungen an die »gebenedeiten« Töchter weiter, und selbst für ihre eigenen Mitschwestern verfaßte sie einen Brief, der in seiner Ausdrucksform den damaligen Zeitgeist im Kloster widerspiegelt und in dem auch auf Sibylla Bezug genommen wird. »O überglücklich jener Tag, überglückselig jene Stunde, wo Gott die Dienerin Sibylla erleuchtete, für euch dieses Kloster zu stiften, wo er euch einlud als heilige Tauben einzuziehen und in der heiligen Einsamkeit eures Jesus euer Nest zu bauen, in reinster vollkommenster Hingabe an sein göttliches Herz ...«

In allen guten und bösen Tagen stand Sibylla treu neben ihr und zu ihr. Sie galt im Kloster als »bewunderte Blume menschlicher Ausbildung im Feingefühle des allgegenwärtigen Gottes. Sie fühlte einen unermüdlichen Drang, sich selbst zu vernichten, und alles irdische Beiwesen von Eitelkeit abzustäuben.« Von den Mitschwestern als Wohltäterin und Stifterin des Klosters verehrt, betonte sie immer wieder, daß sie die Geringste von allen sei, nicht einmal wert, den Boden zu küssen, der unter deren Füßen liegt, denn »ihr seid wahre Bräute Christi, denn ihr habt eure Reinigkeit und euer Blüthenleben dem Erlöser geweiht, aber ich Elende habe gerade das Gegenteil gethan, blühend für die Welt, alternd für Gott«. Entfuhr ihr ein unfreundliches Wort »als Angewöhnung aus der Zeit weltlicher unbeschränkter Obmacht im Grafenhause«, so bat sie alle um Verzeihung, »nicht selten mit einem Strick um den Hals«!

Sibylla half im Kloster wie eine gemeine Taglöhnerin bei der

Verarbeitung von Seide für die Kaufleute. Sie fühlte sich geehrt, wenn niemand Rücksicht auf ihre Herkunft aus einer der vornehmsten Familien Tirols nahm. Sie verschenkte ihr ganzes Hab und Gut und pflegte mit Hingabe Kranke. Aus der stattlichen, großen, schönen Gräfin war eine zarte, fast durchsichtige Gestalt geworden. In ihrem 78. Lebensjahr, im Jahre 1663, erlosch ihr Lebenslicht. Auch im Sterben hing ihr Herz an Giovanna della Croce, die ihr in ihrem langen Todeskampf, der sieben Tage und sieben Nächte dauerte, beistand. Die Sterbende kommunizierte täglich, und in ihrer Sterbestunde, nach Empfang der Sterbesakramente, bekreuzigte Giovanna ihre vertrauteste Mitschwester im Herrn und sprach: »Gebenedeite Seele! ich befehle dir in Kraft des Gehorsams auszuziehen aus dem Leibe und dich unverzüglich mit deinem Schöpfer zu vereinigen!« Mit den Worten des sterbenden Erlösers auf den Lippen sei sie verschieden. Pater Marcellino Armani hielt die Leichenpredigt, die später gedruckt wurde.

Sibylla wurde sofort nach ihrem Verscheiden porträtiert, das Bildchen wurde vervielfältigt und verschenkt. Viel Volk strömte herbei, um dieser großen Stifterin die letzte Ehre zu erweisen. Es wurden nicht nur Wachs, Silber und gemalte Bildchen und dergleichen gestiftet, sondern die Tote wurde auch angerufen, die Kranken von ihren Leiden, sei es das »Fuß-Zipperlein« oder »schmerz- und verdrießlichen Podagra« oder »presthafften Leiden« zu befreien. Sie wurde aber auch angerufen zur Befreiung Besessener vom Teufel. Die Opfergaben sollten aber nicht am Grab der verstorbenen Stifterin aufbewahrt werden, »damit es nit das Ansehen gewinnete als wan man ihr schon eine offentliche Verehrung gestattete«.

In Anbetracht des außergewöhnlichen Lebensweges der genannten beiden Frauen hat es wohl nach deren Tode Bestrebungen gegeben, sie selig- oder heiligzusprechen. Für Giovanna Maria della Croce ist dies nachweislich vom Fürstbischof von Trient, Sigmund Alphons Graf von Thun, in die Wege geleitet worden. Der Prozeß war in Rom aufgenommen worden, doch die Reformen Kaiser Josephs II. machten dieses Vorhaben zunichte. Sibylla Lodron stand ebenfalls schon zu Lebzeiten im Rufe der Heiligkeit und wurde eine »heiligmässige Gräfin« genannt, doch wurde auch sie weder selig- noch heiliggesprochen.

Die Äbtissin Giovanna Maria della Croce galt als »Ratgeberin von deutschen und italienischen Fürsten, Staatsmännern und Prälaten«, die Terziar-Schwester Anna Maria di Gesù als große

Stifterin und Wohltäterin von Rovereto. Selbst über ihren Tod hinaus wurde Gräfin Lodron zur Stifterin. Sie hatte 3000 Gulden als Vermächtnis für eine weitere Klosterstiftung durch Giovanna Maria della Croce hinterlassen. In Borgo, »dem Hauptort der Val Sugana, an den Flanken der Berge emporkletternd«, entstand ein weiteres Klarissenkloster.

Auf Befehl Kaiser Josephs II. wurden am 25. Februar 1782 die Klarissenklöster aufgelöst. Die Kirche San Carlo, nach 1782 als Metzgerei benützt, wurde am 4. November 1846 wieder feierlich als Gotteshaus geweiht. Im damaligen Klarissenkloster befindet sich heute das Instituto Venerabile Giovanna Maria delle Croce, ein Kinderhort. Der ehemalige Klarissenkonvent in Borgo Valsugana beherbergte lange Zeit eine Grundschule. 1987 zog die Gemeindeverwaltung dort ein.

In der Kirche San Carlo in Rovereto, wo Sibylla die letzte Ruhestätte fand, erinnert nichts mehr an die Stifterin. In den Kirchenbüchern von Villa Lagarina findet sich unter dem 13. Juli 1663 der Eintrag: »Es ist verstorben die Gründerin des Klosters San Carlo in Rovereto Sibylla Lodron, geborene Fugger, die Mutter der Armen.«

Nachwort

Im öffentlichen Geschichtsbewußtsein setzte sich nur langsam die Erkenntnis durch, daß ohne die Beachtung der Lebensläufe von Frauen unsere Geschichtssicht einseitig, eng und verzerrt bleibt. Nicht nur die großen Frauengestalten sind dabei wichtig – denn um sie hat man sich bereits gekümmert –, sondern die oft unscheinbar im Hintergrund wirkenden und durch ihre Einflußnahme auf die Männer die geschichtlichen Ereignisse mitbestimmenden Frauen. Ihre historische Größe ist relativ zu der der Männer, aber nicht bedeutungslos, wie es oft den Anschein hat.

So fragen Frauen stärker denn je in unserer Zeit nach ihrer eigenen Geschichte und stellen dabei fest, daß die auch noch heute weithin von Männern dominierte Geschichtswissenschaft auf viele Fragen keine Antworten geben kann. Es ist klar, daß die Erforschung der historischen Bedeutung der Frau nur auf dem Hintergrund einer breiten Kenntnis aller wichtigen historischen Entwicklungen betrieben werden kann. Der überwiegende Teil der Geschichtsquellen ist von Männern verfaßt. Bisher bekannte Quellen müssen daher neu gelesen werden, unbeachtete Quellen unter dem speziellen Gesichtspunkt ihrer Aussagekraft hinsichtlich der Stellung der Frau neu interpretiert werden.

Der Rückgriff in die Zeit des Spätmittelalters, als die Frauen der ersten Fugger in Augsburg wirksam waren, zeigt, daß die historische Rolle der Frau eben nicht pauschal mit den Begriffen »Hausfrau und Mutter« umschrieben werden kann. Gerade die Tätigkeiten, die heute als typische Merkmale der Hausfrauenarbeit gelten, wie Kindererziehung, Kochen, Putzen, Waschen, Einkaufen, spielten hier eine untergeordnete Rolle. Die geschlechtsspezifische Arbeitsteilung entsprach nicht einer Zuordnung von reproduktiver Arbeit als Frauenarbeit und produktiver Arbeit als Männerarbeit. Im Rahmen der Hauswirtschaft lag das Schwergewicht der Frauenarbeit eher im produktiven als im reproduktiven Bereich. Wie sich zeigt, waren die Frauen der ersten beiden Fugger-Generationen in Augsburg als Kauffrauen tätig, zuerst die Geschäfte ihrer Männer unterstützend, dann als Witwen selbständig Handel treibend. Den Frauen waren somit auch rechtlich gewisse Selbständigkeiten eingeräumt: denn wer hätte mit einem Partner, der nicht haftbar zu machen war, Geschäfte abgeschlossen? »Die Gelöbnisse, Bürgschaften und dergleichen der Kauffrauen waren unbeschränkt verbindlich.« Händlerinnen und Kauffrauen mit großem Vermögen, zu denen bereits die Fuggerinnen zählten, bildeten in Augsburg wie auch in anderen deutschen Städten eher die Ausnahme als die Regel.

Mit dem Beginn der Neuzeit scheint sich allerdings im Bereich der Berufsmöglichkeiten und hinsichtlich der Rechtsstellung der Frau ein Niedergang abzuzeichnen. Durch die sozio-ökonomischen Wandlungen der Neuzeit wurden die Frauen sogar weithin aus der Berufsarbeit verdrängt. Wie es sich zeigt, endete die Mitwirkung der Frauen im Hause Fugger im Geschäftsleben mit dem beruflichen Aufstieg der Männer, gab es doch keine finanziellen Motive mehr für ihre aktive Mitwirkung. Auf einem ganz anderen Gebiet übernahmen die Frauen im Hause Fugger für den wirtschaftlichen und sozialen Aufstieg eine spezielle Funktion. Jetzt entsprach ihre Rolle viel eher der obengenannten typischen Rollenvorstellung. Die Frauen sind nun auf die Gewinnung einer Position durch Heirat angewiesen und widmen sich den Kindern, wobei sie durch die indirekte Einwirkung auf ihre Ehemänner und dann wiederum auf ihre Söhne und Töchter und deren Verheiratung zum Machtzuwachs und Ausbau des Familienimperiums beitragen. Auf die Ehen mit dem Augsburger Patriziat, dem niederen Landadel, dem bayerischen Turnieradel, der Reichsritterschaft bis hin zu den gräflichen Häusern mit Reichsstandschaft als sichtbare Merkmale des ständegeschichtlich herausragenden Aufstiegs und der gezielten Heiratspolitik wurde besonders hingewiesen. Später lag nahe, daß sich wirtschaftlich Gleichgestellte mehr oder weniger zusammen- und abschlossen. Da nun bei denen, die unter sich bleiben wollten und mußten, ein nicht beliebig vermehrbarer Partnervorrat zur Verfügung stand, kam es dazu, was der Genealoge »Ahnenverlust« oder »Ahnengleichheit« unter den Vorfahren nennt, »also eine Verdichtung des Erbstroms durch Ineinanderheiraten«. Es entstanden biologische und juristische Verwandtenehen – für die jeweils päpstlicher Dispens erteilt werden mußte – unter eindeutig wirtschaftlichem Aspekt: der Mehrung des Kapitals.
Keine Verschwägerung gab es unter den bedeutendsten Repräsentanten der oberdeutschen Hochfinanz, den Familien Fugger und Welser. Die Spannungen zwischen dem altpatrizischen Wel-

sergeschlecht und dem von den Webern in den Reichsgrafenstand aufgestiegenen Fuggergeschlecht ließen niemals untereinander eine eheliche Verbindung zu. Dabei waren sie sogar mit denselben Familien der oberdeutschen Finanz versippt. Ein Konnubium mit dem Hause Habsburg gelang allerdings nur der Augsburger Familie Welser durch die Heirat der Philippine Welser mit Erzherzog Ferdinand II. von Tirol. Wenn man fragt, inwieweit ererbtes Vermögen von Fugger-Töchtern altem Adel zu neuem Glanz verholfen habe, so war das vor allem bei den ehelichen Verbindungen zum Hause Ortenburg und Kuenring der Fall. Im Gegensatz dazu nahmen Fugger-Söhne auch solche Frauen zu Gemahlinnen, die finanziell gesehen keine guten Partien waren, weil es ihnen darum ging, bestimmte Beziehungsnetze zu verdichten.

Die erbrechtliche Stellung der Töchter des Hauses Fugger war ab 1548 festgeschrieben. Als Universalerben galten nur die Söhne. Die Töchter hatten bei ihrer Vermählung eine Erbverzichtserklärung zu unterzeichnen. Sie wurden aber mit einem hohen Heiratsgut ausgestattet.

Es ist hinlänglich bekannt, daß in humanistisch gebildeten Familien auch die Töchter anspruchsvoll erzogen wurden. Für die Söhne des Hauses Fugger waren Studien- und Kavaliersreisen im In- und Ausland und Aufenthalte an europäischen Höfen selbstverständlich. Man folgte dem Ideal des »Cortegiano« von Baldassare Castiglione. Dieser hatte auch sehr genaue Vorstellungen von den den Töchtern adeliger Häuser zu vermittelnden Bildungsidealen, die im Hause Fugger bekannt waren. Ein speziell für die Töchter verpflichtetes Lehrpersonal läßt sich aber nicht nachweisen. Hinweise auf vorhandene Lateinkenntnisse finden sich bei der Raymund-Tochter Ursula Ortenburg- Fugger und bei den Töchtern der Ursula Fugger-Lichtenstein. Das Memorieren von Gebeten, Liedversen und Bibelsprüchen war üblich. Reichsgräfin Sibylla von Eberstein war in einem Kloster erzogen worden. Die beiden Tirolerinnen Ursula von Lichtenstein und Helena von Madruzzo sprachen neben deutsch auch italienisch, die Kinder der Ungarin Katharina Fugger-Thurzo nachweislich wie ihre Mutter polnisch, »bohemisch und hungrisch«. Im Hause des Ehepaares Hans und Elisabeth Fugger-Nothafft wurde großer Wert auf ein künstlerisches Verständnis für die Musik gelegt. Töchter erlernten das Musizieren auf einem »Clavicord«.

Der soziale Aufstieg der Familie im 16. Jahrhundert läßt sich auch an der Fülle von Kunstwerken erkennen. Die Fugger treten als Auftraggeber für das gemalte Bild, den Kupferstich und Bildnismedaillen auf, und zwar sowohl für die männlichen als auch die weiblichen Mitglieder. Leider sind die von Albrecht Dürer geschaffenen Porträts von Fuggerinnen verschollen. Um so erfreulicher ist, daß einige Porträts von Fuggerinnen in Silberstiftzeichnungen des großen Augsburger Künstlers Hans Holbein d. Ä. erhalten geblieben sind. Die Familien im Hause Fugger waren kinderreich: etwa 14 Kinder pro Familie. Das fuggersche Ehepaar mit der höchsten Anzahl von Kindern, nämlich 21, war Helena und Georg Fugger in Trient. In dieser Familie zeigt sich die allerdings sehr hohe Kindersterblichkeit von 71 %. Allgemein hatte man im 16. Jahrhundert mit einer Kindersterblichkeit von 50 % zu rechnen, in wohlhabenden Familien jedoch mit einer weitaus geringeren. So hatte die Augsburger Oberschicht Ärzte zur Versorgung der Gebärenden und der Neugeborenen, und es mangelte nicht an der notwendigen Hygiene im Hause. Daß Frauen so viele Kinder zur Welt brachten, galt als normal, denn die Frauen sollten ihre Männer »mit ihrer jährlichen Frucht« erfreuen. Hatte nicht selbst der alternde Augustinus geschrieben, daß er nicht wisse, wozu die Frau dem Mann als Hilfe gegeben wäre, wenn nicht zum Gebären?

Neben der hohen Kinderzahl im Hause Fugger gab es auch das andere Extrem, die Kinderlosigkeit, die ausgesprochen tragisch zu nennen war beim bedeutendsten Exponenten des Hauses Fugger, Jakob Fugger dem Reichen und seiner Ehefrau Sibylla Artzt. Der Reformator Martin Luther äußerte sich 1522/25 in seinen Schriften »Vom ehelichen Leben« und »Predigt vom Ehestand« zum Kindergebären: »Daher man auch sieht, wie schwach und ungesund die unfruchtbar Weiber sind, die aber fruchtbar sind, sind gesünder, reinlicher und lustiger, ob sie sich aber auch müde und letzt tot tragen, das schadt nicht, laß nur tot tragen, sie sind darum da ...«

Was der voreheliche Verlust der Jungfräulichkeit im Seelenleben und für die soziale Existenz einer Frau bedeutete, zeigt sich an der Beziehung zwischen Sibylla Fugger und Marx Rehlinger. Es galt zwar als durchsetzbare Norm, daß ein Mann eine Frau, mit der er sexuell verkehrte, zu heiraten oder angemessen zu entschädigen hatte. Im gegebenen Fall unterblieb aber eine Legitimierung der Beziehung, worüber es im Hause Fugger zu Überreaktionen kam, die wiederum fast zu politischen Verwicklungen geführt hätten.

Die Konfession als Heiratsschranke ist auch im Hause Fugger nachweisbar. Dennoch entstanden Verschwägerungen des katholischen Hauses Fugger mit den protestantischen Mitgliedern der Adelsfamilien Kuenring 1539, Ortenburg 1549 und 1585, Montfort 1553, Eberstein 1557, Nothafft von Weißenstein 1560 und Lichtenstein-Karneid 1542. Im Ganzen gesehen blieb das Hause Fugger der römisch-katholischen Kirche treu.

Ein eklatantes Beispiel für die Auswirkung konfessioneller Schwierigkeiten im Hause Fugger bietet das Schicksal der Anna Jacobäa Fugger, die nach ihrem durch ihre Mutter und Petrus Canisius erzwungenen Ordenseintritt dem Kloster wieder entfloh, an den Hof des calvinistischen Pfälzer Kurfürsten nach Heidelberg ging und schließlich eine evangelische Gräfin Ortenburg wurde. Der von ihr verfaßte Rechtfertigungsbrief wird seiner zentralen Bedeutung wegen zum erstenmal vollständig veröffentlicht. Anna Jacobäas Klosteraustritt sollte sich als ein harter Schlag für das Prestigedenken der Familie Fugger erweisen. Ihre Augsburger Brüder versuchten mit allen Mitteln, diesen Klosteraustritt als »Raptus« zu tarnen, und mit der sehr privaten Angelegenheit wurde nicht nur Herzog Wilhelm V. von Bayern und Erzherzog Ferdinand von Österreich, sondern auch Kaiser Rudolf II. befaßt.

Im Augsburger Kloster St. Katharina zählte Maria Maximiliana Fugger zu den bedeutendsten Dominikanerinnen des 17. Jahrhunderts.

Im Hause Fugger hat man bis zur Gegenwart auch eine Familienangehörige als Heilige verehrt. Es hat sich aber herausstellt, daß sie lediglich als Stifterin des Klarissenklosters San Carlo in Rovereto gelten darf. Durch die Darstellung des Schicksals dieser Sibylla Lodron-Fugger kam eine erstaunlich weitverzweigte und intensive Verflechtung des Hauses Fugger mit den namhaften Adelshäusern Medici, Madruzzo, Hohenems und Lodron zutage.

Im gegenreformatischen Augsburg wird der enge Konnex der Fuggerinnen zum Katholizismus, insbesondere zur Societas Jesu deutlich. Petrus Canisius führte durch Exerzitien unter vier Augen die protestantischen Fuggerfrauen wieder zur katholischen Kirche zurück. Diese wiederum wurden zu den größten Gönnerinnen der Jesuiten in Augsburg. Die Wallfahrt der Ursula Fugger-Lichtenstein nach Loreto und Rom, ihre Audienz beim Papst und ihre familiären Briefkontakte zu den Jesuiten und selbst zu deren Ordensgeneral Borgia in Rom stellen wohl eine

Einmaligkeit für eine Frau im 16. Jahrhundert dar. In der bisweilen übersteigerten Frömmigkeitshaltung einiger Fuggerinnen kam es auch zu zeitbedingten Exzessen: zu Dämonglauben und Exorzismen beim weiblichen Hauspersonal. Durch einen dieser Exorzismen an einer Magd der Sibylle Fugger-Eberstein gelangte der durch die Reformation zum Erliegen gekommene Wallfahrtsort Altötting wieder zur Blüte.

Diesen glaubensstarken Frauen im Augsburger Hause Fugger steht die konvertierte Fugger-Tochter gegenüber, die zu einer Exponentin des Protestantismus wurde, Ursula Ortenburg-Fugger. Bei ihr ist erkennbar, wie unter dem Einfluß der Reformation religiöse Überzeugung zu einer erstaunlichen Tatkraft und zu politisch mutigem Auftreten geführt hat. Ursula Fugger war auf das engste beteiligt an den Kämpfen ihres Mannes um die Einführung der Reformation nach dem Augsburger Bekenntnis in der Grafschaft Ortenburg. Ohne ihr überzeugtes Auftreten und Eintreten für das Luthertum, wäre Ortenburg nicht zu einer Zufluchtsstätte für die Evangelischen aus Bayern und Niederösterreich geworden. Ihre Standhaftigkeit gegen die Anweisungen des Bayerherzogs und ihr Verhalten bei der Räumung des Schlosses Mattighofen haben zu einer Verschärfung der Lage in der sogenannten »Adelsverschwörung« beigetragen.

Ursula Fugger-Ortenburg spielte eine für die Fuggerinnen exzeptionelle politische Rolle.

In der bis heute blühenden fürstlichen und gräflichen Familie Fugger hat es immer wieder interessante Frauen gegeben. Die frühen Fuggerinnen, die durch ihre Arbeit und den eingebrachten Besitz den Weg vom Webstuhl zur Weltmacht begleitet haben, über sie war bisher nur in den Fußnoten der Geschichtsschreibung nachzulesen.

Namenregister

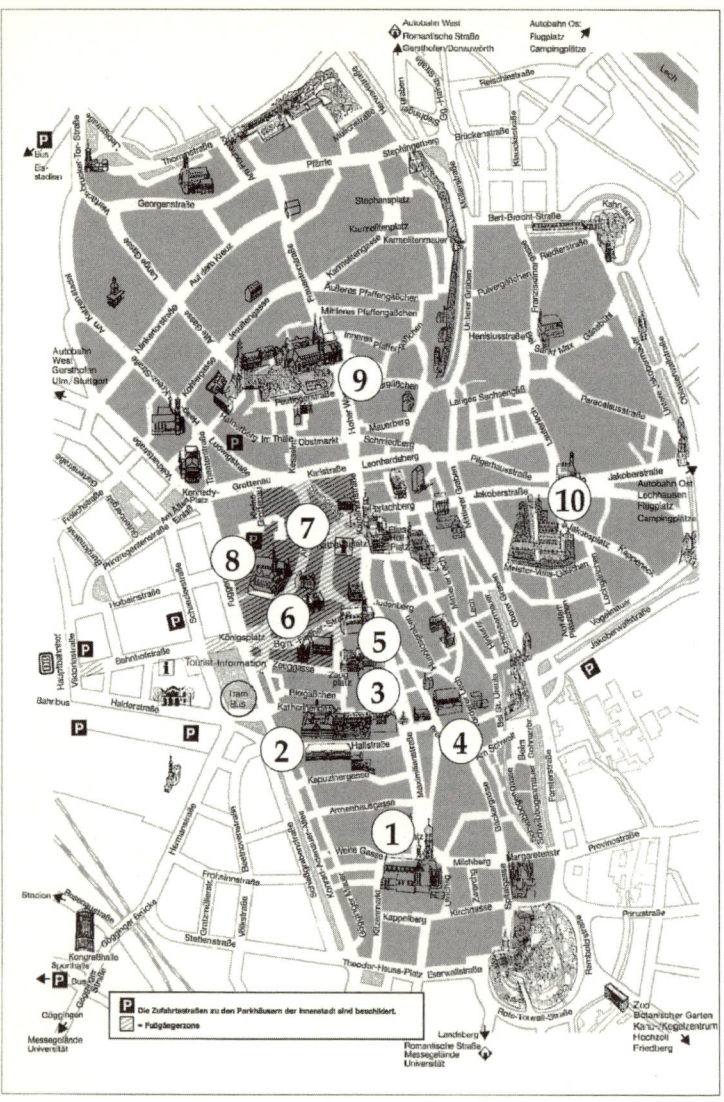

Spaziergang auf den Spuren der Frauen des Hauses Fugger in Augsburg

1)Basilika St. Ulrich und Afra

Rechtes Seitenschiff, beginnend mit der östlichen Kapelle:

Georgskapelle
Grablege der Ursula Fugger-Lichtenstein und ihres Gemahls Georg Fugger

Andreaskapelle
Grablege der Sibylla Fugger-Eberstein und ihres Gemahls Markus Fugger hohe Schranke aus mehrfarbigem Marmor mit dem Fugger Lilienwappen und der Wappenrose der Grafen von Eberstein

(Simpertkapelle)

Benediktuskapelle
Grablege der Maria Jacobäa Fugger und ihres Gemahls Octavian Secundus Fugger
Linkes Seitenschiff 6. Joch:

Bartholomäuskapelle
Grablege der Maria Magdalena von Königsegg und ihres Gemahls Philipp Eduard Fugger
In der Kapelle ist heute eine Ausstellung des einstmals großen Kirchenschatzes.

2) Kloster St. Katharina

heute *Holbein-Gymnasium in der Hallstraße*
Die Klosterkirche ist heute Staatsgalerie – Altdeutsche Gemälde
Einst bevorzugtes Kloster der Töchter aus Fuggerschem Hause, Zugang über das Schaezler Palais, Maximilianstraße

3) Fuggerhäuser

Maximilianstraße 36 und 38
Das erste Haus dieses großen Gebäudekomplexes war im Besitz der Eltern der Sibylla Arzt, Ehefrau von Jakob Fugger – dazu kamen große Neubauten
Ab 1518 Wohnsitz von Jakob und Sibylla Fugger sowie weiterer Fugger-Familien, Hauptkontor und Zentrale des Fugger-Imperiums mit mehreren Innenhöfen; besonders sehenswert: der Damenhof (Zugang Maximilianstr. 36)

4) Kloster St. Magdalena

heute *Römisches Museum in der Dominikanergasse* Grablege mehrerer Mitglieder der Familie Fugger u. a. auch von Katharina Fugger-Thurzo.

5) Wohnhaus Maximilianstraße 21

Wohnhaus (Das »Haus vorm Rohr«) der Barbara Fugger-Bäsinger und Jakob d. Ä., Geburtshaus von Jakob Fugger d. R. mit einer Gedenktafel.
Das südlich angrenzende Haus war das Elternhaus von Sibylla Fugger-Arzt, Gemahlin von Jakob Fugger d. R.

6) Maximilianmuseum, Philippine Welser-Straße 24

Dort befindet sich das Geschlechtertanzbild mit der Darstellung der Sibylla Fugger-Arzt (siehe Bildteil)

7) Sporthaus Karstadt Annastraße 19,

Mettlochgäßchen – Philippine Welser-Straße 18–10
Erster Wohnsitz von Jakob Fugger und seiner Gemahlin Sibylla. Dort befand sich auch die »Goldene Schreibstube«

8) St. Anna Kirche, Annastraße

Grablege des Jakob Fugger (Westchor). Im nördlichen Seitenschiff des Westchors Grabtafel für Katharina Fugger-Thurzo (seit 1935), ihre Grablege war in der Kirche St. Magdalena. An der Südwand im Ostchor Gemälde von Jörg Breu d. Ä. als Grabmal für Barbara Meuting-Fugger und ihren Gemahl.

9) Dom St. Mariae

Canisius-Altar (siehe Bildteil) Darstellung der Ursula Fugger-Lichtenstein und ihres Gemahls Georg Fugger als große Förderer der Jesuiten

10) St. Markus Kirche in der Fuggerei:

An der Ostwand Flügelaltärchen aus dem 16. Jh. mit Darstellung des Ehepaares Sibylla Fugger-Eberstein und Georg Fugger mit ihren Söhnen und Töchtern. Die Grablege befindet sich in St. Ulrich und Afra.

Besichtigt werden kann auch:

Das Fuggermuseum auf Schloß Babenhausen in Schwaben Führungen: 1. April – 30. November

Schloß Kirchheim mit Zedernsaal: ganzjährig täglich geöffnet von 9–12 Uhr und 14–18 Uhr

Sigrid-Maria Größing

Die Heilkunst der Philippine Welser

Außenseiterin im Hause Habsburg

Das Arzneibuch der Philippine Welser enthält weit über 150 Rezepte für Gesundheit, Schönheit und Körperpflege aus der Renaissancezeit. Die Heilkunst der ebenso frommen wie schönen Tochter des weltberühmten Augsburger Kaufmannsgeschlechts ist mehr als ein einzigartiges Stück Medizingeschichte. Sigrid-Maria Größing hat in den alten Rezepten Heilmethoden entdeckt, wie sie heute von der Naturmedizin wieder aufgegriffen werden. Die Autorin bettet die Heilkunst der schönen Welserin ein in das schwere und doch wunderbare Leben, das sie an der Seite von Erzherzog Ferdinand, dem Sohn des Habsburger-Kaisers Ferdinand verbrachte.

ISBN 3-929246-28-7
Geb., 160 Seiten

SANKT ULRICH VERLAG

Stammtafel des Hauses Fugger

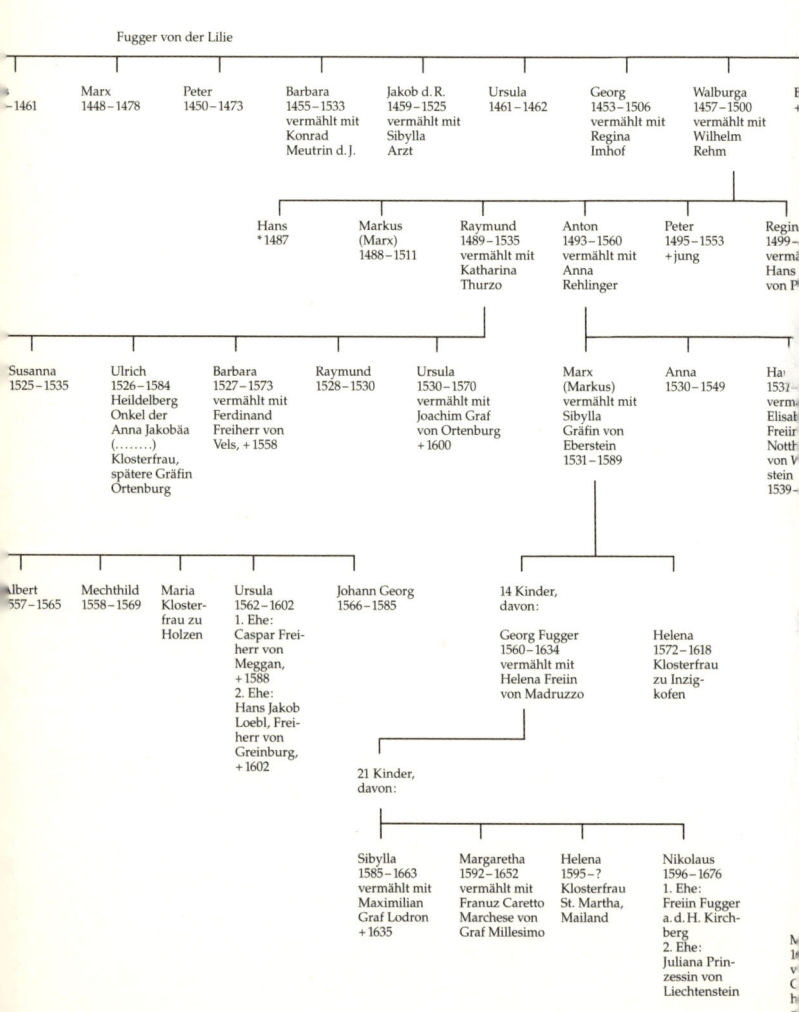

Fugger von der Lilie

	Marx 1448–1478	Peter 1450–1473	Barbara 1455–1533 vermählt mit Konrad Meutrin d. J.	Jakob d. R. 1459–1525 vermählt mit Sibylla Arzt	Ursula 1461–1462	Georg 1453–1506 vermählt mit Regina Imhof	Walburga 1457–1500 vermählt mit Wilhelm Rehm	

Hans *1487	Markus (Marx) 1488–1511	Raymund 1489–1535 vermählt mit Katharina Thurzo	Anton 1493–1560 vermählt mit Anna Rehlinger	Peter 1495–1553 +jung	Regin 1499– vermä Hans von P

Susanna 1525–1535	Ulrich 1526–1584 Heidelberg Onkel der Anna Jakobäa (........) Klosterfrau, spätere Gräfin Ortenburg	Barbara 1527–1573 vermählt mit Ferdinand Freiherr von Vels, +1558	Raymund 1528–1530	Ursula 1530–1570 vermählt mit Joachim Graf von Ortenburg +1600	Marx (Markus) vermählt mit Sibylla Gräfin von Eberstein 1531–1589	Anna 1530–1549	Ha 153 verm Elisat Freiir Nott von V stein 1539–

lbert 557–1565	Mechthild 1558–1569	Maria Klosterfrau zu Holzen	Ursula 1562–1602 1. Ehe: Caspar Freiherr von Meggan, +1588 2. Ehe: Hans Jakob Loebl, Freiherr von Greinburg, +1602	Johann Georg 1566–1585	14 Kinder, davon: Georg Fugger 1560–1634 vermählt mit Helena Freiin von Madruzzo	Helena 1572–1618 Klosterfrau zu Inzigkofen

21 Kinder, davon:

Sibylla 1585–1663 vermählt mit Maximilian Graf Lodron +1635	Margaretha 1592–1652 vermählt mit Franuz Caretto Marchese von Graf Millesimo	Helena 1595–? Klosterfrau St. Martha, Mailand	Nikolaus 1596–1676 1. Ehe: Freiin Fugger a. d. H. Kirchberg 2. Ehe: Juliana Prinzessin von Liechtenstein

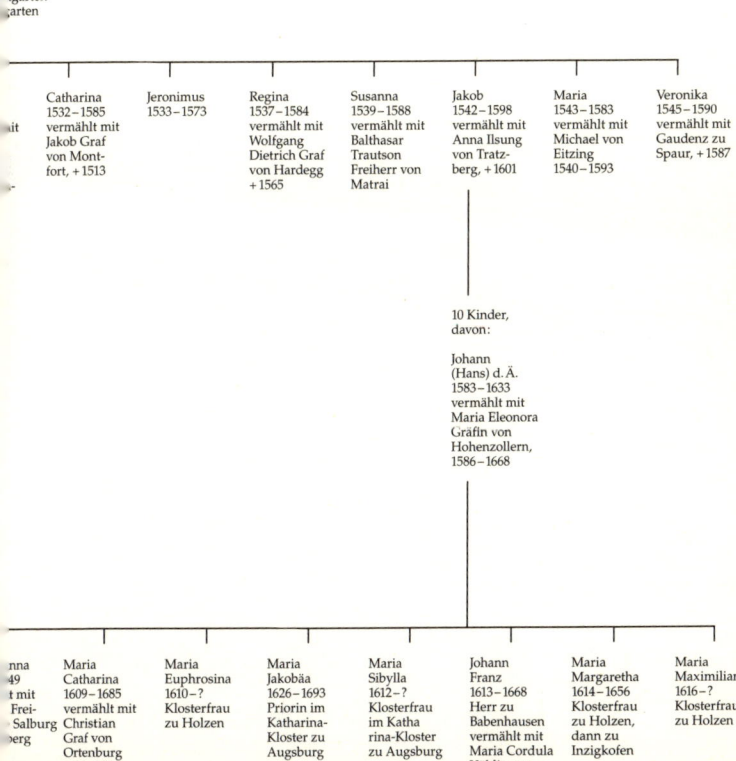

olomäus
h 1428

iit
ngarten
garten

| | Catharina 1532–1585 vermählt mit Jakob Graf von Mont-fort, † 1513 | Jeronimus 1533–1573 | Regina 1537–1584 vermählt mit Wolfgang Dietrich Graf von Hardegg † 1565 | Susanna 1539–1588 vermählt mit Balthasar Trautson Freiherr von Matrai | Jakob 1542–1598 vermählt mit Anna Ilsung von Tratz-berg, † 1601 | Maria 1543–1583 vermählt mit Michael von Eitzing 1540–1593 | Veronika 1545–1590 vermählt mit Gaudenz zu Spaur, † 1587 |

10 Kinder, davon:

Johann
(Hans) d. Ä.
1583–1633
vermählt mit
Maria Eleonora
Gräfin von
Hohenzollern,
1586–1668

| nna 49 t mit Frei-Salburg berg | Maria Catharina 1609–1685 vermählt mit Christian Graf von Ortenburg 1616–1684 | Maria Euphrosina 1610–? Klosterfrau zu Holzen | Maria Jakobäa 1626–1693 Priorin im Katharina-Kloster zu Augsburg | Maria Sibylla 1612–? Klosterfrau im Katharina-Kloster zu Augsburg | Johann Franz 1613–1668 Herr zu Babenhausen vermählt mit Maria Cordula Vöhlin von Frickenhausen, Freiin zu Iller-tissen und Neuburg 1614–1685 | Maria Margaretha 1614–1656 Klosterfrau zu Holzen, dann zu Inzigkofen | Maria Maximiliana 1616–? Klosterfrau zu Holzen |

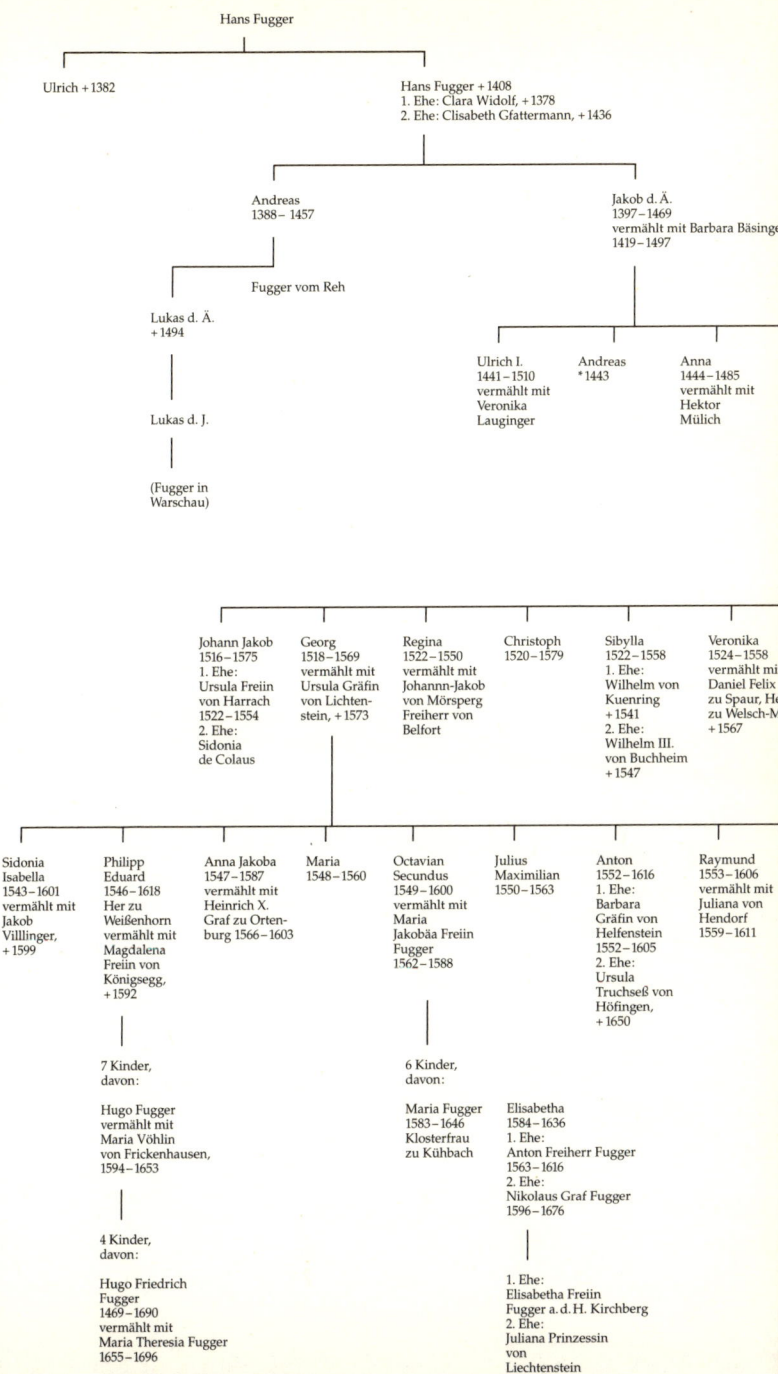

Hans Fugger

Ulrich + 1382

Hans Fugger + 1408
1. Ehe: Clara Widolf, + 1378
2. Ehe: Clisabeth Gfattermann, + 1436

Andreas
1388 – 1457

Jakob d. Ä.
1397 – 1469
vermählt mit Barbara Bäsinger
1419 – 1497

Fugger vom Reh

Lukas d. Ä.
+ 1494

Lukas d. J.

(Fugger in Warschau)

Ulrich I.
1441 – 1510
vermählt mit
Veronika
Lauginger

Andreas
*1443

Anna
1444 – 1485
vermählt mit
Hektor
Mülich

Johann Jakob
1516 – 1575
1. Ehe:
Ursula Freiin
von Harrach
1522 – 1554
2. Ehe:
Sidonia
de Colaus

Georg
1518 – 1569
vermählt mit
Ursula Gräfin
von Lichten-
stein, + 1573

Regina
1522 – 1550
vermählt mit
Johann-Jakob
von Mörsperg
Freiherr von
Belfort

Christoph
1520 – 1579

Sibylla
1522 – 1558
1. Ehe:
Wilhelm von
Kuenring
+ 1541
2. Ehe:
Wilhelm III.
von Buchheim
+ 1547

Veronika
1524 – 1558
vermählt mit
Daniel Felix
zu Spaur, Her...
zu Welsch-Me...
+ 1567

Sidonia
Isabella
1543 – 1601
vermählt mit
Jakob
Villlinger,
+ 1599

Philipp
Eduard
1546 – 1618
Her zu
Weißenhorn
vermählt mit
Magdalena
Freiin von
Königsegg,
+ 1592

Anna Jakoba
1547 – 1587
vermählt mit
Heinrich X.
Graf zu Orten-
burg 1566 – 1603

Maria
1548 – 1560

Octavian
Secundus
1549 – 1600
vermählt mit
Maria
Jakobäa Freiin
Fugger
1562 – 1588

Julius
Maximilian
1550 – 1563

Anton
1552 – 1616
1. Ehe:
Barbara
Gräfin von
Helfenstein
1552 – 1605
2. Ehe:
Ursula
Truchseß von
Höfingen,
+ 1650

Raymund
1553 – 1606
vermählt mit
Juliana von
Hendorf
1559 – 1611

7 Kinder,
davon:

Hugo Fugger
vermählt mit
Maria Vöhlin
von Frickenhausen,
1594 – 1653

4 Kinder,
davon:

Hugo Friedrich
Fugger
1469 – 1690
vermählt mit
Maria Theresia Fugger
1655 – 1696

6 Kinder,
davon:

Maria Fugger
1583 – 1646
Klosterfrau
zu Kühbach

Elisabetha
1584 – 1636
1. Ehe:
Anton Freiherr Fugger
1563 – 1616
2. Ehe:
Nikolaus Graf Fugger
1596 – 1676

1. Ehe:
Elisabetha Freiin
Fugger a. d. H. Kirchberg
2. Ehe:
Juliana Prinzessin
von
Liechtenstein